乡村振兴

——江西美丽乡村建设的路径与模式

XIANGCUN ZHENXING

Jiangxi Meili Xiangcun Jianshe de Lujing yu Moshi

傅　春　唐安来　吴登飞　编著

江西人民出版社
Jiangxi People's Publishing House
全国百佳出版社

图书在版编目（CIP）数据

乡村振兴：江西美丽乡村建设的路径与模式 / 傅春，唐安来，吴登飞编著 .—南昌：江西人民出版社，2017.12

ISBN 978-7-210-10044-7

Ⅰ . ①乡… Ⅱ . ①傅… ②唐… ③吴… Ⅲ . ①农村－社会主义建设－研究－江西 Ⅳ . ① F327.56

中国版本图书馆 CIP 数据核字（2017）第 319675 号

乡村振兴：江西美丽乡村建设的路径与模式

傅　春　唐安来　吴登飞　编著

组稿编辑：陈世象
责任编辑：李月华
装帧设计：同异文化传媒
出　　版：江西人民出版社
发　　行：各地新华书店
地　　址：江西省南昌市三经路 47 号附 1 号
编辑部电话：0791-86898143
发行部电话：0791-86898815
邮　　编：330006
网　　址：www.jxpph.com
E-mail:270446326@qq.com
2017 年 12 月第 1 版　2017 年 12 月第 1 次印刷
开　　本：720mm × 1000mm　1/16
印　　张：18.25　字数：284 千字
ISBN 978-7-210-10044-7
定　　价：45.00 元
承 印 厂：南昌市红星印刷有限公司
赣版权登字—01—2017—1132

目 录

第一章
美丽乡村建设与“富裕美丽幸福江西”的关系

第一节 乡村振兴与美丽乡村建设的重要意义 —— 1
第二节 “富裕美丽幸福江西”的发展思路 —— 2
第三节 江西美丽乡村建设的历程与实践 —— 3
第四节 江西美丽乡村建设与经济发展的关系 —— 6
第五节 江西美丽乡村与生态文明建设的关系 —— 19
第六节 江西美丽乡村建设与幸福江西的关系 —— 40

第二章
美丽乡村建设的理论基础

第一节 城乡统筹理论 —— 51
第二节 新农村建设理论 —— 56
第三节 国外生态村建设理论 —— 58
第四节 乡村文化与传统村落保护理论 —— 63
第五节 其他理论 —— 67
第六节 新时期我国美丽乡村建设的制度保障体系 —— 73

第三章

江西建设美丽乡村的现实基础、机遇与挑战

第一节　江西建设美丽乡村的现实基础 —— 79

第二节　江西美丽乡村建设的优势与劣势 —— 84

第三节　江西美丽乡村建设存在的机遇与挑战 —— 88

第四节　江西建设美丽乡村的竞争力与提升 —— 94

第五节　江西美丽乡村建设的典型经验与模式 —— 97

第四章

国内外美丽乡村建设的经验、模式与启示

第一节　美国的“乡村发展计划” —— 126

第二节　德国的休闲农庄 —— 129

第三节　日本的“一村一品” —— 135

第四节　西欧保护“乡村风貌”的乡村建设 —— 140

第五节　中国贵州的“四在农家·美丽乡村” —— 144

第六节　中国浙江的特色小镇与美丽乡村 —— 153

第七节　美丽乡村的中国“江苏模式” —— 161

第八节　国内外模式的经验与借鉴 —— 169

第五章

美丽乡村建设要重视规划统筹与试点示范相结合

第一节　美丽乡村建设规划与建设标准的必要性 —— 174

第二节　影响美丽乡村建设的要素分析 —— 181

第三节　美丽乡村建设的规划与布局 —— 185

第四节　美丽乡村建设的评价指标 —— 196

第五节　试点示范的作用 —— 199

第六节　江西美丽乡村规划试点建设的建议 —— 203

第六章

美丽乡村建设要重视绿色产业发展与文化保护相结合

第一节　美丽乡村建设需要产业的支持 —— 210

第二节　国内美丽乡村建设中产业发展的案例与经验 —— 213

第三节　江西发展绿色生态产业的建议 —— 217

第四节　美丽乡村建设需要文化传承与保护 —— 220

第五节　国内美丽乡村建设中乡村文化保护与开发的实践 —— 225

第六节　各地挖掘乡村文化、发展乡村产业的经验与案例 —— 229

第七节　处理好产业发展与文化保护关系的建议 —— 233

第七章

美丽乡村建设要注重政府投入与社会资本相结合

第一节　美丽乡村建设需要政府主导 —— 236

第二节　政府搭建美丽乡村建设融资平台的案例 —— 238

第三节　美丽乡村建设需要多渠道社会资本的融入 —— 241

第四节　PPP 模式建设美丽乡村案例分析 —— 249

第四节　PPP 应用于美丽乡村建设的相关建议 —— 264

第八章

美丽乡村建设要重视政府引导与公众参与相结合

第一节　公众参与在美丽乡村建设中的作用 —— 266

第二节　公众参与美丽乡村建设的国内外经验 —— 268

第三节　美丽乡村建设中公众参与的主要障碍 —— 274

第四节　推进公众参与美丽乡村建设的建议 —— 277

参考文献 —— 281

第一章

美丽乡村建设与“富裕美丽幸福江西”的关系

第一节　乡村振兴与美丽乡村建设的重要意义

“实现中华民族伟大复兴中国梦，必须振兴乡村，使农业强大、农村美丽、农民富裕。没有农业现代化，没有农村繁荣富强，没有农民安居乐业，国家现代化是不完整、不全面、不牢固的。”习近平同志在党的十九大报告中指出：“实施乡村振兴战略。农业农村农民问题是关系国计民生的根本性问题，必须始终把解决好‘三农’问题作为全党工作重中之重。”乡村振兴战略就是要坚持农业、农村优先发展，要按照产业兴旺、生态宜居、乡风文明、治理有效、生活富裕的总要求，建立健全城乡融合发展的体制机制和政策体系，加快推进农业、农村的现代化。

消除绝对贫困实现生活富裕，是乡村振兴战略的基本要求，是全面建成小康社会的重要标志。十八大以来，在党中央的坚强领导和动员下，通过集中公共资源和广泛动员社会资源与力量，通过建立健全精准扶贫、精准脱贫体制机制，创新多种扶贫脱贫模式，脱贫攻坚战取得决定性进展，发展基础正在不断完善。但是由于发展的不平衡不充分，目前我国城乡差距仍然较大，农业、农村发展滞后的问题仍然突出。小康不小康，关键看老乡。习近平同志指出，全面建成小康社会，最艰巨最繁重的任务在农村，特别是在贫困地区。没有农村的小康，特别是没有贫困地区的小康，就不可能全面建成小康社会。

在决胜全面建成小康社会的背景下，如何满足农民追求美好生活的需要显得更为迫切。美丽乡村是小康社会在农村的具体表现。建设美丽乡村，是党中央深入推进社会主义新农村建设的重大举措，是当前我国各地推进生态文明建设和深化社会主义新农村建设的一项重要载体。十九大报告指出，要促进农村一、二、三产业融合发展，这为建设美丽乡村指明了方向。在中央实施乡村振兴战略的大背景下，美丽乡村建设是一个系统工程，要以绿色发展理念为引领，转变农业发展方式，实现农业提质增效，大力推进农业现代化。延伸农业产业链，大力发展农业生产性加工业和服务业。美丽乡村建设不仅美在山水，还能够不断壮大农村集体经济，为农村富裕奠定坚实基础。

同时，以美丽乡村建设为主题深化农村精神文明建设，对于顺应农民期盼、满足农民日益增长的物质文化需求，对于提高农民文明素质和农村社会文明程度，对于亿万农民实现全面小康，享受美的环境、养成良好美德、过上美好生活，具有十分重要的意义。

第二节 “富裕美丽幸福江西”的发展思路

2016年11月12日至16日，中国共产党江西省第十四次代表大会在江西南昌召开，大会提出了“要大力弘扬井冈山精神，为决胜全面建成小康社会、建设富裕美丽幸福江西而奋斗”的发展思路。

中共江西省委书记鹿心社在报告中就如何建设富裕美丽幸福江西给出了“三大支撑”和“一大保障”的详细路径。“三大支撑”：第一，推进经济总量质量双提升，建设长江经济带重要战略支撑；第二，建设国家生态文明试验区，打造美丽中国“江西样板”；第三，增进人民福祉，创造和谐文明的幸福生活。“一个保障”：坚持全面从严治党，建设风清气正的政治生态。鹿心社强调，必须始终坚持全面从严治党，努力建设风清气正的政治生态，为江西改革发展提供坚强保证。

建设“富裕江西”，最紧迫的任务就是发展经济。经济建设是强省之基、富民之要，要坚定不移加快发展，推动经济中高速增长，持续做大经济总量；坚定不移加快转型，不断优化经济结构，提升发展质量和效益，努力提高江西在全国发展格局中的地位。

建设“美丽江西”，必须坚持绿色发展理念。绿色生态是江西最大财富、最大优势、最大品牌。要始终坚持在保护中发展、在发展中保护，使绿水青山产生巨大生态效益、经济效益、社会效益。建设国家生态文明试验区，是江西绿色发展的“金字招牌”，要牢牢把握这个历史性机遇，把生态文明理念融入经济建设、政治建设、文化建设、社会建设各方面和全过程，探索生态文明建设新模式，打造美丽中国“江西样板”。

建设“幸福江西”，必须坚持以人为中心。不断提高人民生活质量和水平，是我们一切工作的出发点和落脚点。要认真贯彻党的基本路线，顺应全省人民的共同心愿和热切期盼，时刻把人民群众对美好生活的向往作为奋斗目标，时刻把人民群众的安危冷暖挂在心头，充分调动各方面的积极性和创造性，以关爱之情、务实之举做好脱贫攻坚、改善民生等各项工作，努力让人民群众生活得更加殷实、更加幸福、更有尊严。

第三节　江西美丽乡村建设的历程与实践

自 2005 年 10 月党的十六届五中全会提出建设社会主义新农村的重大历史任务以来，我国乡村建设按照“生产发展、生活宽裕、乡风文明、村容整洁、管理自主”的目标推进。特别是 2013 年农业部正式启动了“美丽乡村”创建活动，从中央到地方以推进“美丽乡村”工程为抓手，加快推进了我国各地新农村建设的步伐，提升了我国乡村建设的品位。

2013 年中央一号文件明确提出要努力建设美丽乡村。党的十八大以来，习近平同志就建设社会主义新农村、建设美丽乡村提出了很多新理念、新论断、新举措。强调小康不小康，关键看老乡。中国要强，农业必须强；中国要美，农村必须美；中国要富，农民必须富。强调实现城乡一体化，建设美丽乡村，是要给乡亲们造福，不要把钱花在不必要的事情上，不能大拆大建，特别是要保护好古村落。强调乡村文明是中华民族文明史的主体，村庄是这种文明的载体，耕读文明是我们的软实力。强调农村是我国传统文明的发源地，乡土文化的根不能断，农村不能成为荒芜的农村、留守的农村、记忆中的故园。

强调搞新农村建设要注意生态环境保护，注意乡土味道，体现农村特点，保留乡村风貌，坚持传承文化，发展有历史记忆、地域特色、民族特点的美丽城镇。这些重要论述深刻阐述了美丽乡村建设的重大现实意义，揭示了美丽乡村建设的历史文化渊源，指明了美丽乡村建设的基本要求和工作重点。

自 2013 年农业部启动“美丽乡村”创建工作以来，江西省按照农业部的统一部署,从全省 100 余个乡村中遴选 45 个精品乡村上报农业部作为建设“美丽乡村”的试点，并组织科教、能源环保、农村社会发展等有关部门以及省农科院、江西农大等农业农村经济社会发展方面的专家学者，组建了江西省建设“美丽乡村”专家组。制定下发了《江西省农业厅办公室关于组织开展“美丽乡村”创建试点申报工作的通知》(赣农办字〔2013〕87 号)，明确了推荐程序及相关要求，确保了“美丽乡村”创建的专业性、导向性和科学性。

江西省文化多元、生态良好、地域特征鲜明，有利于在“美丽乡村”建设中营造富有特色的田园风光。在开展“美丽乡村”创建工作时，江西省要求各地充分考虑当地的自然条件、资源禀赋、经济发展水平、民俗文化差异，差别性制定各类乡村的创建目标，形成模式多样的“美丽乡村”建设格局。在上报农业部的 45 个“美丽乡村”中，初步形成了以婺源县江湾镇为典型的休闲旅游型模式、以黎川县日峰镇永兴桥村为典型的生态保护型模式以及以南康市横市镇增坑村为典型的产业发展型模式等。

江西省在建设“美丽乡村”的过程中以人为本，突出主体。明确并不断强化乡村在创建工作中的主体地位，把农民群众利益放在首位，着力推荐在保护农业农村生态环境、提高农民生产生活质量等方面发生了重大积极转变的“美丽乡村”。充分发挥农民群众的创造性和积极性，初步挖掘出了建设“美丽乡村”的典型人物，尊重农民群众的知情权、参与权、决策权和监督权，引导发展生态经济、自觉保护生态环境、加快建设生态家园。

2013 年，江西省农业厅开展了“美丽乡村”建设的整体布局工作，明确以统筹城镇和农村建设、改善农村经济社会发展环境、提升农民生活品质为中心任务，以农业生产发展、人居环境改善、生态文化传承、文明新风培育为主要目标，坚持以工业化致富农民，以城市化带动农村，以产业化提升农业，按照“政府主导、农民主体、产业驱动、社会参与”的基本策略，从人居环境、基础设施和公共服务建设以及培育新型农业经营主体起步，在“硬件”和“软件”两大方面不断拓展“美丽乡村”建设内涵，力争到2020年把江西省农村建设成“远看像公园，近看像花园，走进是家园”的“美丽乡村”。按照江西省农业厅的布局，在时间节点上主要分为以下三个实施阶段：

第一步为示范引领阶段（2013年—2015年）。结合农业部开展的“美丽乡村”创建活动，在历年来江西省社会主义新农村建设示范村中，选择村经济实力和村班子战斗力较强的约5000个行政村，全面推进村内道路硬化、垃圾收集、卫生改厕、河沟清淤、村庄绿化，并带动城市基础设施、公共服务向农村延伸覆盖，力争五年内建成500余个全面小康示范村和5000余个环境整治村。

第二步为普遍推进阶段（2016年—2018年）。巩固提升第一阶段成果，加大农民职业培训力度，加快农民专业合作社发展，大力培育新型职业农民，以更高素质的建设主体，在更大范围内开展农村环境综合整治，并把整治内容拓展到生活污水、畜禽粪便、化肥农药等面源污染整治和农房改造建设，力争形成农村人居条件和生态环境同步建设的格局。

第三步为深化提升阶段（2018年—2020年）。提质扩面，全面提高农村人口素质和基层党组织战斗力，开展整乡（镇）环境综合整治，把生态文明建设贯穿到“三农”工作各个方面，深入推进“美丽乡村”建设，全力建设成城乡关系、人与自然关系不断改善，历史文化传承与现代文明发展有机融合的“美丽乡村”。

2014年，江西省广泛开展了全国“中国美丽田园”“中国最美休闲乡村”“精品路线”“星级企业”“全国休闲农业与乡村旅游示范县、示范点”等组织申报工作，其中5个景观被农业部授予“中国美丽田园”，2个乡村被评为“中国最美休闲乡村”，“赣东北休闲度假游”被评选为“2014年中国十大精品线路”，武宁县被评为“全国休闲农业与乡村旅游示范县”，石城县通天寨荷花园区等 4 个休闲农业景点被评为“全国休闲农业与乡村旅游示范点”；同时开展了省级休闲农业示范县和示范点的认定工作，认定了赣州定南等 4 个省级休闲农业示范县和南昌建昌第一村休闲山庄等 40 个省级休闲农业示范点。

2016 年，江西省出台了《关于做好 2016 年全省新农村建设一般自然村选点申报建设的通知》，要求重点抓好改路、改水、改厕、改房、改栏、改塘、改沟和电力、广电、电信“三网”等基础设施建设，生活垃圾处理和村庄绿化等公共环境建设，图书室、老年活动室、健身广场等文体活动场所建设，以及一村一品特色产业培育发展。与此同时，继续把中心村建设作为重中之重，按照“规模适度、村落连片，服务配套、乡风文明，三生融合、各显特色”的要求，继续加大中心村的村庄布局规划、基础设施建设、人居环境建设、公共服务配套、村域经济发展、社会管理创新等工作力度，确保 2015 年启动的 654 个中心村建设任务全面完成，努力打造一批生态环境优美、村容村貌整洁、产业特色鲜明、公共服务健全、乡土文化繁荣、农民生活幸福、具有赣鄱特色魅力的美丽宜居乡村精品。

第四节　江西美丽乡村建设与经济发展的关系

美丽乡村要有经济为支撑，一个贫穷的乡村即使山水再美也不是美丽乡村。可以说经济繁荣是美丽乡村建设的前提，也是美丽乡村发展的条件和基础。

江西农业比重大、农村人口多、农村地域广，新农村建设面临许多新情况、新挑战。近年来，江西省新农村建设投资总额达到 349 亿元，在 8 万多个村点和近千个集镇实施了农村清洁工程，在 4 万多个村点发展了特色主导产业，引导 177 万农民自愿加入了各类农民专业合作社，新创办企业 4 万多个，解决了 40 万人的就业问题。江西以美丽乡村建设促进农村经济发展的实践，在全国具有典型代表性意义。

一、江西省美丽乡村建设与农村经济发展现状

从江西省农业与农民收入发展现状来看，农业现代化程度不高，以种植业为主，尤其是以种植粮食为主导的产业格局没有发生根本性的变化，农业成为农民增收的主要来源；但是农业比较效益下降，农民收入增长缓慢，是农村经济发展面临的突出问题。在“十五”期间，江西省农民人均纯收入年增长率是9.13%，由2000年的2109.56元增加到2005年的3265.53元；进入“十一五”以后，江西省农民人均纯收入年增长17.99%，比“十五”上涨了8.86个百分点，2010年农民纯收入达到7468.53元；但是随着社会经济建设进入“十二五”，江西省农民人均纯收入年增长速度下降到13.73%，比“十一五”下降了4.26个百分比。这种农民收入增长幅度下降的局面，已对江西省深化农村改革、建设社会主义新农村，尤其是对江西省农业发展和农村工作产生了全方位的影响。其主要原因是对市场需求信息掌握不够，农产品供给与市场需求不相适应，某些农业生产过剩，农产品价格下降等。

2015年，江西省蔬菜、水果、油料、茶叶、肉类、水产等农产品产量分别达到了1359.1万吨、450.3万吨、124万吨、5.2万吨、355.1万吨、264.2万吨，增幅分别为3.6%、8.6%、1.9%、10%、-0.1%、4.2%；江西省农产品价格指数畜禽、油料、蔬菜类价格指数分别为110、104、103，同比分别上涨10%、4%和3%；粮食、棉花、水产品、柑橘分别为99、82、98.5和80，同比分别下跌1%、18%、1.5%和20%；农资类价格指数为99，同比下跌1%。《江西省2015年主要农作物生产成本与收益调查分析》指出全省16个成本调查县1280农户入户调查数据显示：与2014年相比，7个品种成本收益状况总体呈现“单产减少、价格下降、产值减少、成本上升、收益递减”的势头。其中，中、晚籼稻及花生、柑橘亩均成本上涨较快，同比分别增加6.5%、6.7%和6.4%、5%；花生和油菜籽亩均纯收益分别上涨13.3%和0.8%，棉花、晚籼稻、柑橘和中籼稻亩均纯收益下降幅度较大，分别下跌78.4%、16.4%、10.2%和6.8%。

目前，在农业粮食种植上，江西省作为全国13个粮食生产省之一，是中华人民共和国成立以来从未间断输出商品粮的省份之一。长期的农业发展历程，使江西成为“三区一片粮食生产基地”。江西每年外调粮食100亿斤。江

西拥有万年贡米、奉新大米、丰城富硒米等一大批知名大米品牌以及麻姑米粉、五丰米粉等特色米粉。全省“三区一片粮食生产基地”（鄱阳湖平原、赣抚平原、吉泰盆地粮食生产区和赣西粮食高产片）的 62 个县，粮食生产面积达 49935 万亩，占全省的 89.5%，年产粮食约 375 亿斤，占全省的 90%。

在蔬菜种植和油菜生产上，形成“一环两带蔬菜生产基地”。江西省蔬菜种植面积达 858.4 万亩，产量 1312.4 万吨。全省加快发展城郊蔬菜、反季节蔬菜和地方特色蔬菜（江西芦笋、余干辣椒等），打响了乐平蔬菜、高安蔬菜等众多优势品牌。“一环两带蔬菜生产基地”（环南昌、大逛高速公路沿线带、济广高速公路沿线带）的 62 个县种植面积占全省的 78.1%，产量占全省的 77%。同时，江西省也是传统的油菜种植大省，全省油菜种植面积达 821.87 万亩，其中水田油菜达 649.65 万亩。江西省同时大力推广双低油菜高产高效技术和品种的赣中北油菜生产基地，重点建设了 5 个万亩油菜生产机械化示范区，加速推进了以油菜籽等为原料的加工业的发展。

在水果种植上，江西以特色水果赣南脐橙、南丰蜜橘、靖安碰柑、赣北早熟梨等为主，目前已形成“南橘北梨中柚果业生产基地”，特色突出，名优荟萃。“南橘”橘园总面积达 425 万亩，占全省 86.2%，年产柑橘约 290 万吨，占全省 86%；“北梨”梨园面积达 32 万亩，占全省 79%，年产梨约 10 万吨，占全省 71%；“中柚”柚园面积达 40 万亩，占全省 75%，年产柚约 3500 吨，占全省 65%。

在茶叶种植上，江西省以优越的自然环境为基础，形成了品质优良的“三大茶叶生产基地”（赣东北、赣西北、赣中三大优势产区）。全省茶叶种植面积达 116.71 万亩，以绿茶、红茶、白茶为重点，涌现出庐山云雾、狗牯脑、婺源绿茶、浮梁茶、宁红等江西名茶。“三大茶叶生产基地”占全省茶园面积 90% 以上；年产干毛茶占全省 77.3%。江西省有机绿茶占欧盟有机茶市场份额的 50% 以上。

在牧业方面，在水禽养殖上，建设沿江环湖水禽生产基地。江西以蛋鸭笼养和肉鸭旱养为突破口，推进水禽标准化养殖，开发利用好兴国灰鸭、吉安红毛鸭、大余麻鸭等品种资源，突显了“沿江环湖水禽生产基地”（赣江沿线、环鄱阳湖）的重要地位，10 个水禽生产重点县年出栏水禽约 6650 万羽，占全省总产量的 49%。

在生猪养殖上，建设“一片两线生猪生产基地”。江西省是生猪养殖大省，大力推行猪沼果等生态养殖模式，年出栏生猪超过 3300 万头，其中供沪、供港生猪分别稳居全国第一、第二位。目前，“一片两线生猪生产基地”（赣中优势片和浙赣铁路沿线、京九铁路沿线）20 个生猪生产重点县年出栏生猪约 1760 万头，占全省 53%。

在渔业方面，江西省建立了“环鄱阳湖渔业生产基地”。江西省水池养殖面积达 652.99 万亩，重点培育大宗淡水鱼、特色渔业，包括十大特色产业和“四野”产业（鲟鱼、娃娃鱼、胭脂鱼、棘胸鱼）以及外向型渔业三大产业，水产品总量和出口额连续多年居中国内陆省份前列。“环鄱阳湖渔业生产基地”的 38 个县养殖面积 380.96 万亩；年水产品产量约 148.16 万吨、产值约 226.22 亿元，分别占全省的 58.42% 和 56.46%。

在农业服务业方面，随着绿色生态农业、绿色生态旅游理念的提出，江西大力发展休闲农业，江西省的休闲农业具有生态资源丰富、农村民俗特色明显、交通便利、市场客源充足和政策环境良好等优势条件。全省各地涌现出农（渔）家乐、休闲农庄、观光采摘园、现代农业示范园、休闲乡村等各种模式的休闲农业企业超过 3200 家，例如，江西省凤凰沟现代农业科技示范园、新余蜜橘休闲采摘园、婺源篁岭秋晒、赣州五龙客家风情园等。

二、美丽乡村经济体系建设与评价指标

（一）美丽乡村与经济发展的研究进展

随着“美丽乡村”建设战略的不断推行，国内更多的学者对美丽乡村建设带来的效益和效果开展评价指标构建的研究。黄磊等（2014）基于“美丽乡村”的生态经济体系、生态环境体系、生态人居体系、生态文化体系和生态保障体系五个准则层研究美丽乡村建设的评价指标体系，揭示了美丽乡村建设的复杂性和多样性。陈锦泉等（2016）基于生态文明视角研究美丽乡村建设评价指标建设，认为美丽乡村评价指标体系应包括生态经济发展、社会和谐、生态健康、环境友好和生态支持保障。向云波等（2015）从区域特性

角度研究美丽乡村建设的资源生态、经济发展、社会伦理和文化政治指标的评估，并揭示了评估指标建设过程中要根据区域特性确定指标权重。当然，也有的学者专门从某一角度研究美丽乡村建设的评价指标。例如，谢华春等（2015）针对休闲旅游类美丽乡村建设的评价指标体系进行研究。陈方丽等（2016）从生态文明的视角论述“美丽城镇”评价指标体系的建设,给出了“美丽指数”计算的公式，美丽指数就是生态人居的美丽得分、生态环境的美丽得分与生态经济的美丽得分的总和。何成军等（2016）对休闲农业与美丽乡村耦合度评价指标进行研究，认为提升两者的耦合协调度有助于解决“三农问题”，对发展农村经济、建设美丽中国具有重要的意义。

关于美丽乡村建设与经济发展的相互关系，国内研究主要集中在美丽乡村建设对农村产业结构的影响、农业内部种植结构的变化、以农业为基础的休闲农业和观光农业等新的经营农业方式兴起、经济发展与环境协调等方面。例如，陈润羊（2016）指出，环境系统是经济发展的基础和约束条件，而经济系统是环境保护的变力和促动因素。罗汉仪等（2015）指出中国目前的美丽乡村建设模式主要有安吉模式、永嘉模式、高淳模式和江宁模式四大典型模式，乡村发展的类型有生态农业主导型、现代工业主导型和商旅服务主导型、综合均衡发展型。颜文华（2015）指出，乡村旅游景区绿色发展是美丽乡村建设、实现新型农业现代化和新型城镇化的要求和前提。黄翠鸾（2012）论述了融安县乡村旅游开发的优势，并提出利用乡村旅游资源促进融安县民族经济快速发展的途径，为农村产业尤其是旅游业的发展提供了政策启示。乔立娟等（2014）研究了乡村旅游对农村经济增长的贡献，表明乡村旅游发展对旅游目的地经济增长均起到了较好的促进作用。焦豫(2014)的研究表明，中国乡村旅游经济增长量与“三农”发展之间存在长期均衡的关系。公学国（2014）指出，大陆可以从台湾休闲农业发展中吸取经验，更新理念，健全法规，变革发展模式，促进大陆休闲农业发展。张艳萍指出，可以通过发展都市休闲农业来促进农村经济发展。毛彩琴等（2012）指出，美丽乡村以产业经济发展为生命线，没有合理的产业结构，美丽乡村就不可能持久发展下去。建设美丽乡村，不仅要改善农村人居生态环境，还要拓宽农民就业和创业的空间，增加农民收入，实现生态与经济同赢。曹恩华（2016）指出，美丽乡村建设促进了投资，增加了农民收入，所以各地都把产业发展作为美丽乡村建设一大工程来抓，加快土地流转和土地出租，在片区筛选农业庄园予以重点扶持，大力发展休闲观光农业、农家乐、乡村旅游、电子商务等新型产业，使一、二、三产业深度融合。

美丽乡村建设重心是在保证“美丽”的基础上发展、建设农村。从国家政策角度来看，2013 年“两会”期间，农业部副部长陈晓华在回答记者提问时说，“美丽乡村”建设首先要经济发展，二是要环境改善，三是要文化传承。这也是“美丽乡村”和农村建设的路径。2013 年 5 月农业部《“美丽乡村”创建目标体系》提出，每个村有一个到两个主导产业，当地农民从主导产业中获得的收入要占总收入的 80% 以上。

综上所述，本书对美丽乡村生态经济体系建设的测算用农业发展水平和非农产业发展水平指标来衡量，这不仅体现了美丽乡村建设保证了农村人居环境的保护，而且体现了农村产业发展这一生命线的重要性。

（二）美丽乡村建设与经济发展的指标

本研究的数据来源于 2005—2015 年《江西统计年鉴》和 2005—2015 年《中国县域统计年鉴》和江西省各市统计局数据。数据选取之所以从 2005 年开始，是由于“美丽乡村”是 2005 年 10 月党的十六届五中全会提出的。十六届五中全会提出建设社会主义新农村的重大历史任务，提出了“生产发展、生活宽裕、乡风文明、村容整洁、管理民主”的具体要求。

基于以上国家政策对“美丽乡村”建设的要求，借鉴国内外学者对美丽乡村建设评价指标和美丽乡村建设具体实施举措的研究，根据江西省美丽乡村产业建设与农村经济发展的现状，本书将从绿色生态农业发展角度研究江西省美丽乡村建设的生态经济指标和农村经济发展水平。

本书选取以下指标建立评价指标体系：

农业发展：农业就业人口、第一产业增加值（农、林、牧、渔业增加值）

农村非农产业发展：农村非农就业人口、农村服务业增加值（农业服务业增加值）

江西经济发展：年末总人口数、非农就业人口、国内生产总值（GDP）

指标体系的建立既根据国家政策、“美丽乡村”建设的目的和学者的理论研究，同时还符合指标体系建设的系统性、科学性、实用性和数据可取的原则。

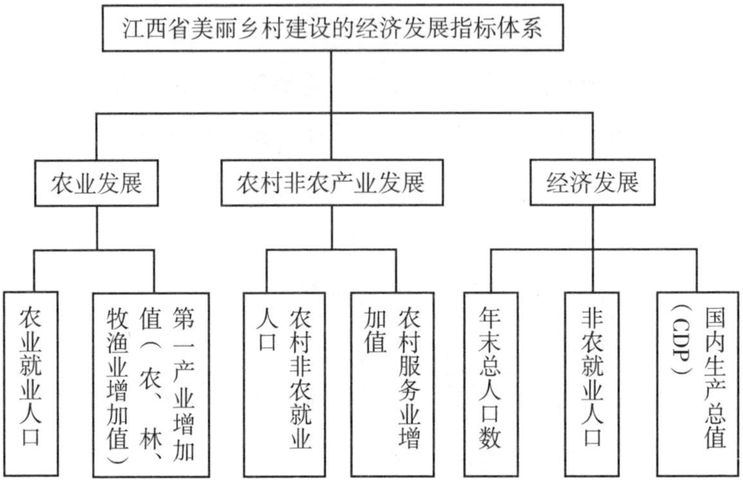

三、江西美丽乡村建设与经济发展相关性分析

本部分首先对美丽乡村建设下乡村农业发展、非农业发展各项指标进行回归，看所选指标是否具有代表性，然后再对农业发展和非农产业发展与经济发展的相关性进行研究；最后从是否存在长期均衡的角度分析美丽乡村建设与经济发展的关系，通过回归得到美丽乡村建设对经济发展的贡献。

（一）江西省农业发展及其内部要素相关性分析

江西省农业发展及其内部要素相关性结果如下：

表 1-1 江西省 2005—2015 年农业发展及其内部要素相关系数

		农业发展	农业就业人口	第一产业增加值
农业发展	Pearson 相关性	1	-.942**	.992**
	显著性（双侧）		.000	.000
农业就业人口	Pearson 相关性	-.942**	1	-.957**
	显著性（双侧）	.000		.000

续表

		农业发展	农业就业人口	第一产业增加值
第一产业增加值	Pearson 相关性	.992**	-.957**	1
	显著性（双侧）	.000	.000	
	N	11	11	11

**. 在 .01 水平（双侧）上显著相关。

从表 1–1 分析可知：（1）由于农业发展与农业就业人口、第一产业增加值的相关系数的显著水平 P 都小于 0.01，说明农业就业人口、第一产业增加值的显著水平高，对解释农业发展具有代表性。（2）2005—2015 年间，江西省农业发展与农业就业人口的相关系数为 –0.942，与第一产业增加值的相关系数为 0.992，从中可以看出，就江西全省而言，江西省农业发展与第一产业增加值具有较高的相关性，与农业就业人口具有负向相关性，这说明江西省农村发展在很大程度上还要依赖于生产和产业结构。呈现这样的结果主要是由于我国新农村建设尤其是美丽乡村建设，在加强对农业基础设施的投入，建设绿色生态产业，促使第一产业增加的同时，农、林、牧、渔业就业人口递减。（3）农业就业人口与第一产业增加值的相关系数是 –0.957，说明近十年来江西省农业就业人口有所减少，农民就业方向发生转变，一部分农民进城打工或就地从事非农产业，同时也从侧面说明了目前江西省还是农业大省，大力发展绿色生态农业可以促进农村经济的发展。（4）农业就业人口与农业发展及第一产业增加值呈负相关，也是由于近年生产力发展和科技进步，机器化水平和农业技术有一定上升，促进了农业生产，提高了农产品的质量，农业就业人口有所减少，同时国家的各种农业补贴也在一定程度上促进了第一产业增加值的增长。

（二）江西省农村非农产业发展及其内部相关性分析

江西省农村非农产业发展及其内部要素相关性结果如下：

表 1-2　江西省农村非农产业发展及其内部要素相关系数

		非农产业发展	农业服务业增加值	农村非农就业人口
非农产业发展	Pearson 相关性	1	.978**	.944**
	显著性（双侧）		.000	.000
农业服务业增加值	Pearson 相关性	.978**	1	.855**
	显著性（双侧）	.000		.001
农村非农就业人口	Pearson 相关性	.944**	.855**	1
	显著性（双侧）	.000	.001	
	N	11	11	11

**. 在 .01 水平（双侧）上显著相关。

从表 1-2 分析可知：（1）非农产业发展与农业服务业增加值及农村非农业就业人口的相关系数的显著水平 P 都小于 0.01，说明农业服务业增加值与农村非农产业就业人口的显著水平高，对解释农村非农产业发展具有代表性。（2）农村非农产业发展与农业服务业增加值及农村非农就业人口具有较高的相关性，分别为 0.978 和 0.944，说明近十年来江西省农村非农产业得到了较好的发展，尤其是休闲农业、乡村旅游等产业的发展对农村经济发展起到了重要作用。（3）农业服务业增加值与农村非农就业人口的相关系数是 0.855，说明农村非农就业人口对非农产业发展影响较大，侧面反映了近年来农村非农产业得到了很好的发展，农村非农就业人口对农村经济发展影响较大，非农产业发展成为农村发展的又一内在动力。

（三）江西省乡村建设与经济发展及其内部各要素相关性分析

通过对农业发展与非农业产业发展的回归分析，为了更好地解释美丽乡村与江西经济发展的相关性，我们对经济发展、农业发展、非农业发展各指标进行了相关性分析，其分析结果如下：

表 1-3 美丽乡村建设与经济发展相关性分析

		农业发展	农业就业人口	第一产业增加值	非农产业发展	农业服务业增加	农村非农产业就业人口	经济发展	年末总人口	非农就业人口	GDP
农业发展	Pearson 相关性	1	-.942**	.992**	.882**	.775**	.965**	.996**	.989**	.993**	.994**
	显著性（双侧）		.000	.000	.000	.005	.000	.000	.000	.000	.000
农业就业人口	Pearson 相关性	-.942**	1	-.957**	-.881**	-.768**	-.978**	-.959**	-.965**	-.966**	-.954**
	显著性（双侧）	.000		.000	.000	.006	.000	.000	.000	.000	.000
第一产业增加值	Pearson 相关性	.992**	-.957**	1	.919**	.822**	.985**	.991**	.994**	.994**	.998**
	显著性（双侧）	.000	.000		.000	.002	.000	.000	.000	.000	.000
非农产业发展	Pearson 相关性	.882**	-.881**	.919**	1	.978**	.944**	.881**	.895**	.899**	.906**
	显著性（双侧）	.000	.000	.000		.000	.000	.000	.000	.000	.000
农业服务业增加值	Pearson 相关性	.775**	-.768**	.822**	.978**	1	.855**	.769**	.786**	.792**	.805**
	显著性（双侧）	.005	.006	.002	.000		.001	.006	.004	.004	.003

续表

		农业发展	农业就业人口	第一产业增加值	非农产业发展	农业服务业增加	农村非农产业就业人口	经济发展	年末总人口	非农就业人口	GDP
农村非农产业就业人口	Pearson 相关性	.965**	-.978**	.985**	.944**	.855**	1	.973**	.982**	.983**	.981**
	显著性（双侧）	.000	.000	.000	.000	.001		.000	.000	.000	.000
经济发展	Pearson 相关性	.996**	-.959**	.991**	.881**	.769**	.973**	1	.996**	.998**	.996**
	显著性（双侧）	.000	.000	.000	.000	.006	.000		.000	.000	.000
年末总人口	Pearson 相关性	.989**	-.965**	.994**	.895**	.786**	.982**	.996**	1	.998**	.997**
	显著性（双侧）	.000	.000	.000	.000	.004	.000	.000		.000	.000
非农就业人口	Pearson 相关性	.993**	-.966**	.994**	.899**	.792**	.983**	.998**	.998**	1	.997**
	显著性（双侧）	.000	.000	.000	.000	.004	.000	.000	.000		.000
GDP	Pearson 相关性	.994**	-.954**	.998**	.906**	.805**	.981**	.996**	.997**	.997**	1
	显著性（双侧）	.000	.000	.000	.000	.003	.000	.000	.000	.000	
	N	11	11	11	11	11	11	11	11	11	11

**. 在 .01 水平（双侧）上显著相关。

从表 1–3 分析可知：（1）经济发展与年末总人口、非农就业人口及 GDP 的相关系数的显著水平 P 都小于 0.01，说明年末总人口、非农就业人口和 GDP 的显著水平高，对解释江西经济发展具有代表性。（2）经济发展与年末总人口、非农就业人口及 GDP 的增加具有较大的相关性，分别为 0.996、0.998 和 0.996，所以可以用它们来判断江西经济发展的相关性。近年来江西省非农就业人数与 GDP 的增加对江西省经济发展有很大的影响，侧面反映了江西省非农产业对经济的发展具有较大的作用。（3）农业就业人口对经济发展具有负相关性，农村非农产业就业人口、非农就业人口及 GDP 对经济发展具有正向的相关性，可能随着城镇化的不断发展，城乡之间联系不断加强，部分城市产业向农村转移，或者现代农业的不断发展，乡村产业逐步转型，尤其是乡村服务业的发展，增加了农村非农就业机会，促进了农村非农产业就业人口的增加和农业就业人口的减少，使得农村经济进一步发展，促使江西省非农就业人口增加，推动了江西省 GDP 的增长和经济的发展。由此可见，随着美丽乡村建设的推进，农村就业结构的转变也是促进江西经济发展的主要原因。（4）农业发展与农村非农产业发展对江西经济发展具有较大的影响，说明随着对农村建设的不断投入，尤其是美丽乡村建设在绿色农业、休闲农业等现代农业的投入不断加大，同时对乡村旅游、乡村电子商务等建设的投入不断加大，使得农村绿色生态农业不断发展的同时农村非农产业也得到了发展，从而促进了农村经济的不断发展，进而促进了江西经济的发展。

总体来看，就江西全省而言，农业就业人口有所下降，但农业发展仍依赖大量的农业劳动力，农业就业人口比重仍然很大，农业生产水平与生产效率仍然不高，虽然农村非农产业就业人口、农业服务业增加值有所增长，农村非农产业得到很大的发展，但农业人口、农业生产仍存在很多问题，所以农村产业发展还需要国家的各种农业优惠政策的制定与资金的投入，在美丽乡村建设过程中要加强农村经济的建设。

四、江西省乡村建设对经济发展的贡献

从以上构建的美丽乡村建设的经济指标，本部分采用协整检验的方法分析美丽乡村建设与经济发展长期均衡关系。经过协整检验，江西省美丽乡村

建设与江西经济发展存在长期的均衡关系，且互为因果关系。从投入—产出角度，即有：

$$y=Ax_1^a x_2^b \varepsilon \qquad (1\text{–}1)$$

为了通过回归分析确定参数，对式（1）两边取对数，得到：

$$\ln y=\ln A+a\ln x_1+b\ln x_2+\ln\varepsilon \qquad (1\text{–}2)$$

其中，y 表示江西省经济发展；x_1 和 x_2 分别表示农业发展与农村非农产业发展水平；ε 为随机模型项；a 和 b 分别表示当 x_1 和 x_2 每变化 1% 时，分别引起 y 的 a% 和 b% 的变化。

如果 a+b>1，则表示江西美丽乡村建设是规模经济递增的；如果 a+b=1，则表示美丽乡村建设是规模经济不变；如果 a+b<1，则表示美丽乡村建设规模经济是递减的。

通过对指标的回归分析，其回归结果如下：

表 1–4　美丽乡村建设与经济发展回归

模型	非标准化系数		标准系数	t	Sig.
	B	标准误差	试用版		
（常量）	1.219	.153		7.988	.000
农业发展	1.503	.102	.987	14.737	.000
农村非农产业发展	.007	.048	.010	.150	.884
R 方	调整 R 方		F	Sig	
$.992^a$	.992		497.818	$.000^a$	

a. 因变量：经济发展，b. 农业发展、农村非农产业

从表 1–4 看出，经济发展与农业发展回归比较显著，回归系数为 1.503，经济发展与农村非农产业发展在显著水平 0.01 下不显著，回归系数为 0.007。但整体上来说，模型调整 R 方为 0.992，F 为 497.818，模型在显著水平为 0.001 下显著，模型拟合较好，即：

$$y=1.219x_1^{1.503}x_2^{0.007} \qquad (1\text{–}3)$$

由（1–3）式可以看出，当农业发展每增加 1% 时，经济发展将增加 1.503%，农村非农产业每增加 1% 时，经济发展将增加 0.007%；也就是说，在农村经济发展中，农业发展对江西经济发展的贡献率比非农产业发展对江西经济发

展的贡献率大，造成这种情况的最大原因是江西省农村非农产业发展比较薄弱，贡献虽然不明显，但是与江西经济发展具有正向相关性，即农村非农产业发展对江西经济发展具有潜在的促进作用。又由于农业发展与农村非农产业的弹性系数分别为 1.503 和 0.007，所以美丽乡村建设在生态农业建设与非农产业建设上是规模经济递增的，换言之，美丽乡村建设对江西省经济发展具有促进作用，所以加大美丽乡村建设投入力度是江西省农村建设重中之重的举措。

总之，长期以来对于作为农业大省的江西来说，农业发展是经济发展的重要组成部分，促进农业发展仍然是江西经济发展的主题。尤其是十七大报告首次提出了“建设生态文明”的概念后，“生态立省”成为江西绿色发展战略的新选择，绿色农业、现代农业成为江西农业发展的新方式。美丽乡村建设就是生态文明建设在新农村建设的具体表现，加大美丽乡村建设的投入对江西经济发展具有促进作用，同时经济发展可以进一步推动美丽乡村建设。随着美丽乡村建设投入的不断加大，美丽乡村建设对经济发展的影响会越来越大，会更好地促进经济的发展，从而最终实现“富裕美丽幸福”的江西梦。

第五节　江西美丽乡村与生态文明建设的关系

一、生态文明试验区的建设内容

2016 年 8 月，中共中央办公厅、国务院办公厅印发了《关于设立统一规范的国家生态文明试验区的意见》，并发出通知，综合考虑各地现有生态文明改革实践基础、区域差异性和发展阶段等因素，首批选择生态基础较好、资源环境承载能力较强的福建省、江西省和贵州省作为试验区，要求各地区各部门结合实际认真贯彻落实。全面贯彻党的十八大和十八届三中、四中、五中全会精神，深入学习贯彻习近平总书记系列重要讲话精神，紧紧围绕统筹推进“五位一体”总体布局和协调推进“四个全面”战略布局，牢固树立创新、协调、绿色、开放、共享的发展理念，认真落实党中央、国务院决策部署，坚持尊重自然顺应自然保护自然、发展和保护相统一、绿水青山就是金山银山、自然价值和自然资本、空间均衡、山水林田湖是一个生命共同体等理念，遵循生态文明的系统性、完整性及其内在规律，以改善生态环境质量、推动绿色发展为目标，以体制创新、制度供给、模式探索为重点，设立统一规范的国家生态文明试验区，将中央顶层设计与地方具体实践相结合，集中开展生态文明体制改革综合试验，规范各类试点示范，完善生态文明制度体系，推进生态文明领域国家治理体系和治理能力现代化。

《关于设立统一规范的国家生态文明试验区的意见》提出，要设立若干试验区，形成生态文明体制改革的国家级综合试验平台。其主要目标是通过试验探索，到 2017 年，推动生态文明体制改革总体方案中的重点改革任务取得重要进展，形成若干可操作、有效管用的生态文明制度成果；到 2020 年，试验区率先建成较为完善的生态文明制度体系，形成一批可在全国复制推广的重大制度成果，资源利用水平大幅提高，生态环境质量持续改善，发展质量和效益明显提升，实现经济社会发展和生态环境保护双赢，形成人与自然和谐发展的现代化建设新格局，为加快生态文明建设、实现绿色发展、建设美丽中国提供有力的制度保障。

目前缺乏具体案例和经验借鉴，加上难度较大，需要试点试验的制度，综合考虑各地现有生态文明改革实践基础、区域差异性和发展阶段等因素，首批选择生态基础较好、资源环境承载能力较强的福建省、江西省和贵州省作为试验区。今后根据改革举措落实情况和试验任务需要，适时选择不同类型、具有代表性的地区开展试验区建设。试验区数量要从严控制，务求改革实效。设立统一规范的国家生态文明实验区，体现了中央以系统工程思路抓生态建设的总体要求，标志着国家在推进生态领域治理体系和治理能力现代化上迈出了突破性的一步。

毋庸置疑，农村生态文明是生态文明的重要组成部分。美丽乡村建设是农村生态文明建设的应有之义，农村生态文明建设也同样是建设美丽乡村的重要途径。生态文明的核心价值理念是追求和谐，要求人与自然和谐相处，是人和社会全面进步的文明状态。2013 年中央一号文件也做出了“建设美丽乡村”的工作部署。在中国，广袤的农村地域和众多的农村人口占据了全国国土面积和人口的绝大部分，建设美丽中国，起点在农村，关键在农村，实现也在农村。农业、农村、农民是建设美丽中国的基础，建设美丽中国就要实现农业现代化，建设好美丽乡村。作为落实生态文明建设的重要举措和在农村地区建设美丽中国的具体行动，没有“美丽乡村”就没有“美丽中国”。实际上,农村美丽了,我们建设美丽中国的目标也就实现了。从这个意义上说，美丽乡村是美丽中国的一部分，是其应有之义，建设美丽乡村就是建设美丽中国，建设美丽乡村就是建设国家生态文明试验区的重要组成部分。

二、江西省农业生态文明建设的政策历程

为了更好地建设江西省生态文明示范区，更好地建设江西美丽乡村，更好地响应国家的号召，近几年来江西省颁发了一系列条例：

2014 年 11 月，经国家发改委等六部委批复，江西被列入全国首批生态文明先行示范区。江西省按照习近平总书记打造美丽中国“江西样板”的要求，抢抓机遇，真抓实干，生态文明先行示范区建设成效显著，生态环境质量位居全国前列，江西的天更蓝、地更绿、水更清，初步探索出一条经济发展与生态环境相协调的发展新路。

2015 年 4 月 7 日，为统筹推进江西省生态文明先行示范区建设农业专项工作，江西省农业厅颁发《江西省农业厅关于成立省生态文明先行示范区建设农业专项领导小组的通知》，成立了省生态文明先行示范区建设农业专项领导小组，为在农业方面建设江西生态文明示范区提供了组织保障。

2015 年 5 月 26 日，为加快推进全省生态文明先行示范区建设，全面落实《江西省大气污染防治目标责任书》的要求,江西省政府办公厅颁发了《江西省人民政府办公厅关于推进农作物秸秆综合利用和禁烧工作的指导意见》，意见指出，要充分认识秸秆综合利用和禁烧的重要性及紧迫性，有效解决因秸秆露天焚烧引起的大气污染问题，促进资源利用，保护生态环境，维护广大人民群众的切身利益，更好地建设“美丽乡村”。

2015 年 6 月 12 日，为牢牢把握江西省被纳入全国第一批生态文明先行示范区的重大机遇，积极探寻中部地区绿色崛起先行区农业生态文明发展模式，根据《中共江西省委 江西省人民政府关于建设生态文明先行示范区的实

施意见》要求，江西省农业厅颁发《推进农业生态文明建设实施方案》，方案强调，要以党的十八大和十八届三中、四中全会精神为指导，深入学习贯彻习近平总书记系列重要讲话精神，坚持节约优先、保护优先、自然恢复为主的根本方针，牢固树立“保护生态环境就是保护生产力、改善生态环境就是发展生产力”的理念，走出一条符合江西省实际的农业生态文明发展之路，全力推进生态文明先行示范区建设。

2015 年 6 月 18 日，江西省人民政府办公厅颁发了《江西省人民政府办公厅关于公布井冈山大鲵等 2 处新建省级自然保护区名单的通知》，决定分别在吉安市、抚州市建立井冈山大鲵省级自然保护区、南城芙蓉山省级自然保护区，省级自然保护区要具备较完整的生态系统、良好的自然生境条件及较丰富的生物多样性属性，在维护区域生态环境安全、建设生态文明等方面要发挥重要作用。新建两个省级自然保护区为江西省开展生态文明先行示范区工作发挥了重要作用。

2015 年 6 月 26 日，根据《中共中央 国务院加快推进生态文明建设的意见》《中共江西省委 江西省人民政府关于建设生态文明先行示范区的实施意见》和《江西省 2015 年生态文明先行示范区建设工作要点》的要求，结合江西省农业实际，江西省生态文明先行示范区建设农业专项领导小组办公室颁发了《江西省 2015 年生态文明先行示范区建设农业专项工作要点》，要点提出，要围绕生态文明先行示范区建设“一年开好局”的总体目标，以发展绿色生态农业为主攻方向，以加强农业面源污染治理为基本要求，着力推进产业集群发展，深化农业农村改革，大胆实践，改革创新，扎实推进生态文明先行示范区建设农业专项工作，围绕推进农业生态文明建设的目标任务，重点开展实施农药减量行动、化肥零增长行动、农业面源污染治理行动、农业清洁生产行动、绿色农产品品牌建设行动、促进产业集群发展行动、深化农业农村改革行动等“七大行动”。

2015 年 7 月 10 日，为贯彻落实农业部颁发的 2 号文件精神，扎实开展到 2020 年农药施用量零增长行动，江西省农业厅颁发《江西省到 2020 年农药使用量零增长行动实施方案》，方案分析了实施农药使用量零增长行动的必要性，设定了总体思路、基本原则和目标任务，有效控制农药使用量，保障农业生产安全和农产品质量安全，促进农业可持续发展，保障生态环境安全，为生态文明建设提供有力保障。

2015 年 7 月 31 日，为贯彻落实《农业部关于印发〈到 2020 年花费使用量零增长行动方案〉和〈到 2020 年农药使用量零增长行动方案〉的通知》文件精神，促进江西省农业生产施肥方式进一步改进、肥料运筹更趋合理，逐步实现主要农产品生产化肥使用量零增长，江西省农业厅颁发《江西省到 2020 年化肥使用量零增长行动方案》，确定了精、调、改、替等（推进精准施肥、调整化肥使用结构、改进施肥方式、有机肥替代化肥）技术路径，确定了走高产高效、优质环保、可持续发展之路。

2015 年 8 月 25 日，为贯彻落实《农业部关于印发〈到 2020 年化肥使用量零增长行动方案〉和〈到 2020 年农药使用量零增长行动方案〉的通知》文件精神，全面推进农业节本降耗、提质增效，加快农业资源利用方式的转变，积极探索产出高效、产品安全、资源节约、环境友好的现代农业发展之路，江西省农业厅颁发《江西省“四控一减”提质增效试点行动工作方案》，决定从 2015 年起开展以控地力下降、控土壤酸化、控化肥施用、控病虫为害损失率、减少化学农药用量为主要内容的“四控一减”提质增效试点行动，从而实现农业生产的经济、社会、生态效益同步提高，促进江西省生态文明先行示范区建设和绿色崛起目标的实现。

2015 年 11 月 11 日，根据《江西省人民政府办公厅关于建立病死畜禽无害化处理机制的实施意见》要求，江西省发展改革委、江西省农业厅颁发《江西省病死畜禽无害化处理体系建设规划（2015—2020）》，加快推进了全省病死畜禽无害化处理体系建设，促进了江西省生态文明先行示范区建设。

2016 年 3 月 14 日，为加快转变畜牧业生产方式，不断提升畜禽养殖生产水平，农业部决定在 2010—2015 年工作基础上，继续开展畜禽养殖标准化示范创建活动。根据《农业部办公厅关于印发 2016 年畜禽养殖标准化示范创建活动工作方案的通知》精神，江西省农业厅结合江西省实际，颁发了《江西省 2016 年畜禽养殖标准化示范创建活动工作方案》。

2016年3月23日，为切实做好江西省开放型农业工作，进一步促进江西省农业对外开放和发展升级，实现全省开放型农业发展新跨越，江西省农业厅颁发了《2016年全省开放型农业工作意见》，坚持创新、协调、绿色、开放、共享五大发展理念，以培育壮大江西省农业优势产业为主攻方向，大小并举，优化综合服务，全力推进江西省开放型农业经济发展，为现代农业强省建设提供有力支撑。同日，为贯彻落实全省农业农村工作会议精神，促进江西省休闲农业健康快速发展，进一步加强休闲农业各项管理工作，江西省农业厅颁发《2016年全省休闲农业工作意见》，强调以建设美丽乡村为核心之一，健康快速发展全省休闲农业，将休闲农业发展与生态文明等融为一体，丰富全省休闲农业内涵，突出特色，提升服务。

2016年3月28日，为落实到2020年农药使用量零增长行动的目标任务，加强对农民安全科学用药的指导，积极引导农业生产者和专业组织选用高活性、高含量、高防效、低毒性、低残留、低污染的农药品种，提高江西省农作物病虫害防治水平，减少农药用量和污染，切实保障江西省农业生产安全、农产品质量安全和生态环境安全，江西省农业厅颁发《江西省主要农作物病虫害防治安全科学用药指南》，以切实保障江西省的农业生产安全，保障农产品质量安全，保障生态环境安全。

2016年4月14日，为贯彻落实习近平总书记视察江西省重要讲话精神，推动农业发展方式转变，促进农业产业转型升级，江西省政府办公厅颁发了《江西省人民政府办公厅关于推进绿色生态农业十大行动的意见》，明确了绿色生态农业的总体要求与保障措施，创新性地提出了绿色生态农业标准化建设、“三品一标”农产品推进、绿色生态品牌建设、化肥零增长、农药零增长、养殖污染防治、农田残膜污染治理、耕地重金属污染修复、秸秆综合利用、农业资源保护等“十大行动”，且将绿色生态农业“十大行动”纳入各级政府绩效考核范围，明确考核目标，加强工作调度，通报进展情况，切实推动“十大行动”的有效落实，为建设绿色江西、秀美江西提供了指导方向。

2016年5月4日，为贯彻落实中央关于生态文明建设的总体部署，整县推进畜禽粪便综合利用和病死畜禽无害化处理，促进畜牧业生产和生态环境保护协调发展，江西省农业厅颁发《江西省畜牧业绿色发展示范县创建实施方案》。方案强调江西省将继续紧密围绕党的十八届五中全会提出的“五大发展理念”，按照习近平总书记视察江西期间提出“打造美丽中国‘江西样板’”的要求，贯彻落实省委、省政府“绿色崛起”的系列战略决策，这对于促进畜牧业提质增效、保护生态环境安全具有重大意义。

2016 年 5 月 18 日，根据《江西省人民政府关于印发江西省水污染防治工作方案的通知》要求，为切实做好畜禽养殖污染防治工作，全面完成《江西省水污染防治工作方案》中提出的相关任务，江西省农业厅颁发《江西省农业厅办公室关于切实做好畜禽养殖污染防治工作的通知》。通知指出，畜禽养殖污染防治工作是推进江西生态文明先行示范区建设、打造美丽中国“江西样板”的重要工作内容，是落实“河长制”的具体工作措施。

2016 年 5 月 25 日，为统筹推进江西省绿色生态农业十大行动，江西省农业厅颁布《江西省农业厅关于成立省绿色生态农业十大行动领导小组的通知》，决定成立省绿色生态农业十大行动领导小组，以更好地监督江西生态文明建设及绿色生态农业建设等相关行动。

2016 年 6 月 21 日，根据《江西省人民政府办公厅关于推进绿色生态农业十大行动的意见》精神，江西省绿色生态农业十大行动领导小组办公室将绿色生态农业“十大行动”具体责任明确区分，落实责任单位及协助单位，责任到人。农业厅生态文明办定期开展“十大行动”推进工作调度，不定期开展督促检查，结合调度和检查情况开展绩效考核，推动“十大行动”的实施。

2016 年 8 月 11 日，根据财政部《关于拨付 2016 年农业资源及生态保护补助资金的通知》精神，为进一步提高增殖放流“规范化、科学化、社会化”水平，确保放流任务的完成，江西省农业厅、江西省财政厅颁发《江西省 2016 年水生生物资源增殖放流项目实施方案》。方案要求坚持保质保量、突出重点和注重成效的原则，通过采取统筹规划、合理布局、科学评估、强化监管、广泛宣传等措施，科学、规范、有序开展水生生物增殖放流，推动水生生物资源有效恢复和可持续利用，促进水域生态文明建设和现代渔业可持续发展。

表 1–5　江西省近两年生态文明试验区建设与美丽乡村建设相关政策一览表

时间	颁发单位	政策文件	简要内容及意义
2015.4.7	江西省农业厅	《江西省农业厅关于成立省生态文明先行示范区建设农业专项领导小组的通知》	成立江西省生态文明先行示范区建设农业专项领导小组
2015.5.26	江西省人民政府办公厅	《江西省人民政府办公厅关于推进农作物秸秆综合利用和禁烧工作的指导意见》	认识秸秆综合利用和禁烧的重要性及紧迫性，有效解决因秸秆露天焚烧引起的大气污染问题
2015.6.12	江西省农业厅	《推进农业生态文明建设实施方案》	为积极探寻中部地区绿色崛起先行区农业生态文明发展模式提供政策保障
2015.6.18	江西省人民政府办公厅	《江西省人民政府办公厅关于公布井冈山大鲵等 2 处新建省级自然保护区名单的通知》	在维护区域生态环境安全、建设生态文明等方面发挥重要作用
2015.6.26	江西省生态文明先行示范区建设农业专项领导小组办公室	《江西省 2015 年生态文明先行示范区建设农业专项工作要点》	明确围绕生态文明先行示范区建设“一年开好局”的总体目标，确定“七大行动”
2015.7.10	江西省农业厅	《江西省到 2020 年农药使用量零增长行动实施方案》	分析实施农药使用量零增长行动的必要性，保障农业生产安全和农产品质量安全，促进农业可持续发展
2015.7.31	江西省农业厅	《江西省到 2020 年化肥使用量零增长行动方案》	确定精、调、改、替等技术路线
2015.8.25	江西省农业厅	《江西省“四控一减”提质增效试点行动工作方案》	开展“四控一减”提质增效试点行动
2015.11.11	江西省发展改革委 江西省农业厅	《江西省病死畜禽无害化处理体系建设规划（2015—2020）》	加快推进全省病死畜禽无害化处理体系建设
2016.3.14	江西省农业厅	《江西省 2016 年畜禽养殖标准化示范创建活动工作方案》	将《农业部办公厅关于印发 2016 年畜禽养殖标准化示范创建活动工作方案的通知》精神与江西省实际相结合

续表

时间	颁发单位	政策文件	简要内容及意义
2016.3.23	江西省农业厅	《2016年全省开放型农业工作意见》	推进江西省开放型农业经济发展，为现代农业强省建设提供有力支撑
2016.3.23	江西省农业厅	《2016年全省休闲农业工作意见》	将休闲农业发展与生态文明等融为一体，丰富江西省休闲农业内涵
2016.3.28	江西省农业厅	《江西省主要农作物病虫害防治安全科学用药指南》	提高江西省农作物病虫害防治水平，保障江西省农业生产安全
2016.4.14	江西省人民政府办公厅	《江西省人民政府办公厅关于推进绿色生态农业十大行动的意见》	创新性地提出绿色生态农业"十大行动"
2016.5.4	江西省农业厅	《江西省畜牧业绿色发展示范县创建实施方案》	促进畜牧业生产和生态环境保护协调发展
2016.5.18	江西省农业厅	《江西省农业厅办公室关于切实做好畜禽养殖污染防治工作的通知》	强调畜禽养殖污染防治工作是推进江西生态文明先行示范区建设的重要内涵
2016.5.25	江西省农业厅	《江西省农业厅关于成立省绿色生态农业十大行动领导小组的通知》	成立江西省绿色生态农业十大行动领导小组
2016.8.11	江西省农业厅 江西省财政厅	《江西省2016年水生生物资源增殖放流项目实施方案》	推动水生生物资源有效恢复和可持续利用，促进水域生态文明建设和现代渔业可持续发展

三、江西省生态环境质量及经济发展现状

建设国家生态文明试验区，是江西绿色发展的"金字招牌"。早在2001年，江西省委、省政府就已经在生态文明建设上做出了新的探索与实践。在经济建设的实践中，坚持"既要金山银山，又要绿水青山"的发展理念。党的十七大提出了"建设生态文明"的目标后，省委、省政府根据科学发展观的要求，提出了"生态立省，绿色发展"战略。2009年12月，《鄱阳湖生态经济区规划》得到国务院正式批复，成为江西省第一个上升为国家战略的区

域性发展规划。

江西省委、省政府紧紧围绕生态保护与建设，积极开展了“省、市、县、乡、村”五级系列生态示范创建以及“五河”及鄱阳湖、柘林湖等生态功能保护区的试点建设工作，为提升生态环境质量提供了强有力的支撑。

2016 年，全省上下认真贯彻落实习近平总书记系列重要讲话精神特别是对江西工作的重要指示，按照打造美丽中国“江西样板”的重要指示，举全省之力推进生态文明建设，取得显著成效。全省生态优势进一步巩固，森林覆盖率稳定在 63.1%，居全国前列，湿地保有量保持在 91 万公顷；环境质量进一步提升，设区市城区空气质量优良率 86.2%，主要河流监测断面水质达标率 88.6%，均远高于全国平均水平；资源利用效率进一步提高，万元 GDP 能耗比期下降 4% 左右，全省工业固体废弃物综合利用率、主要再生资源回收利用率、农作物秸秆综合利用率分别达到 58.5%、66.3% 和 87.2%；生态文明制度体系近一步健全，河长制、全流域生态补偿制度的施行取得重要突破，走在全国前列；在全国生态文明建设格局的地位进一步提升，生态文明先行示范区上升为国家生态文明试验区。

在保持生态质量巩固提升的同时，经济发展实现量质双升，主要经济指标增速保持在全国“第一方阵”。2016 年经济保持稳步增长，全省生产总值 18150 亿元，增长 9%。财政总收入 3143 亿元，同口径增长 9.6%；产业结构优化提升，粮食总产量 427.6 亿斤，实现“十三连丰”。规模以上工业增加值 7803.6 亿元，增长 9%，其中高科技产业增加值增长 10.7%。服务业增加值占 GDP 比重突破 40%，三次产业结构进一步优化；发展动能加快转化，创新驱动能力增强，R&D 经费支出增加 25 亿元。专利申请总增量增长 65.9%，增幅全国第一；专利授权量增长 30.3%，增幅是全国平均水平的 3 倍；民生福祉持续增进，城镇新增就业 55 万人，新增转移农村劳动力 59.2 万人。居民消费价格总水平上涨 2%。城镇居民人均可支配收入 28670 元，增长 8.2%；农村居民人均可支配收入 12140 元，增长 9%，人民生活进一步改善。

四、生态文明建设与经济发展关系的评价

本书根据《国家生态文明先行示范区建设方案（试行）》以及前期文献研

究，考虑可测度、可比较原则以及数据采集的可获得性和评价指标的可量化性，将江西省生态文明建设与经济发展关系指标体系分为三层：目标层、准则层和指标层。

第一层是目标层，即江西省生态文明建设与经济发展的关系，综合反映生态文明建设与经济发展的状况。

第二层是准则层，从生态质量、经济和谐和社会发展三个不同侧面反映江西省生态文明与经济发展关系。生态质量指标主要反映资源节约和生态环境保护；经济和谐反映产业结构和经济发展方式进程，反映经济可持续发展状况；社会发展反映社会环境因素对生态文明的影响。

第三层是指标层，由每个准则层下若干具体指标构成。

图 1–1　江西省生态建设与经济发展关系的评价指标体系

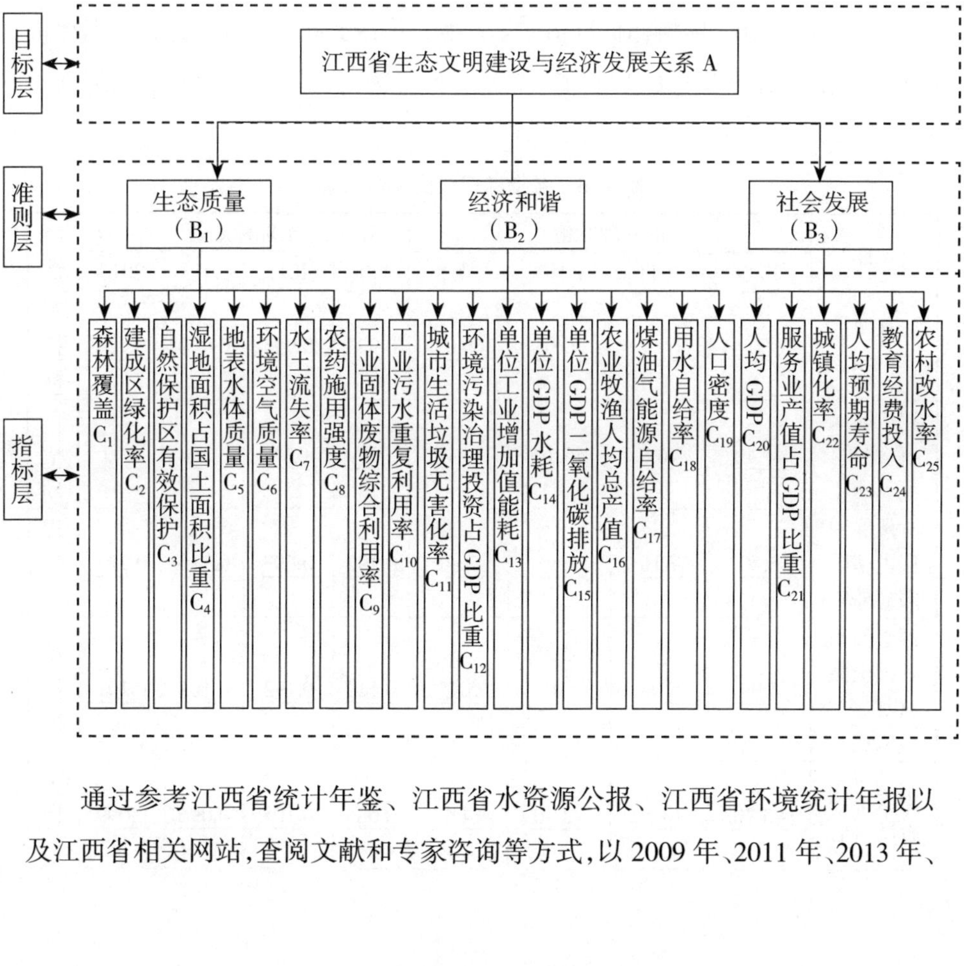

通过参考江西省统计年鉴、江西省水资源公报、江西省环境统计年报以及江西省相关网站，查阅文献和专家咨询等方式，以 2009 年、2011 年、2013 年、

2015 年为研究年份，得到指标现状值。生态文明建设水平指数计算方法需要充分考虑各评价指标量纲不一的现实，不能够简单地直接对指标现状值进行指标权重加和，需要对指标属性值进行标准化处理。具体可以采取均差法对指标数值进行标准化，并对生态文明指标进行标准化，进而对江西省生态文明建设状况进行分析计算。

本书对生态文明建设指标采用如下方法进行标准化：

对与生态文明呈正相关的指标采用：

$$Q_i=\frac{C_i}{\max s_i} \tag{1-4}$$

对与生态文明呈负相关的指标采用：

$$Q_i=1-\frac{C_i}{\max s_i} \tag{1-5}$$

式中：Q_i 为第 i 项指标标准值；s_i 为第 i 项指标的目标值；C_i 为根据评价城市选取的第 i 项指标的现状值，max s_i 为所选相关城市指标的最大值乘以 1.05。

表 1–6　各指标现状值及标准值

指标	指标现状值				指标标准值				属性
	2009	2011	2013	2015	2009	2011	2013	2015	
森林覆盖率 %/C_1	60	60.1	60.01	60.01	0.924	0.925	0.924	0.924	正指标
建成区绿化覆盖率 %/C_2	44.40	46.8	45.10	44.10	0.93	0.98	0.94	0.92	正指标
自然保护区占辖区比重 %/C_3	6.70	7.10	7.50	7.80	0.192	0.203	0.215	0.223	正指标
湿地面积占国土面积比重 %/C_4	5.99	5.98	5.45	5.45	0.112	0.112	0.101	0.101	正指标
地表水体质量 %/C_5	65.70	78.70	72.40	74.40	0.088	0.105	0.096	0.099	正指标

续表

指标	指标现状值				指标标准值				属性
	2009	2011	2013	2015	2009	2011	2013	2015	
环境空气质量 %/C_6	95.20	95.10	63	85.20	0.952	0.906	0.6	0.811	正指标
水体流失率 %/C_7	19.9	19.84	19.79	19.74	0.28	0.279	0.278	0.277	负指标
农药施用强度（万吨）/C_8	0.00487	0.00497	0.00499	0.00501	0.536	0.525	0.523	0.523	负指标
工业固体废弃物综合利用率 %/C_9	40.40	55.27	54.46	57.17	0.938	1.283	1.264	1.415	正指标
工业污水重复利用率 %/C_{10}	74.36	76.95	84.85	81.55	0.855	0.884	0.975	0.938	正指标
城市生活垃圾无害化 %/C_{11}	84.40	88.30	93.30	94.50	0.859	0.897	0.949	0.961	正指标
环境污染治理投资占 GDP 比重 %/C_{12}	0.92	2.06	3.05	4.48	0.43	0.96	1.425	2.09	正指标
单位工业增加值能耗（吨标准煤）/C_{13}	1.674	1.099	0.824	0.68	0.327	0.498	0.662	0.805	负指标
单位 GDP 水耗（吨）/C_{14}	227	185	165	147	0.168	0.206	0.231	0.259	负指标
单位 GDP 二氧化硫排放量（吨）/C_{15}	72.77	45.51	37.09	31.58	0.247	0.395	0.484	0.569	负指标
农林牧渔人均总产值（亿）/C_{16}	1733.92	2207.27	2578.35	2859.1	0.479	0.61	0.712	0.789	正指标

续表

指标	指标现状值				指标标准值				属性
	2009	2011	2013	2015	2009	2011	2013	2015	
煤油气能源自给率 %/C_{17}	0.579	0.418	0.364	0.355	0.109	0.0787	0.0685	0.0668	正指标
用水自给率 %/C_{18}	4.84	3.99	5.38	8.14	0.037	0.031	0.041	0.062	正指标
人口密度（人 / 平方公里）/C_{19}	4757	4527	4542	4822	0.114	0.108	1.109	0.115	正指标
人均 GDP（元）/C_{20}	17185	25884	31930	34661	0.219	0.329	0.407	0.441	正指标
服务业产值占 GDP 比例 %/C_{21}	34.4	33.5	35.23	36.8	0.456	0.444	0.467	0.487	正指标
城镇化率 %/C_{22}	43.18	45.7	48.87	51.6	0.487	0.515	0.551	0.582	正指标
人均预期寿命（岁）/C_{23}	73.1	74.33	74.83	76.34	0.882	0.897	0.902	0.921	正指标
教育经费投入（万元）/C_{24}	3333171	4494597	8294925	8930127	0.274	0.369	0.681	0.734	正指标
城市用水普及率 %/C_{25}	98	97.94	97.73	97.55	0.55	0.549	0.548	0.547	正指标

根据建立的江西省生态文明建设与经济发展体系，采用层次分析法计算评价指标的权重。构造判断矩阵是层次分析法确定权重的重要步骤。判断矩阵是指同一层次中各元素相互间量化比较形成的方阵，通过发放专家指标权重问卷表，邀请专家确定两因素相对重要程度的数值来构造。按照 1–9 位标度法构造判断矩阵，分别构造出准则层 B 对目标层 A 的判断矩阵 D，准则层 B_1 下具体指标对其判断矩阵 E，同理构造出准则层 B_2、B_3 下具体指标分别对

B_2、B_3 的判断矩阵 F、G。

对构造的判断矩阵进行一致性检验，结果 C.R.<0.1 即矩阵判断情况一致，矩阵 D、E、F、G 均具有满意的一致性。得到矩阵 D 的权向量 W_1=（0.476，0.333，0.190）T，矩阵 E 的权向量 W_2=（0.133，0.065，0.066，0.049，0.269，0.219,0.177,0.02）T,矩阵 F 的权向量 W_3=（0.087，0.185，0.098，0.017,0.147，0.146，0.156，0.022，0.05，0.061，0.029）T，矩阵 G 的权向量 W_4=（0.227，0.079，0.048，0.314，0.215，0.117）T。将权向量 W_1 分别于 W_2、W_3、W_4 相乘,可得到指标层 C 单个具体指标的总权重。各层指标权重计算结果见表 1-8。其权重值如表 1-7 所示。运用综合评价法计算得出生态文明综合指数。

表 1-7　指标体系指标权重

目标层指标编号	准则层指标编号	准则层权重	指标层指标编号	指标层权重	指标总权重
A	B_1	0.476	C_1	0.133	0.063308
			C_2	0.065	0.03094
			C_3	0.066	0.031416
			C_4	0.049	0.023324
			C_5	0.269	0.128044
			C_6	0.219	0.104244
			C_7	0.177	0.084252
			C_8	0.02	0.00952
	B_2	0.333	C_9	0.087	0.028971
			C_{10}	0.185	0.061605
			C_{11}	0.098	0.032634
			C_{12}	0.017	0.005661
			C_{13}	0.147	0.048951
			C_{14}	0.146	0.048618
			C_{15}	0.156	0.051948

续表

目标层指标编号	准则层指标编号	准则层权重	指标层指标编号	指标层权重	指标总权重
A			C_{16}	0.022	0.007326
			C_{17}	0.05	0.01665
			C_{18}	0.061	0.020313
			C_{19}	0.029	0.009657
	B_3	0.190	C_{20}	0.227	0.04313
			C_{21}	0.079	0.01501
			C_{22}	0.048	0.00912
			C_{23}	0.314	0.05966
			C_{24}	0.215	0.04085
			C_{25}	0.117	0.02223

对准则层评分利用加权法对指标层进行加权计算，所得结果为准则层指标得分。计算公式为：

$$E=\sum_{E=1}^{n} X_K R_K \qquad (1\text{–}6)$$

江西省生态文明建设与经济发展关系综合评分计算利用以层次分析法为基础的综合评分法的评价模型：

$$Y=\sum_{i=1}^{3}\left(\sum_{j=1}^{n} X_K \times R_K\right) \times W_i \qquad (1\text{–}7)$$

其中，E 为准则层评价值；Y 为综合评价值；W_i 为准则层权重；X_k 为指标层标准值；R_k 为指标层对准则层权重；n 为指标层下指标的个数。

表 1–8　江西省生态文明与经济发展关系结果

年份	准则层评价值 经济和谐 B_2	综合评价值
2009	0.154	0.510
2011	0.189	0.560
2013	0.222	0.649
2015	0.233	0.678

借鉴相关研究成果，将指标划分为 0.7 ≤ E、0.6 ≤ E<0.7、0.5 ≤ E<0.6、0.4 ≤ E<0.5、E<0.4 共五个等级，分别对应“极差、差、中等、良好、优等”。江西省生态文明评价分级见表 1–9。

表 1–9 江西省生态文明评价标准

健康程度	优等	良好	中等	较差	极差
评价值 E	0.7 ≤ E	0.6 ≤ E<0.7	0.5 ≤ E<0.6	0.4 ≤ E<0.5	E<0.4

根据综合结果分析，江西省生态文明综合评价分值逐年增高，从 2009 年的 0.51 增加到 2015 年的 0.678，表明江西生态文明等级逐步提升，从中等状态逐步达到生态文明良好的状态，说明江西省生态文明状况向越来越好的方向发展，生态文明建设成果显著。在准则层下，经济和谐评价分值也呈现出明显增长的趋势，将历年生态文明与经济和谐评价分值用线状图如图 1–2 绘出，从总体来看，生态文明和经济发展具有一致性。

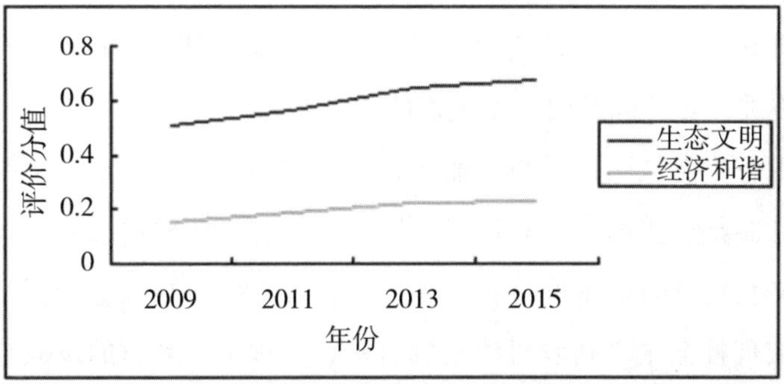

图 1–2 江西生态文明建设与经济发展的关系图

为了更科学地反映两者的相关性，利用数据信息，在 spss 软件下，采用 pearson 相关分析法分析江西省生态文明与经济和谐之间的相关性，研究经济和谐指标层参数变化对生态文明的响应关系。数据分析得出二者相关系数为 0.984，为显著正相关。说明经济发展对生态文明有显著的影响作用，经济的建设很大程度促进了生态向更文明的态势发展，二者密切相关。

五、美丽乡村建设是江西生态文明实验区建设的重要抓手

美丽乡村是生态文明理念在农村地区的具体体现，人与自然和谐相处是

美丽乡村及生态文明的本质和核心。农村生态文明是农村一切事业发展的基础，没有良好的生态环境，就没有农村的全面发展。党的十八大把生态文明建设提升到五位一体总体布局的战略高度，号召大力推进生态文明建设，建设美丽中国，实现中华民族永续发展。在我们这样一个农业大国，“美丽中国”不能缺少“美丽乡村”。可以说，推进生态文明建设是具有全局性的战略部署，而建设美丽乡村则是为了实现全局性战略部署所进行的区域工作实践；推进生态文明建设是一个系统工程，而建设美丽乡村则是一个子工程；推进生态文明建设需要积极探索在发展中保护、在保护中发展的环境保护新路子，而建设美丽乡村就是为了探索这条新路子积累经验；推进生态文明建设是一个长远而伟大的理想和引领目标，而建设美丽乡村就是为了实现这个伟大理想所做的一项立足当前、着眼长远的基础性工作和有效措施。

2013 年中央一号文件明确提出，要加强农村生态建设、环境保护和综合整治，推进农村生态文明建设，努力建设美丽乡村。随着我国城镇化进程不断推进，什么样的乡村才是美丽乡村？如何建设、保护美丽乡村？美丽乡村如何永续发展？这些问题引发了人们的关注和思考。

实际上，生态文明建设与美丽乡村建设之间的关系是辩证统一的，二者相互作用和制约。美丽乡村建设必须以农村生态文明建设为着力点，只有在农村生态文明建设的总体布局下，解决好人与自然、人与人、人与社会的关系，才能真正实现社会主义新农村建设的目标，实现美丽乡村的发展目标；另一方面，美丽乡村建设也是生态文明建设的最终目标之一，是美丽中国在农村的具体实践。生态文明建设渗透于新农村建设的方方面面，美丽乡村建设着眼于提升新农村建设的整体水平。

新农村建设“20 字目标”的实现，是一项包含农村产业发展、社区建设、生态环境、基础设施、公共服务等在内的系统工程。生态环境的恶化已经成为制约农村经济发展的瓶颈，因此，在新农村建设的过程中，必须摆脱传统的 GDP 崇拜的发展观和政绩观。从片面追求经济增长的发展观转到以生态文明为基础的经济社会全面协调可持续的科学发展观。在建设美丽乡村的过程中，要注意协调美丽乡村建设规划与土地利用总体规划、村庄布局规划、村庄建设规划等之间的关系，要统筹安排城乡基础设施和公共服务社会建设，实现乡村自然美基础上的现代美、个性美和整体美。

美丽乡村建设是生态文明建设在农村的目标和方向，农村生态文明建设是建设美丽乡村的手段和途径。建设美丽乡村与推进农村生态文明方向一致、进程基本同步。农村生态文明建设是一项系统工程，需要全社会各方面积极支持和参与。建设美丽乡村，就要通过大力推进农村生态文明建设，以促进农民增收为中心，以造福百姓、改善农民生产生活条件为目的，以特色产业发展、村镇整治建设和农村新社区建设为重点，打造发达的生态农业、绿色的消费模式、永续的资源保障、优美的生态环境、舒适的生态人居，给自然留下更多修复空间，给农业留下更多良田，给子孙后代留下天蓝、地绿、水净的美好家园。

美丽乡村建设是江西全面建成小康社会和美丽江西的必然要求。十九大报告中提出了要坚持农业农村优先发展，按照产业兴旺、生态宜居、乡风文明、治理有效、生活富裕的总要求，建立健全城乡融合发展体制机制和政策体系，加快推进农业农村现代化。十八大报告中提出了确保到2020年全面建成小康社会，农村的全面小康，不仅包括农民收入的全面提高，还包括人居环境的改善、生活方式的改变、生活质量的提高。改造提升农村面貌，就是让广大农民群众享受现代文明的生活条件和生活方式，过上更加体面、更加幸福的小康生活。“十三五”时期是江西省高水平全面建成小康社会的决胜阶段，难点在农村，短板在农村，关键也在农村。江西虽然具有较好的建设秀美江西的生态资源，但江西分布有大量的老少边穷的区域，脱贫压力大。江西的农村人口超过2200万，农村美了，江西就美了，农民富了，江西就富了。2016年11月16日江西省第十四次代表大会进一步提出要建设“富裕美丽幸福江西”，将“发挥绿色生态这个最大优势，打造美丽中国‘江西样板’，加快绿色崛起”作为主要任务之一，探索生态文明建设新模式，培育绿色发展新动能，开辟绿色富省、绿色惠民新路径。美丽乡村建设是农村生态环境和人文面貌改造提升行动，是一项名副其实的惠民工程，是实施国家生态文明实验区的重要实践和抓手。

六、美丽乡村建设对生态文明建设贡献度分析

根据美丽乡村建设与生态文明建设的相关理论研究和实践建设，美丽乡村建设在“质”上不仅注重经济的生态建设，更注重的是乡村建设应该在“美”上下功夫，即生态文明与美丽乡村建设都注重“和谐”。本部分为了更好地分析美丽乡村建设对生态文明建设的贡献度，将从美丽乡村建设与生态文明建设对经济和生态的影响角度构建指标体系。如图 1–3。

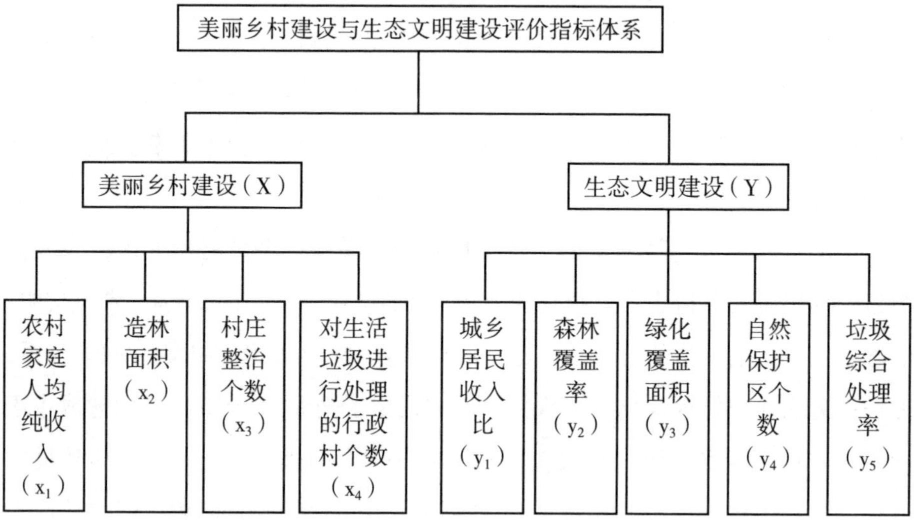

图 1–3　美丽乡村建设与生态文明建设贡献度分析指标体系

注：美丽乡村建设指标值是根据农村家庭纯收入、造林面积、村庄整治个数及对生活垃圾处理的行政村个数换算得到，生态文明指标值同理得到。

首先，对各项指标进行单根检验（表 1–10）；其次，根据时间序列单根检验结果，采用协整检验方法，通过协整检验可以得出美丽乡村建设与生态文明建设存在长期的均衡关系，且它们互为因果关系。

表 1–10　各项指标单根检验结果

变量	检验形式（C,T,K）	ADF 检验	10% 临界值（t 值）	检验结果
Lx	（c，t，0）	–2.7711	–0.2349	不平稳
Dlx	（c，t，1）	–2.8418	–3.722	平稳

续表

变量	检验形式（C,T,K）	ADF 检验	10% 临界值（t 值）	检验结果
Lx_1	（c，t，0）	–2.7813	–0.9531	不平稳
Dlx_1	（c，t，1）	–2.8013	–3.632	平稳
Lx_2	（c，t，0）	–2.7689	–0.1434	不平稳
Dlx_2	（c，t，1）	–2.8114	–3.2184	平稳
Lx_3	（c，t，0）	–2.7599	–0.9253	不平稳
Dlx_3	（c，t，1）	–2.8013	–3.4655	平稳
Lx_4	（c，t，0）	–2.7733	–0.7857	不平稳
Dlx_4	（c，t，1）	–2.8322	–3.2831	平稳
Ly	（c，t，0）	–2.7626	–0.8961	不平稳
Dly	（c，t，1）	–2.8234	–3.3221	平稳
Ly_1	（c，t，0）	–2.7711	–0.0933	不平稳
Dly_1	（c，t，1）	–2.8142	–3.3282	平稳
Ly_2	（c，t，0）	2.7314	–0.5439	不平稳
Dly_2	（c，t，1）	–2.8015	–3.3977	平稳
Ly_3	（c，t，0）	–2.7334	–0.9823	不平稳
Dly_3	（c，t，1）	–2.8112	–2.9561	平稳
Ly_4	（c，t，0）	–2.7765	–0.6458	不平稳
Dly_4	（c，t，1）	–2.8076	–2.8832	平稳
Ly_5	（c，t，0）	–2.7712	–0.5532	不平稳
Dly_5	（c，t，1）	–2.8331	–2.9902	平稳

因此，根据投入产出理论，构建美丽乡村与生态文明相关系模型。

$$Y=AX^{a}\varepsilon \quad (1\text{–}8)$$

为了通过回归分析确定参数，对（1–8）式两边取对数，得到：

$$LnY= LnA+aLnX+Ln\varepsilon \quad (1\text{–}9)$$

其中，Y 表示生态文明建设；X 表示美丽乡村建设；ε 为随机模型项，a 表示当 X 每变化 1% 时，分别引起 Y 的 a% 的变化。

通过对指标的回归分析，可得到回归结果见表 1–11。

表 1-11　美丽乡村建设与生态文明建设回归结果

模型	非标准化系数		标准系数	t	Sig.
	B	标准误差	试用版		
（常量）	-1.804	0.098		-18.481	0.000
美丽乡村建设	0.276	0.033	0.948	8.424	0.000
R 方	调整 R 方		F	Sig	
0.899^2	0.886^2		70.958	0.000	

a. 因变量：生态文明建设，b. 自变量：美丽乡村建设

从表 1-11 看出，美丽乡村建设与生态文明建设回归比较显著，回归系数为 0.276，模型调整 R 方为 0.886，即反映了原数据的 88.6% 的信息，F 为 70.958，模型在显著水平为 0.001 下显著，即模型拟合较好，即：

$$Y=-1.804X^{0.276} \quad (1-10)$$

由（1-10）式可以看出当美丽乡村建设每增加 1% 时，生态文明建设将增加 0.276%，换言之，美丽乡村建设对江西省生态文明建设具有促进作用，所以加大美丽乡村建设投入力度是江西省生态文明建设的重要举措。

总之，美丽乡村建设就是生态文明建设在新农村建设的具体表现，加大美丽乡村建设的投入不仅仅在经济上促进江西省的发展，同时在生态环境保护上也起到了重大的促进作用。故而，在生态文明建设取得重大成果后又可以进一步推动美丽乡村建设。随着美丽乡村建设投入不断加大，美丽乡村建设对农村生态文明建设的影响会越来越大，从而更好地促进生态文明建设，最终实现“富裕、美丽、幸福江西”的“江西梦”。

第六节　江西美丽乡村建设与幸福江西的关系

美丽乡村首先是富庶乡村。唯有解决了基本的生产生活条件，方能建设物态的、行为的、组织化、制度化的农村文明，美丽乡村是小康社会在农村的具象化表达。基本温饱问题的解决、基本生活环境的改善、基本医疗养老等社会保障体系的建立，即建设温饱型、小康型物质文明是美丽乡村建设的基础性工作。这需要政府资源的合理分配，需要社会组织的关爱帮扶，更需

要农民尤其是青壮年农民的努力。青壮年农民流动到城市，寻求工作机会，学习技术与文明，是农村走向富裕的重要基础。因此，农村人口一定程度的老龄化、幼稚化与老弱病妇化、衰败化必然成为常态现象。

江西省于2012年7月提出建设“和谐秀美乡村建设工程”，大力实施城镇和农村统筹工程、环境生态工程、公共服务和社会保障工程、和谐文明村工程、文化惠民工程、贫困群众帮扶工程等建设工程，要将江西农村建设成为“五美”，即村容美、生态美、庭院美、身心美、生活美，以及“四和谐”，即人与自然和谐、经济与社会和谐、家庭邻里和谐、党群干群和谐的美好家园。目前经过多年的建设，江西乡村展现了良好的发展态势。全省近1/3的农村人口过上了“走平坦路、喝干净水、住整洁房、上卫生厕、用洁净能”的生活；“五河一湖”生态环境综合治理、造林绿化、城镇污水处理、生态园区建设、农村垃圾无害化处理等重大生态工程建设成效显著，全省森林覆盖率提高到63.1%，居全国前列；主要河流监测断面水质达标率提高到80.5%以上，11个设区的城市空气环境质量全部达到国家二级标准，环境质量位居全国前列；县域经济快速发展，县域生产总值、财政收入占全省的比重明显提高；城乡基础设施日趋完善，高速公路、乡村公路、铁路、机场、电力、通信、水建设取得重大突破。这些成效展示了江西绿色崛起的美好前景。

一、幸福江西的内涵

建设富裕美丽幸福江西，根本目的是让人民生活更幸福更美好。幸福生活，不仅要物质富裕，而且要精神富有。

建设“幸福江西”，归根结底是要坚持以人为本、发展富民，把保障和改善民生作为一切工作的出发点和落脚点，增强人民群众的稳定感、安全感、获得感和信任感，全面提升人民群众的幸福指数。

1. 富裕——打赢脱贫攻坚战

2016年，江西省贫困人口减少87万，降至113万。2016年，全省向农村低保户发放低保金40.1亿元，农村居民得到政府最低生活保障人数169.2万人，农村居民得到政府五保救济人数21.8万人。虽然全省的脱贫攻坚取得了明显的成效，但必须清醒地看到，目前全省仍有贫困人口130万人、贫困村 2900 个、贫困县 25 个。只有如期全面打赢脱贫攻坚战，有了贫困地区和贫困群众的获得感和幸福感，建设幸福江西才会有坚实的基础。

2. 美丽——加大环境治理力度

生态环境质量是人们生活幸福指数的重要指标。人民群众对清新空气、清澈水质、清洁环境等生态产品的需求越来越迫切，希望能够蓝天常在、青山常在、绿水常在。加大环境治理力度，加快解决当前突出环境问题，让人民群众切实感受到污染可以治理、环境能够改善、优质生态产品能够增加，让人民群众喝上干净的水、呼吸新鲜空气、享用绿色植被、吃上放心食物、生活在宜居环境中，共建共享更多生态福祉是我省全面建设小康社会的应有之举。

3. 幸福——增进人民福祉

建设富裕美丽幸福江西，根本目的是让人民生活更幸福更美好。只有解决好就业问题，老百姓才能安居，才能提高生活水平；只有人人都享有社会保障，老百姓才没有后顾之忧，才能乐业，才能提高生活质量，社会才会更加和谐。就业是民生之本，促进就业是安国之策。我省坚持把促进就业作为保障民生和改善民生的头等大事，摆在经济社会发展的优先位置，特别是党的十八大以来，制定并实施了更加积极的就业政策，大力促进就业创业，确保了我省就业形势始终保持总体稳定、稳中有进的态势，全省就业工作取得显著成效。但是我省面临的就业任务仍然非常艰巨，应该实施更加积极的就业政策，贯彻落实“劳动者自主就业、市场调节就业、政府促进就业和鼓励创业”的就业创业方针。

4. 公平——加快城乡一体化发展

城乡一体化发展对于改变城乡二元结构、加快农业农村发展，对于实现决胜全面建成小康社会、建设富裕美丽幸福江西的奋斗目标，具有重大意义。党的十八大以来，我省坚持科学发展，坚持从加强农业基础地位入手，逐步调整工农关系和城乡关系，采取了一系列强农惠农富农政策措施，促进了城乡经济的全面发展，但是城乡二元结构并没有完全改观。要解决好我省“三农”问题，不能就农业论农业、就农村论农村，而是要推进城乡发展一体化，把城乡作为一个整体，统一规划，通盘考虑。要逐步实现城乡统一的户籍政策、就业政策、公共财政政策、社会保障政策，逐步消除城乡分割的体制性、制度性障碍，大力推进城市基础设施向农村延伸、城市公共服务向农村覆盖、城市文明向农村辐射，从根本上改变城乡二元结构。

这些年来，农业农村形势持续向好，发展成果丰硕，为我省经济社会发展做出了重大贡献，提供了有力支撑。但我省农业现代化一直滞后于新型工业化、信息化、新型城镇化发展，农业基础薄弱、城乡发展仍不平衡，农民增收难度加大，农村公共服务发展滞后，城乡面貌反差较大。全面建成小康社会，最艰巨最重要的任务在农村；加快推进现代化，必须妥善处理工农、城乡关系。没有农业现代化就没有全省的现代化，没有农村繁荣稳定就没有全省繁荣稳定，没有农民全面小康就没有全省人民全面小康。只有推进城乡发展一体化，才能不断强化农业基础，促进农民持续较快增收，推动农村全面进步，才能确保到2020年广大农民与全省人民同步迈入小康社会。

二、江西省国民幸福指数的统计测度与评价

在此，我们运用江西省国民幸福指数来衡量富裕美丽幸福江西的建设成果。国民幸福指数所包含的衡量个人和集体福利的指数，可以有效地补充和修正GDP存在的不足和缺陷。因此，它正越来越为国际社会所普遍接受。提高人民的生活质量，增加国民幸福感，构建符合我国国情的国民幸福指数体系，并将国民幸福指数纳入社会发展指标评价体系，适时地了解社会中哪些条件或因素与人民的生活满意程度之间的关系最为紧密，以便通过制定、完善相关措施和机制来减少、消除导致人民不满意或满意度较低的方面，从而促进人民幸福感受程度的不断提高，进而调整政府取向，促进社会发展和社会良性运转,使未来政府行为评估体系的指标更为丰富,更能体现“以人为本”的全面、科学的发展理念。

围绕富裕美丽幸福江西的建设目标，从国民幸福指数NHI的基本含义出发，综合考虑江西省美丽乡村建设的状况，构建江西省国民幸福指数测评体系。

表 1-12 江西省国民幸福指数测评体系

	指标	代码
经济发展	人均 GDP（元）	X_1
	第三产业占 GDP 的比重（%）	X_2
环境状况	单位 GDP 能耗（吨标准煤 / 万元）	X_3
	城市生活垃圾无害化处理率（%）	X_4
	城市污水处理率（%）	X_5
就业和社会保障	城镇登记失业率（%）	X_6
	医疗保险参保人数（万人）	X_7
	每千人口卫生机构人员数（个）	X_8
	用水普及率（%）	X_9
教育水平	学龄儿童入学率（%）	X_{10}
	普通高等学校在校人数（人）	X_{11}
	各类学校在校学生占全省人口比重（%）	X_{12}

1. 数据来源

本文所需数据来源于江西省统计年鉴，选取江西省 2002 至 2014 年的各指标数据进行分析。

2. 数据的正向化及标准化处理

在本文选取的指标中，单位 GDP 能耗（X_3）和城镇登记失业率（X_6）为负向指标，即这两个指标的数值大小对幸福江西的影响是负向的，在这里对这两个指标进行正向化处理（取倒数）。为了消除指标量纲的影响，解决各指标不同量纲无法进行综合汇总的问题，需要对原始数据进行标准化处理。本文接下来的分析就是以经过标准化处理后的数据为基础。

3. 因子分析法适用性检验

进行因子分析之前，首先要对选取的各项指标是否适合进行因子分析进行检验，本文使用 SPSS19.0 软件对各项指标进行 KMO 检验和 Bartlett 球度检验，检验结果显示，指标数据的 KMO 值为 0.668，说明样本数据适合做因子分析。且 Bartlett 球形检验观测值为 268.436，对应的相伴概率值为 0.000，小于显著性水平 0.05，故拒绝 Bartlett 球形检验的原假设，也认为样本数据适合做因子分析。

4. 提取因子

在 SPSS19.0 软件中使用主成分分析法提取特征值大于 1 的作为公因子，通过主成分分析的原则提取出 2 个公因子。第 1 个公因子的方差贡献率为 78.425%，第 2 个公因子的方差贡献率为 13.600%，这 2 个公因子的累积方差贡献率达到 92.025%，大于 70%，说明提取出的这 2 个公因子可以很好地解释总方差。

5. 计算因子得分系数

将提取出来的 2 个公因子变成原有指标的线性表达，以计算出公因子的得分。根据因子得分系数矩阵，可以得到：

$F_1=0.178X_1+0.249X_2+0.169X_3+0.136X_4+0.114X_5+0.187X_6+0.046X_7+0.230X_8-0.052X_9-0.051X_{10}-0.026X_{11}+0.120X_{12}$

$F_2=-0.084X_1-0.460X_2-0.068X_3-0.019X_4+0.016X_5-0.130X_6+0.119X_7-0.186X_8+0.245X_9+0.245X_{10}+0.212X_{11}-0.003X_{12}$

6. 计算幸福指数综合得分

为了对幸福指数包括的各个指标进行综合评价，本文将每一个公因子特征值的方差贡献率占累计方差贡献率的比重作为两个公因子的权重。

$W_1=0.8522$，$W_2=0.1478$

故因子综合得分 $F=0.8522F_1+0.1478F_2$

根据该公式计算得到江西省 2002 年至 2014 年的幸福指数，如下表所示。

表 1–13　因子综合得分

年份	F_1	F_2	F
2002	–0.23478	–2.62652	–0.58828
2003	–0.98393	–0.92916	–0.97583
2004	–0.95010	–0.47493	–0.87987
2005	–0.90625	–0.15805	–0.79566
2006	–1.20014	0.82657	–0.90059
2007	–0.71491	0.82024	–0.48801
2008	–0.39761	0.80284	–0.22018

续表

年份	F_1	F_2	F
2009	0.05965	0.74036	0.16026
2010	0.21483	0.92772	0.32019
2011	0.70485	0.56282	0.68386
2012	1.21439	0.12754	1.05375
2013	1.49410	–0.14653	1.25162
2014	1.69990	–0.47289	1.37876

同时，根据江西省 2002 年至 2014 年的幸福指数得分，可以画出这些年幸福指数走势的折线图，如图 1–4 所示。由图可以看出，自 2006 年以来，江西省幸福指数呈现出不断增长的趋势。

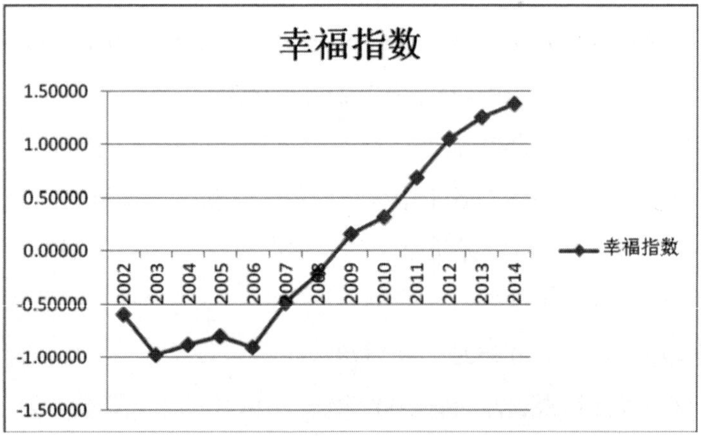

图 1–4　2002 年至 2014 年江西省幸福指数走势图

三、美丽乡村建设与幸福江西的关系

为了研究美丽乡村建设与幸福江西的关系，本文选用以下指标来衡量美丽乡村建设情况，并将上一节计算出的幸福指数作为幸福江西的衡量指标，如表 1–14 所示。接下来，本文将从以下几个方面分别研究美丽乡村建设与幸福江西之间的关系。

表 1–14 美丽乡村建设与幸福江西的指标

	指标	代码
幸福江西	江西省幸福指数	F
美丽乡村建设	农村平均每人可支配收入（元）	Y_1
	农村平均每人住房面积（平方米）	Y_2
	农村家庭平均每人医疗保健支出（元）	Y_3
	农村居民每百户拥有移动电话（部）	Y_4
	农村居民每百户拥有彩色电视机（台）	Y_5
	农村居民消费水平（元）	Y_6
	农村学龄儿童入学率（%）	Y_7
	农村自来水普及率（%）	Y_8

其中，Y_1 至 Y_8 为美丽乡村建设各项指标的标准化后的数据，后面的数据分析就是以标准化后的数据为依据的。

1.Y 与 X_1——X_8 的相关性分析

（1）农村平均每人可支配收入与江西省幸福指数的相关分析

使用 SPSS19.0 软件对农村平均每人可支配收入（Y_1）与江西省幸福指数（F）进行相关性分析，结果显示，Y_1 与 F 的相关系数为 0.972，在 0.01 的水平上显著相关，且为正相关关系，即农村平均每人可支配收入的增加会促进幸福指数的提高。

（2）农村平均每人住房面积与江西省幸福指数的相关性分析

使用 SPSS19.0 软件对农村平均每人住房面积（Y_2）与江西省幸福指数（F）进行相关分析，结果显示，Y_2 与 F 的相关系数为 0.955，在 0.01 的水平上显著相关，且为正相关关系，即农村平均每人住房面积的增加会促进幸福指数的提高。

（3）农村家庭平均每人医疗保健支出与江西省幸福指数的相关分析

使用 SPSS19.0 软件对农村家庭平均每人医疗保健支出（Y_3）与江西省幸福指数（F）进行相关性分析，结果显示，Y_3 与 F 的相关系数为 0.956，在 0.01 的水平上显著相关，且为正相关关系，即农村家庭平均每人医疗保健支出的增加会促进幸福指数的提高。

（4）农村居民每百户拥有移动电话与江西省幸福指数的相关性分析

使用SPSS19.0软件对农村居民每百户拥有移动电话（Y_4）与江西省幸福指数（F）进行相关性分析，结果显示，Y_4与F的相关系数为0.956，在0.01的水平上显著相关，且为正相关关系，即农村居民每百户拥有移动电话的增加会促进幸福指数的提高。

（5）农村居民每百户拥有彩色电视机与江西省幸福指数的相关性分析

使用SPSS19.0软件对农村居民每百户拥有彩色电视机（Y_5）与江西省幸福指数（F）进行相关性分析，结果显示，X_5与Y的相关系数为0.844，在0.01的水平上显著相关，且为正相关关系，即农村居民每百户拥有彩色电视机的增加会促进幸福指数的提高。

（6）农村居民消费水平与江西省幸福指数的相关性分析

使用SPSS19.0软件对农村居民消费水平（Y_6）与江西省幸福指数（F）进行相关性分析，结果显示，Y_6与F的相关系数为0.964，在0.01的水平上显著相关，且为正相关关系，即农村居民消费水平的提高会促进幸福指数的提高。

（7）农村学龄儿童入学率与江西省幸福指数的相关性分析

使用SPSS19.0软件对农村学龄儿童入学率（Y_7）与江西省幸福指数（F）进行相关性分析，结果显示，Y_7与F的相关系数为0.253，二者之间没有显著的相关性。

（8）农村自来水普及率与江西省幸福指数的相关性分析

使用SPSS19.0软件对农村学龄儿童入学率（Y_8）与江西省幸福指数（F）进行相关性分析，结果显示，Y_8与F的相关系数为0.978，在0.01的水平上显著相关，且为正相关关系，即农村学龄儿童入学率的提高会促进幸福指数的提高。

2.Y_1——Y_8的相关分析和Y_1——Y_6及Y_8的因子分析

表1–15　Y_1——Y_8的相关性

	Y_1	Y_2	Y_3	Y_4	Y_5	Y_6	Y_7	Y_8
Y_1	1.000	0.978**	0.991**	0.976**	0.888**	0.994**	0.325	0.987**
Y_2	0.978**	1.000	0.974**	0.997**	0.943**	0.969**	0.267	0.985**

续表

	Y_1	Y_2	Y_3	Y_4	Y_5	Y_6	Y_7	Y_8
Y_3	0.991**	0.974**	1.000	0.968**	0.884**	0.989**	0.272	0.977**
Y_4	0.976**	0.997**	0.968**	1.000	0.957**	0.961**	0.311	0.987**
Y_5	0.888**	0.943**	0.884**	0.957**	1.000	0.857**	0.410	0.912**
Y_6	0.994**	0.969**	0.989**	0.961**	0.857**	1.000	0.254	0.980**
Y_7	0.325	0.267	0.272	0.311	0.410	0.254	1.000	0.294
Y_8	0.987**	0.985**	0.977**	0.987**	0.912**	0.980**	0.294	1.000

注：** 和 * 分别表示在 0.01 和 0.05 的水平上显著相关

由表 1–15 可以看到，自变量 Y_1、Y_2、Y_3、Y_4、Y_5、Y_6、Y_8 之间有很强的相关性，但是 Y_7 却与其他自变量之间没有显著的相关性，因此接下来的因子分析将去掉 Y_7，使用 Y_1——Y_6 及 Y_8 做因子分析。

在对 Y_1、Y_2、Y_3、Y_4、Y_5、Y_6、Y_8 进行因子分析之前，KMO 检验值为 0.775，Bartlett 球形检验观测值为 228.922，对应的相伴概率值为 0.000，小于显著性水平 0.05。综合考虑适合做因子分析。

通过因子分析，从 Y_1、Y_2、Y_3、Y_4、Y_5、Y_6、Y_8 中提取出一个公因子，提取出的公因子的方差贡献率达到 96.590%，可以很好地解释原始指标，因此用这一公因子来代表美丽乡村建设的综合发展水平。

根据因子得分系数矩阵可以得到：

公因子 $Z_1=0.147Y_1+0.147Y_2+0.146Y_3+0.147Y_4+0.138Y_5+0.145Y_6+0.147Y_8$，在 SPSS 中可以得到 Z_1 的数值。

由于只提取出一个公因子，因此因子综合得分 $Z=Z_1$。

3. 幸福指数和美丽乡村建设综合发展水平的回归分析

将美丽乡村建设指标的因子综合得分 Z 作为自变量，幸福指数 F 作为因变量，进行一元线性回归分析，建立回归模型如下：

$$F=\beta_0+\beta_1 Z+\varepsilon$$

其中，β_0 为常数项，β_1 为回归系数，ε 为残差。

在 SPSS 中进行一元线性回归分析，得到的结果如表 1–16 所示。

表 1-16　一元线性回归分析结果

变量	系数	标准误差	t 值	p 值
常量	1.538E-6	0.067	0.000	1.000
Z	0.833	0.070	11.945	0.000
R 方	0.928	调整 R 方		0.922
F 统计量	142.680	p 值（F 统计量）		0.000

由表 1-16 所示的一元线性回归分析的结果可知，回归方程的 R 方为 0.928，接近于 1，说明回归模型的拟合优度很好，F 统计量为 142.680，p 值为 0.000，小于显著性水平 0.05，可以说明回归方程在整体上是显著的。自变量 Z 的系数为 0.833，t 值为 11.945，p 值为 0.000，小于显著性水平 0.05，说明其对因变量 F 的影响是显著的。可以得到回归方程为：

$$F=1.538\times 10^{-6}+0.833Z$$

由回归方程可以看出，美丽乡村建设综合发展水平每增加 1 个单位，幸福指数平均增加 0.833 个单位。即美丽乡村建设对幸福江西的影响是正向的，会促进幸福江西的发展。

本文通过对幸福江西内涵的说明，结合江西省实际发展情况，根据因子分析的方法计算出江西省国民幸福指数。选取农村平均每人可支配收入、农村平均每人住房面积、农村家庭平均每人医疗保健支出、农村居民每百户拥有移动电话、农村居民每百户拥有彩色电视机、农村居民消费水平、农村学龄儿童入学率、农村自来水普及率作为美丽乡村建设的发展指标，将除农村学龄儿童入学率以外的几个指标做因子分析，得到美丽乡村建设综合发展水平，并与幸福指数做回归分析，得到了回归方程，证明了美丽乡村建设和幸福江西之间的定量关系，即美丽乡村建设将促进幸福江西的建设。

第二章

美丽乡村建设的理论基础

第一节　城乡统筹理论

城市和乡村是区域发展中紧密相连的两个主体，二者的关系是政府决策者与国内外学者关注的重点问题之一。学者们从不同方面对这一问题进行了研究与探讨，得出了一些关于城乡关系的理论。这些理论能够为江西省建设美丽乡村提供想法和思路。

一、国外城乡统筹发展理论

（一）城乡统筹与城乡协调

恩格斯最早提出了“城乡融合”的概念。他认为，可以采取废除老的分工制度，从事生产培训、变换公众、共享全体成员创造的福利，加上城乡的融合，让所有成员的能力充分地发展。列宁和斯大林也分析了社会主义制度背景下乡村与城市之间新的发展关系，即乡村和城市具有相同的生活条件，但并不是城乡差距的消失。以圣西门、傅立叶、欧文为代表的空想社会主义学家认为，在和谐的社会中，城市和乡村之间是平等的，不存在对立和差别，反映出对于城乡协调的构思。

研究城市规划理论的学者也十分关注城乡协调发展的问题，霍华德在《明日：一条通向真正改革的和平道路》（1898 年出版，1902 年再版时改名为《明日的田园城市》）一书中倡导“用城乡一体化的新社会结构形态来取代城乡对立的旧社会结构形态”①。他认为应该创建同时具备乡村与城市优势的典型城市，并把这叫作“田园城市”。这种城市实际上融合了乡村与城市，城市的周边被农业用地环绕起来，城乡之间的要素能够充分流动，以保证城乡一体发展。而且，他还强调要限制城市的范围与大小，农业用地一直作为绿带使用，不能作为其他用途。

20 世纪 50 年代后的城乡协调理论以“刘易斯—拉尼斯—费景汉”模型为经典。刘易斯认为，经济发展就是要逐步扩大工业部门，为农业剩余劳动力提供岗位。工业部门不断发展扩大，资金也越来越充足，工资提高，吸引更多农业剩余劳动力，从而改善产业结构。拉尼斯和费景汉发展并深化了刘易斯的二元经济模型，扩展成“刘易斯—拉尼斯—费景汉”模型。这个模型认为，经济要实现增长，现代化进程要想加快，需要工业的不断发展，以及建立在城市社会基础上的转化，需要把多余的劳动力从传统部门转移至现代部门。他们的观点是“城市当然可以抢夺农村的劳动力、资源与资金”。

乔根森在“刘易斯—拉尼斯—费景汉”模型的基础上提出农业剩余条件下的二元经济发展模型。他也将发展中国家的经济划分为农业部门和工业部门。农村经济变成二元经济的前提和基础是农业剩余，技术进步推动了工业部门的发展。农业部门与工业部门能否平衡取决于人口增长速度、技术是否进步等。因此，现代工业部门技术进步加快，使得储蓄率提高；劳动力较快增长，会使得经济较快增长，最后二元经济结构得到转化。托达罗结合发展中国家的劳动转移现象提出了托达罗模型。他认为，发展中国家的农业发展之所以处于落后的状态，主要是因为国家对于农业部门的忽略，只注重给予工业部门的投资。

（二）城乡不平衡发展论

城乡不平衡发展理论又分为城市偏向论和乡村偏向论。

20 世纪五六十年代，欧美经济学者布德维尔、缪尔达尔、赫希曼和弗里

---

① 张向生，张震．国外城乡统筹理论与实践对我国的启示［J］．中共四川省委省级机关党校学报，2008（03）

德曼等学者共同研究出了增长极理论。这个理论认为，城市是一个增长极，要素从城市流向乡村地区，从而使得乡村经济得到发展，乡村和城市之间得以联系起来。但是由于增长极的渗透周期较长，导致城乡之间的发展差距仍然存在甚至会加大。

弗里德曼提出的核心—边缘理论也带有明显的城市偏向性。该理论认为，城乡经济发展与工业化在空间上不是均匀分布的，而是集中分布在一个或少数几个地带，空间组织体现出二元结构的特征。在经济发展的初期，城乡二元结构日益突出，人口转移和政府干预等因素会影响到资源配置和创新的扩散，从而导致核心和外围的界限慢慢消失。这个理论无法避免核心区的获益是以损失外围地区的利益为条件的这一事实，乡村地区仍然会处于贫穷状态。

20 世纪 70 年代，英国经济学家利普顿认为，农村的贫困是由于对城市的偏向造成的，乡村地区的不平等也是因为发展政策偏向于城市地区，乡村贫困的根源是城乡关系的不平等。发展中国家通过城市偏向政策使各种资源不同程度地流向城市地区，从而阻碍了乡村地区的发展，这样就会导致农村更加贫穷。科布纳基认为社会结构作用产生了城乡联系，“城市偏向”的原因在于一些不利于农村的价格政策，以及倾向于城市工业的投资措施，而使得乡村地区的医疗、教育、技术等多方面处于落后局面。

相对于城市偏向理论，道格拉斯与弗里德曼最先提出乡村城市发展战略。该战略认为，与城市的发展在地方层面上联系起来，乡村才可能会得到较好的发展。城市应该被当作行政管理功能与非农业的重要区域，而不能被当作增长极，行政区属于合适的发展单位。20 世纪 80 年代，由于新马克思主义发展思想以及依附论的作用，泰勒与施特尔提出自下而上的选择性空间封闭发展理论。他们不赞成自上而下的发展战略，却主张自下而上的发展方式，在这样的发展方式中，通常情况下农村是作为中心的，资源利用最大化以及各地的人文、自然与制度是基础，能够满足当地村民的基本需要是首要的目标。这样自下而上的发展战略能够发挥效用，就要求在以下四个方面维持平衡：第一，乡村地区在政治上应该得到更高程度的自主权，从而改变政治权力单向地从城市流往乡村；第二，在全国范围内调整价格制度，促进农业产品的生产以及乡村地区的发展；第三，支持乡村地区的生产和发展超出当地的需求，从而增加出口量；第四，在乡村和城市之间、村镇之间创建便利的交通体系以及通信系统。该发展方式注意到了由于自上而下的发展会造成城市夺取农村的资源，农村更加贫穷这一方面，然而没有考虑到城市对于乡村具有一定的辐射与带动作用，从而走向城乡发展另外一个极端的方向。因此，该理论具有明显的乡村偏向倾向。

二、我国统筹城乡理论及发展现状

随着经济社会的不断发展，农村的公共服务、基础设施建设逐渐改善，居民的生活水平不断提高，然而相比于城市，农村一些地方仍然存在着脏、乱、差现象，居住环境的整体建设还处于落后状态，城乡之间的差距日趋突出。针对这些现状，党的十六大最先明确提出了“统筹城乡经济社会发展”这一重大命题。从新中国成立到如今，我国的城乡关系经历了以农促城、城乡竞争、重城轻乡、城乡统筹协调发展四个阶段，从最初的政府主导城市化发展到全国乡镇企业与城市发展竞争市场，从农民用廉价劳动力和乡村资源去支持城市建设到我们意识到乡村发展对城市、国家经济的重要拉动性，我国逐步开始探索调和城乡二元结构，以期通过城乡统筹发展实现城乡一体化建设。[①] 改革开放后，关于改善二元经济结构这一方面我国取得了一些进展，然而城乡之间的差距依旧明显。

党的十六大提出：“统筹城乡经济社会发展，建设现代农业，发展农村经济，增加农民收入，是全面建设小康社会的重大任务。”这是第一次在党的全国代表大会上从国民经济社会全局的角度提出的城乡共同发展战略。此后，一系列理论创新和实践都按照这个战略的要求进行，跳出农业解决农业问题，跳出三农解决三农问题，城乡二元结构开始出现松动，公共财政覆盖农村的范围不断扩大。党的十七大在总结十六大以来的理论创新和实践的基础上，进一步提出，“统筹城乡发展，推进社会主义新农村建设”。同时强调，“要加强农业基础地位，走中国特色农业现代化道路，建立以工促农、以城带乡长

① 赵雪梅.城乡统筹规划理论及发展模式综述［J］.城市地理，2015(18)

效机制，形成城乡经济社会发展一体化新格局”。十七届三中全会做出的《关于推进农村改革发展若干重大问题的决定》，发展战略的指导思想更加明确，“把建设社会主义新农村作为战略任务，把走中国特色农业现代化道路作为基本方向，把加快形成城乡经济社会发展一体化作为根本要求”，并提出，“必须统筹城乡经济社会发展，始终把着力构建新型工农、城乡关系作为加快现代化的重大战略”。同时，从制度建设、现代农业建设、农村社会事业发展等方面为实现城乡统筹发展和全面建设小康社会战略任务做出了全面具体的部署。十七届五中全会通过的《中共中央关于制定国民经济和社会发展第十二个五年规划的建议》，在全面总结十六大以来科学发展、统筹城乡发展实践以及对中国未来发展趋势客观、准确判断的基础上，提出了“三化同步”，即“在工业化、城镇化深入发展中同步推进农业现代化”的战略思想，同时从现代农业发展、城乡基本公共服务均等化、农村社会事业发展、体制改革和制度建设等方面对加快形成城乡发展一体化格局进行部署规划。

党的十八大明确提出实施城乡一体化发展战略，这是我国经济社会发展战略实质内容的再一次深化，是一次质的飞跃。第一，由“三化同步”深化到“四化同步”。提出，坚持走中国特色新型工业化、信息化、城镇化、农业现代化道路，推动信息化与工业化深度融合、工业化和城镇化互动、城镇化和农业现代化相互协调，促进工业化、信息化、城镇化、农业现代化同步发展。将农业农村发展真正融合在国民经济社会整体发展之中。第二，将城乡发展一体化作为解决三农问题的根本途径。既要加强农业基础地位，加快新农村建设，同时要加大城乡统筹发展力度，逐步缩小城乡差距，着力促进农民增收，让广大农民平等参与现代化进程，促进城乡共同繁荣。第三，从制度建设上保障城乡一体化发展。十八大提出，加快完善城乡发展一体化体制机制，着力在城乡规划、基础设施、公共服务等方面推进一体化，促进城乡要素平等交换和公共资源均衡配置，形成以工促农、以城带乡、工农互惠、城乡一体的新型工农、城乡关系。这是城乡发展一体化的关键。[①]

① 张岩松．统筹城乡发展和城乡发展一体化．人民网，2013 年 3 月 19 日

党的十八大提出“推动城乡发展一体化”，并对此做出了具体的部署，这是工业化、城镇化、信息化和农业现代化“四化同步”协调发展和全面建成小康社会奋斗目标的重要组成部分。从十六大提出“统筹城乡经济社会”，到十八大提出“推动城乡发展一体化”，体现了我国经济社会发展战略的进一步深化。

第二节　新农村建设理论

解决好“三农”问题是我们党工作的重中之重。立政之本则存乎农。中国是一个农业大国，农业农村发展始终关乎社会发展、国家命运，任何时候都不能忽视农业、不能忘记农民、不能淡漠农村。坚持农业基础论，是中国共产党的一贯思想。早在民主革命时期，毛泽东就把农业特别是粮食生产作为革命成功的根本命脉。新中国成立以后，毛泽东在探索社会主义道路之初就意识到应该把农业置于重要地位，并将其视为国家发展和社会稳定的基础。新中国成立后毛泽东的农民普遍富裕思想、改革开放以来邓小平的农民共同富裕思想等都表现出对农民利益的极大关注。这些思想和经验，对于明确社会主义新农村建设的主旨和归宿具有重要的现实启示。①

党的十八大以来，习近平在多种场合阐述了他的“三农”理论。习近平很早提出“要走组织化的农村市场化发展路子”，“探索像日本农协、台湾农会的机制”，“组织农民是我们党的独特优长”，并豪迈预言：“新型的合作化道路将会越走越广阔”。他在浙江省委书记任上提出了农村合作“三位一体”的宏伟构想，大规模多层次的农村合作协会（大农协）应运而生。

习近平借鉴国际经验指出：各（欧共体）成员国除了注重运用法律手段外，还都实行了“大农业”范围的行政管理。习近平认为：要加快政府管理体制改革，尽快建立对农业生产资料经营、农业生产、农产品流通、农产品国际贸易进行统一管理的政府管理体制，对农产品生产、流通、进出口贸易和农

① 张晓磊．论社会主义新农村建设的理论渊源［J］．青岛农业大学学报（社会科学版），2012（04）

业要素、农村消费品、农村工业品的市场供求，及时实施有效的宏观调控。[①]

2013 年 11 月 28 日，习近平在山东考察时指出："要通过推进基本公共服务均等化，发展现代农业，积极推进新农村建设，让农村成为农民幸福生活的美好家园。"

在习近平总书记"三农"重要论述中，"三个必须""三个不能""三个坚定不移"最为系统和鲜明，居于总括性、总要求的地位。在 2013 年中央农村工作会议上，习近平总书记提出：中国要强，农业必须强；中国要美，农村必须美；中国要富，农民必须富。"三个必须"通过论述"三农"强、美、富与国家强、美、富之间的关系，指出"三农"问题是关系中国特色社会主义事业发展的根本性问题，是关系我们党巩固执政基础的全局性问题，这是对"三农"工作基础性地位的总把握。2015 年 7 月，习近平总书记在吉林调研时指出：任何时候都不能忽视农业、不能忘记农民、不能淡漠农村。"三个不能"从历史维度审视"三农"发展规律，表明了在任何时期、任何情况下都始终坚持强农惠农富农政策不减弱、推进农村全面建成小康社会不松劲的决心和态度，明确了我们党在经济上保障农民物质利益、在政治上尊重农民民主权利的宗旨使命。2016 年 4 月，习近平总书记在安徽凤阳县小岗村召开的农村改革座谈会上强调：要坚定不移深化农村改革，坚定不移加快农村发展,坚定不移维护农村和谐稳定。"三个坚定不移"从全局角度明确了"三农"工作重点，在关键时期释放了党中央高度重视"三农"工作的强烈信号，表明了我们党坚定深化农村改革、加快农村发展、维护农村和谐稳定的政策目标，既是加快农村改革的响鼓重槌，也是推进"三农"发展的必由路径。

习近平总书记高度重视农业农村农民工作，对做好"三农"工作提出了许多新思想、新理念、新论断。习近平总书记在十九大报告中指出，要实施乡村振兴战略，坚持农业农村优先发展。这充分体现了党中央对"三农"问题的高度关注，也为新时代条件下农村事业的发展勾勒出宏伟蓝图。

① 习近平的三农战略思想 . http://news.163.com/13/1230/12/9HBH9P0J00014JB6.html

第三节　国外生态村建设理论

从国际城乡发展经验来看，当工业化水平达到一定程度后，工业反哺农业、城市支持农村，实现工业和农业、城市与乡村的协调发展，成为普遍的社会演化规律。国外生态村建设的路径与经验，对我国“美丽乡村”建设有很大的指导作用，通过归纳出国外生态村发展的建设理论，从而可为我国乡村发展研究与规划建设提供理论与方法层面的初步探索。①

一、生态村整体设计的主要思想

（一）吉尔曼与“系统设计”思想

罗伯特·吉尔曼（Robert Gilman）是最早提出生态村概念的学者，吉尔曼的生态村设计理论包括人性尺度的规划、完善功能的设计、尊重自然的活动以及健康可持续的生活等方面。

他指出生态村社区的规模能够保证邻里之间相互熟悉，每一位社区成员都能感受到自己对于社区发展的影响力。无论是现代工业社会还是其他社会条件下，大量的证据表明这种适宜规模的上限不宜超过500人。与典型的现代工业社会环境相比,生态村的居民数量会更低,很多生态村甚至不到100人。在相对稳定和封闭的环境下，居民数量会高一些，有时会达到数百人甚至上千人。在一些发展中国家，生态村形成了地域性的网络，可以称之为生态村群落。根据全球生态村网络（GAN）资料，目前世界上最大的生态村的规模可以达到2000人，最小的只有10人。

完善齐备的功能指社区内具备满足日常生活的所有主要功能及合理的数量配比，这些功能包括居住、食品供应、制造、休闲、社交、商业等。在现代工业社会中，无论是城市，还是郊区，往往都被功能机械地割裂成居住区、商业区、工业区等，这些功能单一的分区相对于人的尺度往往过于庞大。相比之下，生态村是融合各种功能于一体的小而全的微型社会。但这并不意味

① 张蔚．国外生态村历史演进与整体设计研究［D］．天津大学，2011

着生态村必须达到自给自足，或者与周围社区完全割离。一个理想的生态村应该既能为社区内与社区外居民提供就业机会，同时也可以为居民外出就业提供便利。

生态村的设计必须尊重自然的活动。一方面，在人类与其他生物之间应该建立起一种理想的平衡关系，人类不应任意支配自然而是应该学会适应自然。另一方面，与工业社会的线形利用过程：攫取——一次性使用—永久丢弃不同，人类的活动应当建立在循环利用物质资源的基础上。生态村提倡使用可再生资源替代矿物资源，降解有机废物，尽量回收利用垃圾，避免使用任何会对环境产生毒害的物质。

生态村的核心内涵是面向居民的社区，“健康的发展”既包括人的生理健康，也包括人的心理健康既针对居民的个人生活，也针对社区的集体生活。“可持续的发展”要求社区居民把生态村的建设作为长期的目标，不能以牺牲他人来换取自身的利益，不能以牺牲其他物种来换取人类的发展，不能以牺牲将来而换取短期的繁荣。

（二）道森与“综合实践”思想

生态村学者乔纳森·道森（Jonathan Dawson）是可持续发展领域的教育家和活动家。道森基于对全球范围生态村实践的广泛考察和深入实践，在2006年出版了《生态村可持续发展的新领域》一书，系统论述了生态村的发展实践和优秀案例，并对生态村面临的内外部挑战提出了自己的见解。乔纳森·道森的生态村整体设计思想是基于生态村在诸多领域成功实践而产生的。与罗伯特·吉尔曼相比，他不仅强调了生态村发展的自然系统、建筑系统等系统的组合，而且分析了生态村实践在教育培训、和平行动以及国际合作等方面所取得的成绩。在对生态村设计实践方面的分析中，道森总结了低影响的住区设计、可持续的本地经济、本地有机食物、生态恢复等八项主要内容，构成了生态村实践的整体框架。

低影响的住区设计是生态村设计的核心内容，它反映了人类住区需要“健康和可持续地”整合于自然环境当中。设计技术有多种，但作为一个住区，重要的不是某项单一技术在房屋建筑上的应用，而是生态技术的适宜性应用和面对整体社区的技术设备整合。

道森认为，生态村在经济全球化和公平贸易运动的背景下，面对经济发展中的问题，应采用“俭朴生活”的理念。“俭朴生活”是一种在不影响生活质量的前提下，自觉地降低生活消费需求的思想，也称为“自求俭朴”。俭朴生活的思想是影响社区实践的一个重要理念，同时作为一种经济观念推动了生态村运动的发展。道森认为，在生态村实践中，俭朴生活主要体现为资源物品的分享和循环使用，工作成为服务和享受，以及对俭朴生活价值观的推动。在经济形式方面，经济共享是有着公有制特征的社区经济形式，大部分的生态村在公共生活层面上实行广泛的资源和收入共同所有，并且根据社区成员的需求共同承担责任。由此，生态村的社区工作可以覆盖全面的公共服务，生态村通过社区收入的共有和再分配体现公平，也减少了社区对全球经济的依赖性。同时，经济共有并不是绝对意义上的“公社”制度，生态村同时发展有着社区整体优势的技术类产业、会议和培训产业和基于个体的多样小商品经济。一些生态村拥有发展成熟的本地企业，为生态村成员提供大量的就业机会。

生态村的食物生产与经营体系应该是基于本地的有机农业，而“社区支持农业”，是这一系统的主要形式。社区支持农业使得食物的生产者与消费者在有机作物的生长与消费过程中共同分担了风险和利益。

生态恢复是生态村发展的重要内容，它直接体现了生态村成员对于自然环境的尊重和保护。生态恢复包括了土地修复、植被修复、水环境修复等诸多方面。生态恢复对于保护自然资源，改善自然环境和微气候条件，以及增加生物多样性都有着积极的作用。

民众参与和社区治理反映了社区组织管理的实践，生态村是志愿者自发组织的公民团体，生态村组织的治理涉及公众参与、民主决策和矛盾调解等社区工作开展的诸多议题。良好的组织管理模式是生态村可持续发展的重要因素。

传统教育的改革被道森认为是生态村实践中的一个重要方面。道森认为：“生态村与主流社会之间建立的可能最为成功的桥梁就是教育方面的实践，这也为很多生态村的经济活动奠定了基础。”生态村非常重视教育和培训活动，生态村的教育活动独立于传统的学校教育课程，它是基于参与生态村本身的实践活动。教育项目涵盖了很多领域，包括永续栽培和生态村设计、可更新能源系统、艺术品制作、表演和精神领域等。

（三）杰克逊与“文化精神”思想

丹麦生态村学者和社会活动家希尔杜·杰克逊在《生态村生活——修复地球和她的人类》一书中系统阐释了关于生态村发展的整体思想。与其他的生态村学者相比，杰克逊更加强调了生态村社区的社会和精神层面，并将“精神性”作为生态村的一个独立的维度进行分析。杰克逊的生态村几项要素比较全面地涵盖了生态村设计所涉及的各个方面，它既包括了吉尔曼所强调的社会组织和生态设计因素，又包括了道森所强调的教育培训、互助关爱等要素，将生态、社会、经济、精神和文化等要素整合在一个大的体系当中。杰克逊将生态村的文化精神维度作为一个独立的方面整合在生态村设计体系当中。她强调生态村发展应该体现传统文化精神，尊重自然循环规律并且寻找与自然相连接的精神性，同时充分发展个人的意识，展示个人的创造力。

杰克逊将生态村的社会和经济方面相整合，包括教育学习、健康生活、团队建设、福利关爱和经济形式等方面。这主要包括了生态村的社区治理和社区工作的开展。在教育学习方面，生态村的教育基于参与社区的生活与实践，并通过交流获得个人成长。在健康生活方面，生态村鼓励健康的生活方式，尊重自然、相互帮助、适度消费这些生活态度成为健康的优先选择，而传统医疗只是作为补充。在团队建设方面，杰克逊和道森都认为决定做出和矛盾解决是社区组织的核心问题。现代福利是指生态村中老幼人群相互关爱，残疾和有特殊需求的成员共同生活。在经济方面，杰克逊认为生态村的经济活动都建立在当地地域，社区公共收入集体所有，用于公共性活动，而货币只是作为补充。

二、永续栽培理论：生态村整体设计的生态性

永续栽培（Permaculture）理论是生态村整体设计在生态维度上的指导性原理。永续栽培理论源自对农业生态问题的关注，同时有着深层的生态伦理

思想。现代农业的生态问题引发了全球各国对于农业可持续发展的思考，并且产生了有机农业和精准农业等发展模式。如日本农业专家福冈正信曾提出“自然农法”理论，倡导“不犁地、不施肥、免除草、无农药”，依靠各种生物的合理组织和自身功能协调生长。“自然农业”理论是当代可持续农业的重要组成部分，也是永续栽培农业理论的早期萌芽。

经过近三十年在发达国家的发展和应用，永续栽培的设计已经从农业和环境设计发展到了人类社区与农业系统相结合的设计。永续栽培是可持续的农业与可持续的文化的和谐统一。永续栽培的设计成为一种包括了住宅、能源、食物、景观等方面，旨在保持人类活动、农业生产和自然环境的多样性和稳定性，从而最终满足人类的物质与精神等多方面需求的、有意识的系统整体设计。

生态城市学者理查德·瑞吉斯特对永续栽培是这样解读的：“永续栽培、永续农业、永续耕种是对具有多样性、稳定性和自然生态系统的恢复力的农业生态系统的理性设计和维护。它就是人和景观的和谐集成，以可持续的方式提供食物、能源、庇护和其他物质、精神需要。没有持久的农业，就不可能有稳定的社会秩序。”

杰克逊认为，永续栽培是生态村生态设计的核心原则，是生态村人工和自然系统整合的设计原理。生态村通过保持长期的生态恢复来优化本地土地，使之适合农作物生长和社区建设生活，同时增加本地的生物多样性。本地有机食物的生产、消费与循环保证了生态村成员的健康饮食。生态建筑是生态村的房屋设计和社区整合，它包括了本地天然材料的使用、可更新能源使用和水处理。系统生态村的生态维度可以用寿命周期分析，进行全面控制，这成为生态村绿色经济体系的重要内容。

三、群体行为理论：生态村整体设计的社会性

生态村不仅仅是社区，同时也是社会团体和组织，生态村作为一个社区组织，它的治理遵循组织行为学的基本原理。同时，群体行为与社区环境相互影响的理论同样对生态村整体设计产生重要影响。

人类的行为活动包含着有机体与环境之间的相互作用，由来自周围和个

体内在的刺激信息，使个体产生某种愿望需求，从而诱导出动机，而动机与认知的相互作用引导出行为。因此，人的需求是设计理论与实践发展的最根本动力与方向。群体行为及其相关理论涉及的学科众多，以下三个方面更能体现出群体行为理论在生态村整体设计和发展中的作用。需求与认知是以人为本的个体性因素，也是群体和组织的普遍性因素；决策与冲突是群体组织治理的中心内容；行为与环境是组织行为学与环境心理学的结合。这三个方面构成了生态村组织中群体行为的基本理论，是生态村整体设计组织治理层面的基本原理。[①]

第四节　乡村文化与传统村落保护理论

一、乡村文化

乡村建设和发展是百年来中国人民不断探索的问题。其中，乡村文化建设是乡村发展的重要问题之一。对于乡村文化建设，不同的历史时期有着不同的理论。20 世纪上半叶的“乡村建设运动”主张立足于中国传统文化对乡村社会进行改造。中华人民共和国成后，乡村文化建设坚持以中国化的马克思主义理论为指导。进入新世纪，在构建社会主义和谐社会的时代背景下，乡村文化建设具有新的内容和发展目标。我国几代领导人都非常重视乡村文化的建设，在不同时期对乡村文化都有过重要的论断和观点。

毛泽东的文化观念是中外两种不同思想观念碰撞融合的结果，毛泽东把马克思主义理论与中国实践相结合，最终创立了中国化的马克思主义文化观。由于毛泽东深刻理解长期封建社会对中国文化建设的影响。要在农村确立农村文化教育的领导权，建立新中国文化就必须涤荡封建历史积淀，谨慎地对旧文化事业进行改革，扫除影响新文化建立过程中的封建遗留问题。同时还要继续进行全国性的扫盲。在此思想的指导下，文化教育与思想教育相结合，扫盲教育与生产劳动教育和技术教育相结合，将向广大农村普及教育作为新

① 张蔚．国外生态村历史演进与整体设计研究［D］．天津大学，2011

中国农村文化建设的重要任务之一。1958 年，毛泽东在《对碴岈山卫星公社试行简章（草案）的修改和批语》中又指出 :“公社要逐步把社员培养成为有社会主义觉悟、有文化、有技术、有全面才能的劳动者。”毛泽东还提出了对待传统文化和外来文化的态度方法问题。他指出 :“对中国的文化遗产，应当充分地利用，批判地利用。”对于外来文化，他在《论十大关系》中指出，要学习、接受外国的自然科学和社会科学，“但是，必须有分析有批判地学，不能盲目的学，不能一切照抄，机械搬运。他们的短处、缺点，当然不要学”。毛泽东在把马克思主义与中国实践相结合的基础上，提出了自己的文化观点，这对建设有中国特色的社会主义文化，加强乡村文化建设具有重要的指导意义。

邓小平在把马克思主义基本原理与中国社会主义现代化建设相结合的基础上，提出了有中国特色社会主义的宏伟战略目标，其中建设有中国特色社会主义的文化是重要内容。邓小平把构建中国特色社会主义的文化放在重要的战略地位，他指出 :“我们的国家已经进入社会主义现代化建设的新时期，我们要在建设高度物质文明的同时，提高全民族的科学文化水平，发展高尚的丰富多彩的文化生活，建设高度的社会主义精神文明。”“建设社会主义的精神文明，最根本的是要使广大人民有共产主义的理想，有道德、有文化、守纪律。”在对待外来文化的问题时，邓小平认为，要大胆吸收外来优秀文化，充分利用国外发达国家的一切进步的东西为我所用。他指出 :“我们要向资本主义发达国家学习科学、技术、经营管理方法以及其他一切对我们有益的知识和文化，闭关自守，故步自封是愚蠢的。”邓小平历来重视农业和农村工作，他认为农村、农业和农民问题是我国经济发展的首要问题，邓小平指出 :“城市搞得再漂亮，没有农村这一稳定的基础是不行的。”他又说 :“农村不稳定，整个政治局势就不稳定，农民没有摆脱贫困，就是我国没有摆脱贫困。”“农业问题要始终抓得很紧。农村富起来容易，贫困下去也容易，地一耕不好农业就完了。”

乡村是中华文明的重要载体。几千年乡村生产、生活积淀下来的乡村文化和农耕文明是中华民族得以延续的重要精神支撑。习近平指出，“要加强对中华优秀传统文化的挖掘和阐发，努力实现中华传统美德的创造性转化、创新性发展，把跨越时空、超越国度、富有永恒魅力、具有当代价值的文化精神弘扬起来。”

乡村文化作为类群性和地域性文化是维系农村社会有序良性运转的重要保障，对促进农民素质提高以及农村社会和谐稳定具有重要价值。随着中国现代化进程的推进以及农村经济社会的快速发展，城乡二元结构背景下的乡村文化表现出很大的反噬效应和不适应性，集中反映在乡土社会差序格局理论失效以及圈层结构中人与人之间关系的紧张。① 习近平指出："乡土文化的根不能断，农村不能成为荒芜的农村、留守的农村、记忆中的故园。"强调："要融入现代元素，更要保护和弘扬传统优秀文化，延续城市历史文脉。""要传承文化，发展有历史记忆、地域特色、民族特点的美丽城镇"，要"让居民望得见山、看得见水、记得住乡愁"。

2015 年 1 月习近平在云南调研时，明确强调："新农村建设一定要走符合农村实际的路子，遵循乡村自身发展规律，充分体现农村特点，注意乡土味道，保留乡村风貌，留得住青山绿水，记得住乡愁。"随着时间的推移，习近平的"乡愁城镇化"理论逐渐完善，成为指导中国城镇化和新农村建设的重要思想。习近平的"乡愁城镇化"理论，在 2014 年中央一号文件中，再度深化为"传承乡村文明"的新思想。文件明确提出在新农村建设中要"创新乡贤文化，弘扬善行义举，以乡情乡愁为纽带吸引和凝聚各方人士支持家乡建设，传承乡村文明"。

习近平的"乡愁城镇化"理论，从三个方面肯定了乡村具有城市不能替代的功能和地位：第一是中国乡村是中国五千年文明传承之载体，是中国文化传承与发展之根。作为乡村社会主导的文明模式，中国文明之根不在城市，在乡村。其次是中国农村不仅为城市发展提供粮食、劳动力，而且在中国经济社会稳定发展、规避风险上有不可替代的功能。第三是中国城市文明和文化发展，也不能离开乡村。乡村是中国人的精神归属，记得住乡愁的家园。

---

① 引导乡村文化现代化 . http://news.ifeng.com/a/20160925/50019549_0.shtml

特别是在中国初步完成工业化、实现温饱的时代背景下，中华民族的精神追求、中华民族的文化传承就会越来越重要，而要回答与解决这些问题，源头不在城市，而在乡村。①

二、传统村落保护理论

中国是历史悠久的农业大国，中华文明的核心内容是农耕文明，而真正承载、体现和反映中华农耕文明精髓和内涵的，就是现在依然幸存的那些传统村落。建设美丽中国，实现中华民族永续发展，是党的十八大报告明确提出的重要目标。中华五千年的农耕文明形成了千姿百态的传统村落，建设美好家园，必须保护民族根性文化。2012 年，我国政府正式启动了传统村落的全面调查，并确立“中国传统村落名录”，形成物质文化遗产、非物质文化遗产、传统村落遗产三大保护体系，这是我国在文化建设上迈出的重大一步。

从国际性的《雅典宪章》（1933）、《佛罗伦萨宪章》（1981）到联合国教科文组织的《保护历史城镇与城区宪章》（1987）和《保护非物质文化遗产公约》（2003）可以看出，最先关注的是有形的物质性的历史遗存——小型的地下文物到大型的地上的古建遗址，后来才渐渐认识到城镇和乡村蕴含的人文价值。

保护传统村落绝不是原封不动。村落进入当代，生产和生活都要现代化，村落里的人有享受现代文明和科技成果的权利。村落的保护与发展完全可以做到两全其美。希腊、法国、意大利等西方国家在城市历史街区保护中采取的一些方法能给我们积极的启示。比如他们在不改变街区历史格局、尺度和建筑外墙的历史真实的前提下，改造内部的使用功能，甚至重新调整内部结构，使历史街区内的生活质量大大提高。民居不是文物性古建，保护方式应该不同，需要研究与尝试。传统村落的保护与发展不但不矛盾，反而可以和谐统一，互为动力。其原则是，尊重历史和创造性地发展，缺一不可。②

传统村落是“记得住的乡愁”，据悉我国住建部将采取抢救性措施遏制

① 张孝德．习近平总书乡村本位新论．http://theory.people.com.cn/n/2015/1021/c40531-27723311.html

② 冯骥才．传统村落的困境与出路——兼谈传统村落类文化遗产．人民日报，2012 年 12 月 7 日

传统村落衰败趋势，启动濒危传统村落保护专项行动。在全面保护传统村落自然景观风貌的前提下，突出传统村落的建筑、文化、民俗等特色，将旅游经济和农业经济结合发展，改善村民生活环境，提高村民生活水平。

传统村落保护是一个动态、整体性的过程，在传统村落中，历史文化遗存往往与其环境不可分割。保护规划不仅要注重对村落物质遗存的保护，还应当重视社会结构体系、生态系统和历史文化的保护。传统村落遗产的保护是村镇系统的重要组成部分，是政府发展战略的重要因素。要注重保护历史文化遗产的历史真实性和历史环境风貌的完整性，保存历史文化遗产遗存的所有历史信息。重视历史文化遗产价值的延续，坚持可持续性发展，实现保护与开发利用的双赢。坚持传统村落社会经济、人口与环境的可持续发展，研究传统村落文化内涵，发展文化产业，实现保护的可持续性。针对传统建筑不同的历史、科学和艺术价值、现状完好程度、传统村落空间的不同类型和环境景观特征，采用分类保护的方法，制定相应的保护规定和整治措施，保持历史风貌的多样性。根据传统村落的历史文化价值及其环境要素的构成，确立总体保护的空间框架，整体保护历史文化名村的物质形态和文化内涵。

第五节 其他理论

一、乡村复合生态系统理论

我国著名生态学家马世俊提出复合生态系统的原理，他认为社会、经济与自然这三个系统原本性质不同，但是其中一个系统的发展会受到其他系统在功能与结构方面的制约，因此应该当成一个复合系统看待，即社会——经济——自然复合生态系统。复合生态系统由三个子系统组成，包括社会、经济、自然生态子系统。社会生态子系统包括文化、体制和人的观念。文化是人类在长期发展进化的过程中生成的信仰、想法和文脉等；体制则是指国家政策、社会组织和法律法规等；人的观念包括人对于科学、哲学、政治、生产的认知和思考。这三个部分共同支撑起社会生态子系统。经济生态子系统是以人类的生产和交换活动为基础的。人类通过劳动将自然物质变成维持自身生活需要的产品，并且将多余的产品用于流通。在流通的产品市场上，会出现对这些产品的消费及享用。在生产、流通和消费的过程中，各种物品能够充分发挥出自己的价值，从而为社会创造出多余价值。自然生态子系统是人类的生存环境，包括阳光、空气、水、土、生物、矿物质等，人类的生存和发展离不开对这些自然物质的吸收。阳光、空气、水是人类每日都不可缺少的能量源泉，并且提供了生命生存的气候条件。土地、生物也与人类的生产和生活密切相关。矿产资源能够满足我们对建材、冶金、化工原料以及对生命活动至关重要的各种微量元素的需要。社会、经济、自然和文化子系统之间相互联系又相互独立，既相互支持又相互制约。

乡村复合生态系统理论主要用于规划和设计美丽乡村建设模式。这个理论的核心内容认为乡村具有典型的复合生态系统特征，由农村社会子系统、农村经济子系统、农村环境子系统和农村文化子系统构成“农村社会—农村经济—农村环境—农村文化”乡村复合生态系统。农村社会子系统比较复杂，包含的内容较多，鉴于其研究的难度，一般会对该系统进行简化处理，用农村生活方式来代表农村社会子系统。农村经济子系统由农村的产业结构及模式组成，主要分为农业、商业和村办企业等，它们形成居民收入的主要来源。农村地区的资源、能源、生物资源以及自然环境等共同构成了农村环境子系统。该系统是村民生存和发展的基本外部条件，是改善村民居住环境的基础。农村文化子系统包括农民的文化涵养、价值观念、宗教信仰、人文风貌、民俗风情等要素构成的村民活动和交际圈子。构成乡村复合生态系统的这四个子系统是相辅相成、不可分割的。

农村复合生态系统需要从外界输入本身发展所需要的资金、技术、人才、信息、自然资源等，并且会向外界输出多余的或者本身不需要的物质，通过不断进行这种输入输出的交换来发展本地区的经济，若是没有这样的交换，农村的经济不会走向繁荣。但是这种交换过程也有正负作用的交替，甚至可能使得本身的系统产生混乱无序的状态。所以，应有效利用系统外部提供的有利条件，包含资金、自然资源、技术等，同时预防和杜绝外界的不利因素对乡村建设的影响，以维护乡村系统健康、有序的发展。

由于乡村复合生态系统的复杂性，一般而言，一定程度的生态系统复杂性越强，其稳定性就越高。因此我们在美丽乡村建设的过程中，可以适当增加乡村复合生态系统的复杂性。在农业生产中，单一的农业种植制度使得乡村经济抵抗外界风险的能力减弱，农田生物种类的减少使得农业害虫、病虫增多，不利于种植作物的生长。针对以上问题，我们可以适当扩展农业的生产链，健全农业种植制度，增强乡村经济对外部干扰因素的适应性以及抗风险性。同时要注意农业废弃物的排放以及重复利用，减少农业污染，增加农业生物多样性，在一定程度上减轻这些不利因素造成的生态系统退化等问题，在增加系统复杂性的同时也提高了该系统的稳定性。

乡村复合生态系统强调乡村各方面发展的整体性、正在发展的各要素之间的协调性等问题，同时强调要处理好人类与自然、经济增长与环境保护、人类与社会、当地人与后代发展的需要等方面的关系[①]，因此，应该建立健全乡村系统与外部环境之间、乡村内部四个子系统之间以及子系统内部各要素之间的协同机制,促进彼此之间的融洽发展,减少负外部性效应。可以从技术、管理等方面着手，实现系统内部信息、技术、资金、能源的合理流动，增强系统的协同性，同时解决人、自然、生态的可持续发展问题。

二、农业多功能性理论

农业的多功能性是指农业具有经济、生态、社会和文化等多方面的功能。经济功能是指农业的农产品供给和收入提供功能，它是农业的基本功能；生态功能是指土地与土地上的生物构成的生态系统所具有的调节气候、保护和改善环境、维持生态平衡和生物多样性等方面的功能；社会功能是指经济功能和生态功能的延伸功能，主要包括确保粮食安全、维护社会和政治稳定、提供就业和社会保障、推动人类可持续发展等方面的功能；文化功能是指土地本身构成的自然和人文综合景观带给人们的休闲、审美和教育的功能，以及维护原有乡村生活形态、保留农村文化多样性遗产、传承传统历史文化的

---

① 郝欣，秦书生．复合生态系统的复杂性与可持续发展［J］．系统辩证学学报，2003（04）

功能。[①]

过去各个国家对于农业发展都是要求提高单位土地面积的产量以及整体的经济效益，却忽略了农业的其他功能。20 世纪 80 年代末，日本提出了稻米文化，强调农业除了能够解决人类的基本温饱等问题，还能够在生态、社会、文化等方面发挥功能。日本政府提出农业的多功能性，刷新了人们对于农业地位的新认知，激发了村民对农业生产的热情与动力。农业在维持粮食供应的同时，还能够带来其他方面的效益。农业多功能理论在日本获得较好反响后，韩国和欧盟等国家也纷纷把农业多功能性作为农业发展的理论基础和目标。日本和韩国等国家对于农业多功能性的研究和实践主要有以下几个方面的特点：

（1）符合可持续发展的要求。可持续发展思想是指改变原有的只注重经济效益而忽视环境保护的发展模式，追求经济、生态、社会和文化多方面协同发展。农业多功能性理论符合农业可持续发展的要求，因此在实践中也能得到较好的应用。为了改变以往的"石油农业"模式，促进农业以及整个国民经济的可持续发展，20 世纪 80 年代后，日韩等国家提倡积极发展绿色农业或有机农业。农业不仅能够有效地保障食品与粮食安全，而且能够促进生物种类的增加、文化水平的提高，支撑工业、服务业等其他产业的发展，有利于实现农村经济的健康、稳定增长。

（2）为各国制定农业保护政策提供理论依据。农业作为第一产业，往往受到各国的政策支持和有效保护。农业多功能性具有外部效应，可能会影响到贸易双方的获利情况。当贸易一方福利减少或者获利较少时，其会注重农业多功能性问题，农业多功能性理论也就成为这些贸易国家制定农业保护政策的理论基础。1996 年世界粮食首脑会议通过的《罗马宣言和行动计划》中指出，要考虑农业的多功能性特点，实施农业和农村可持续发展政策；1998 年，在经济合作发展组织（OECD）召开的农业部长会议上也引入了农业多功能性概念；2000 年的国际非贸易关注大会强调，在未来 WTO 的农业贸易改革

① 李传健．农业多功能性与我国新农村建设［J］．经济问题探索，2007（04）

中应充分考虑农业的多功能性，必须给予各国政府一定政策上的灵活性。[①]

（3）是国际贸易自由化以及国际规则调整的需要。各国的农产品贸易壁垒和农业保护政策导致国际市场上农产品贸易之间产生了诸多摩擦，许多国家都呼吁贸易自由化，部分国家用隐性农业补贴代替之前的直接补贴，这是以农业多功能性为参考的。农业多功能性造成的外部性导致农业生产引起的社会成本与私人成本不等，市场失灵现象发生，农产品贸易双方利益差距增加，一方得到更多利益，另一方则承受损失。农业多功能性问题成为日韩等国家在农业协议谈判中着重强调的问题。日本政府为了保护本国的稻米市场，在与农产品出口国进行谈判时就强调水稻种植与日本文化的关系，认为保护水稻生产就是保护稻米文化。韩国在面临国内农产品市场受到威胁的情况时，也提出农业多功能性的问题。可见，农业多功能性理论被广泛应用于贸易政策与国际规则的制定中。

我国对于农业多功能性的研究起步较晚，但是发展速度较快。进入 21 世纪以来，在农产品市场化以及贸易自由化的推动下，农产品供应越来越多样化，人们更加注重农产品质量的改善。消费者强烈呼吁农产品生产部门供应无污染、无公害、营养卫生的绿色食品，从而带动有机农业和生态农业的发展。2007 年，党中央一号文件明确提出："开发农业多种功能，健全发展现代农业的产业体系"，"农业不仅具有食品保障功能，而且具有原料供给、就业增收、生态保护、观光休闲、文化传承等功能。建设现代农业，必须注重开发农业的多种功能，向农业的广度和深度进军，促进农业结构不断优化升级"。[②] 中央开始增加农业领域投入的资金，大力发展具有多功能的特色农业，创建农业科技园、农家乐、农业示范园、民族文化村等，集生态、经济、生活、文化和娱乐于一体。社会也越来越注重农业的文化传承功能，农业相关产业的市场占有率也逐步提高。近年来，我国的农业科技园区呈现出不断增加的

① 曹俊杰，徐俊霞．日本和韩国农业多功能性理论与实践及其启示［J］．中国水土保持，2006（06）

② 程剑桥，黄国桢．注重开发我国多功能农业［J］．上海交通大学学报（农业科学版），2016（02）

趋势。十八大提出要加强生态文明建设，加大环境保护力度，对农业多功能性的政策保护措施也越来越多。充分发挥农业的生态功能，维持生物多样性，节约水土资源，改善生产和生活环境，促进生态系统的稳定发展是当今社会的迫切要求。

三、乡村旅游可持续发展理论

旅游作为新兴产业，其发展对于旅游地区的经济增长有着巨大的推动作用。现在很多乡村地区越来越重视旅游业的发展，并且将其视为对环境无损害的发展模式。但是随着旅游对社会、经济产生的负面影响逐渐显露出来，许多学者开始关注旅游的可持续发展。旅游的可持续发展，是指在保护生态环境和文化的前提下，满足人们不断增加的对社会、经济等方面的要求。它既能服务当代人的各种需求，又不会牺牲和损害后代人的利益。乡村旅游可持续发展对乡村经济有以下几个方面的促进作用：

（1）为农民提供更多的就业机会。旅游业属于劳动密集型产业，其发展伴随着住宿、交通、旅行社、购物等其他配套产业的发展，这些配套产业的运行要求大规模的员工参与，从而为乡村居民带来更多的就业机会。许多村民投身旅游业，开发景区、兴办宾馆、开设餐馆、经营旅游购物店和旅游娱乐场所、开办旅行社、当导游、当司机、当清洁工、当保安。农民能够通过在旅游岗位的就业获得收入，同时能够为旅游者提供各种休闲和娱乐服务获取更多额外收入。

（2）改善农村产业结构。长期以来，我国乡村地区第一产业所占比重较大，而第二、第三产业所占比重较小。乡村经济要想实现现代化发展，必须要改善产业结构。旅游业是一个综合性产业，可以带动其他行业的发展，如商业、休闲娱乐业、交通运输业、餐饮业等。推动乡村旅游可持续发展，能够带动当地村民从农业转移到旅游业及相关行业中，从而增加第二、第三产业的比重，减小农业所占比重，使农村的产业结构得以改善。

（3）保护乡村的传统景观、文化和生态环境。我国悠久的历史及广阔的大地，孕育出了多种多样的民俗风情和文化以及奇特秀美的地域景观。伴随着乡村地区经济的发展，城市化速度越来越快，大部分乡村地区的传统景观和文化被现代工业文明所冲击，生态环境质量也下降很多。在坚持乡村旅游业可持续发展的过程中，要争取经济增长与生态环境保护之间的平衡，激发村民对乡村景观和文化的重视程度，保护本村旅游地区的传统景观、文化和生态环境不受破坏与威胁。

第六节　新时期我国美丽乡村建设的制度保障体系

改革开放以来，我国逐步建立和完善了建设社会主义新农村的制度体系。在建设美丽乡村的过程中，技术创新是重要的，制度创新可能更加重要。所以，能够在体制与制度方面逐步健全，加强美丽乡村建设的制度保障体系的创建，对于促进农村各方面发展以及进一步推动美丽乡村的建设都具有十分重要的作用。

一、家庭联产承包责任制

1978 年召开的中国共产党十一届三中全会，初步确立了家庭联产承包责任制。该制度实际上是以家庭为单位的农户向集体组织承包生产任务以及生产资料的农业生产责任制。集体组织在保持集体统一经营经济的前提下，把土地等生产资料包给农户，农户可以在规定的期限内自主进行经营与决策，完成集体组织和国家分配的任务后，能够享受自己的经营成果。集体经济组织把生产资料按照一定的比例以及权责利关系分配给农户，并与承包户签订合同。家庭联产承包责任制是我国处于特定时期的选择，相比传统农业生产组织形式改进了许多，使农村的经济格局发生了翻天覆地的变化，激发了农民的生产积极性，为我国经济发展与改革开放打下了基础，促进了生产方式以及生活方式的发展，是我国农村改革发展的第一次飞跃。

1982 年，中央发出了《全国农村工作会议纪要》，这是关于三农问题的第一个“一号文件”，其总结了快速扩张性农村改革。《纪要》认为改革开放以来，我国的农村政策是对的，明晰包产、包工、包干，反映了对于劳动成果的多样分配方式。《纪要》指出，联产承包制能够在一定程度上调节个人和集体的利益关系，而且会充分发挥集体经营与农户自主经营的积极性。1983

年，中央发出了《当前农村经济政策的若干问题》。该文件指出，改革开放以来我国农村的变化十分显著，大部分地区采取了形式多样的农业生产责任制，其以联产承包制为主。在联产承包制这一生产方式中，分散经营和统一经营相融合，不仅激发了个人积极性的充分发挥，也促进了集体优越性的展现。该文件指出，联产承包制是中国农民在共产党的带领下的新的伟大创造，是马克思主义农业合作化理论结合我国实践的新发展。1984 年，中央下发了《关于一九八四年农村工作的通知》。该通知指出，上一年发行的《当前农村经济政策的若干问题》获得了显著的效果，可以说明其提出的政策、方针与基本目标是对的，并继续执行该文件，将用其指导接下来一定时期内农村的工作。《通知》要求进一步稳定与完善联产承包制，促进商品的生产和流通，协助农户在以家庭为单位进行生产经营的同时扩大规模，提升效益水平，并且制定了一些关于土地、农村商品流通与金融等方面的规定，完善了家庭联产承包责任制这一制度体系。1985 年，中共中央与国务院发出《关于进一步活跃农村经济的十项政策》。该文件指出，通过这几年的农村改革，农村发展面临着新形势，主要农产品的供应短缺情况得到改进，农村生产和生活方式也有了很大的提高。联产承包制促进了农村的资金、技术、劳动力的融合。文件提出了十项经济政策，废除了农副产品统购派购制度，使得家庭联产承包责任制得到了进一步的完善。1986 年，中共中央与国务院发出《关于一九八六年农村工作的部署》。该文件指出，通过联产承包制的实施，农村经济的活力充分释放，农村在调整产业结构、改革农产品统派购制度等方面跨越了重要一步。同时，文件还提出要继续健全家庭联产承包责任制，也就是要调整好农业的基础地位，根据合理规划，有效增加投入，促进农业平稳发展，深化农村经济的改革，协助贫困地区的经济发展，改变贫困区落后面貌。

1982 至 1986 年期间，中共中央与国务院发出了五个“一号文件”，证明了改革开放以来实施的农业生产责任制的方针是对的，并且不断建立健全了家庭联产承包责任制，充实了农村地区的集体经营方式，改善了农民的生活，使农村的面貌焕然一新。

1998 年中共十五届三中全会审议通过了《中共中央关于农业和农村工作

若干重大问题的决定》。该《决定》提出应长期实行以家庭承包经营为基础的统分相结合的经营体系，并且对这些年农村改革的经验进行了总结，主要包括四点：(1) 一定要切实保障农民自主权，制定农村政策时，首先应该从调动农户积极性出发；(2) 一定要发展多种所有制经济，进一步探究如何实现农村公有制，实行统分结合的双层经营体系；(3) 一定要继续坚持由市场做向导的改革，给农村的发展增添新动力；(4) 必须尊重农民的首创精神，依靠群众来促进改革事业的前进；(5) 要从全局出发，十分重视农业，协调推进城市和农村的改革。

二、农业财政补贴制

我国于 1958 年开始实施的《农业税条例》在我国持续了近半个世纪。2004 年，我国开始实施减少征收农业税或者免征农业税的措施。2005 年 12 月 29 日，第十届全国人大常委会第 19 次会议经表决决定，《农业税条例》自 2006 年 1 月 1 日起废止。农业税被全面取消，许多农民能够从中受益，生产积极性也得到了很大的提高。总的来说，取消农业税对我国农村发展的促进作用主要有：(1) 能够减少农民的负担，提高农民的收入水平；(2) 能够减小农产品的生产成本，其在市场上的竞争力也会因此而增强；(3) 对于今后创建及健全农村的公共财政体系有很大的积极作用；(4) 能够促进政府职能的转变，使得相关机构与工作人员得以精简与优化；(5) 农业税的取消对于实现城市和乡村税制方面的一体化也具有十分重要的意义。

我国在 2001 年加入世贸组织，给农业的发展带来了一些挑战。我国在加入 WTO 之后，履行了开放农产品市场的约定，但是由于我国正处于由传统农业向现代农业的转变时期，农产品市场开放意味着我国必须同意其他国家的农产品进入我国市场一起竞争，这将会对农业生产者造成一定的冲击。在这种情况下，我国采取了农业税制体系的改革，全面取消了农业税，同时大范围地实行财政补贴政策。

进入 21 世纪以来，我国已经开始全面加强农业财政补贴政策，主要对以下几个方面进行了调整：从促进价格体制改革，向发展农业市场经济体制倾斜。从促进城市改革及国有企业改革，向促进产业优化，尤其是促进农业产业发展倾斜。从促进供需平衡，向促进工农等产业协调发展倾斜。我国财政补贴主要从两个方面来促进供需平衡，第一个方面是需求，包括消费需求和投资需求；第二个方面是供给，这主要是财政补贴用在生产方面形成的。财政补贴是一种宏观调控手段，应顾及每个行业的发展，以优化产业结构，使产业之间的协调比例推动经济社会的整体发展。[①]

三、农民专业合作制

农民专业合作社是在家庭联产承包的前提下，从事同种农产品生产的经营者或提供同种农业生产的服务者、利用者，自愿合作并实行民主管理的经济组织。最近这些年，我国农民专业合作社快速发展，向农民提供资金、科技、物资、信息及产品销售等方面的服务，提高了多数农民的收入水平。

2006 年我们已颁布《农民专业合作社法》，近年来，我国陆续提出了与该法律对应的条例、章程、制度以及免税政策，基本创立起合作社发展的法律制度体系构架。2013 年，中央又下发了一号文件，将发展农民合作社当作建设现代农业，增强农村发展活力的主要举措，认为农民合作社是带动农户进入市场的基本主体，是发展农村集体经济的新型实体，是创新农村社会管理的有效载体。[②]由于农村合作社对我国的积极作用，其得到了许多政策支撑。一号文件还提到，应该强化农民合作社的发展程度，充分发挥合作社的优势与竞争力，以及在市场上的引导力。

农民专业合作组织坚持民主自愿，不威胁、不强制，坚持家庭联产承包责任制，注重试点带领，支持各种形式共同发展。首先要处理好组织和政府部门、农村其他基层组织、公司、内部人员之间的关系，农民之间展开合作，消灭行政区域与所有制之间的分界，进一步优化资金、劳动力、技术、土地等资源之间的配置。同时，要让市场需求作为引领，给组织成员提供技术及信息。充分发扬产品的特色，激发农产品生产与收获的潜能，并且积极加入

① 李建．我国农业财政补贴的完善及发展研究［D］．天津商业大学，2011

② 陶良虎，陈为，卢继传．美丽乡村——生态乡村建设的理论实践与案例［M］．北京：人民出版社，2014

农产品的销售环节，拉伸农产品的产业链，增加农产品的超额利润从而提高组织成员的收入水平。加强集体购买与销售方面的合作，使得生产成本降低，规模收益增加，组织成员也享受到了规模收益增加的好处。根据统计资料，农民专业合作组织的成员比普通的农民收入要高，因此，农民专业合作组织的发展在使农民享受到规模效益的同时，还提高了农户的收入，并且带动了当地产业与整体经济的发展。

四、统筹城乡发展的制度创新

21 世纪以来，我国的城乡发展问题依然是政府和学术界关注的重点。2002 年，党的十六大第一次提出“统筹城乡经济社会发展”的战略方针。2003 年，中央对统筹城乡发展作了进一步的阐述。2003 年 10 月，党的十六届三中全会提出了要坚持科学发展观以及“五个统筹”，并把统筹城乡发展放在“五个统筹”的第一位置。一些国家在工业发展的初期，农业会支持工业并且为工业提供积累，然而当工业发展到一定阶段之后，工业开始反哺农业，城市开始支持农村，两个产业之间、城乡之间相互配合，共同发展。2003 年 11 月，中央又提出，我国目前处于以工促农、以城带乡的发展时期，我们应该继续促进“三农”的发展,这就意味着大致形成了统筹城乡发展的基本思想。农村比城市的社会事业以及基础设施落后的一个主要原因就是由于农村能够获得的金融与财政支持较少，应该有针对性地增加农村发展所需资金，改善农村的基础设施及其他条件。中央提出了“三个高于”的原则：国家财政支农资金增量要高于上年，国债和预算内资金用于农村建设的比重要高于上年，其中直接用于改善农村生产生活条件的资金要高于上年。[①] 这对于我国未来的经济发展是一个主要的转变，说明我们国家决定要调节国民收入分配格局，尤其是调整建设资金的结构与投向，从以往的注重城市建设逐步转向对农村建设的支持。在这个原则下，国家的财政补贴更偏向于农村，这将有利于农村更好地享受到国家的金融支持，优化农村金融服务体系，努力建立能够推

① 陶良虎，陈为，卢继传．美丽乡村——生态乡村建设的理论实践与案例[M]．北京：人民出版社，2014

动农村与农业发展的财政及金融体制，促进新时期我国社会主义新农村的建设。

2007 年，党的十七大报告又一次强调要坚持统筹城乡发展，并且继续推动以工促农、以城带乡的发展方式，创建城乡发展一体化新局面。2008 年 10 月，党的十七届三中全会把统筹城乡发展摆在促进农村发展的十分重要的位置，并且提到，我国现在处于城乡互动的主要时期，在这个时期要加速农业现代化发展，逐步打破城乡二元经济结构，提出了八大措施来打破二元结构：繁荣发展农村文化、大力办好农村教育事业、促进农业医疗卫生事业发展、健全农村社会保障体系、加强农村基础设施和环境建设、推进农村扶贫开发、加强农村防灾减灾能力建设、强化农村社会管理。2010 年，中央的一号文件提到要将统筹城乡发展当成全面建设小康社会的根本要求。2013 年，党的十八届三中全会提出要深化农村改革，并对其做出了全方位的部署，指出了一些新的措施，不管是在理论上还是在政策上都取得了很大的进展。同时，党的十八届三中全会还针对农村改革问题提出了“五个城乡统筹”的措施与任务，来推动城乡一体化发展。

2014 年，出台了《国家新型城镇化规划》，提到要促进城乡协调发展，应继续执行工业反哺农业、城市支持农村以及多予少取放活方针，增强城乡统筹发展的力度，激发农村的发展潜力，逐渐减小城乡差距，使得新农村建设与城镇化建设共同前进。统筹城乡发展是我国为了改变农村长期落后于城市的局面，协调城乡平衡的重要战略构想，我们应该不断坚持与完善这一制度，以加快城乡发展一体化进程。

第三章

江西建设美丽乡村的现实基础、机遇与挑战

第一节　江西建设美丽乡村的现实基础

美丽乡村建设不仅在理论上十分必要，而且在现实上也完全具有条件。美丽乡村建设的现实条件主要包括国家工业化水平、地区经济社会发展综合实力以及宏观经济与区域政策支持等几个方面。这里对江西省美丽乡村建设的现实条件进行简要分析。

一、国家工业化进入工业反哺农业、城市支持农村的新阶段

根据国际惯例，工业反哺农业一般发生在工业化的中期阶段，需要具备以下条件：一是农业在国民收入中的相对份额降到15%，在工农业增加值中，工业与农业的份额比例约为3：1。二是社会就业结构发生变化，农业就业人数占社会总就业人数的比例降到30%。三是城市化水平得到提高，城市化率达到35%以上。四是人均DNP（1980年的价格水平）达到800~1000美元。2016年我国的人均国内生产总值达到8280美元以上，农业与非农产业的产值结构大约为9：91，农业与非农产业的就业结构大约为28：72，城镇化水平为57.35%。综合上述4项指标，目前我国已进入了工业化的中期阶段，具备工业反哺农业、城市支持农村的物质条件。工业反哺农业，实质就是改变农业和农村在资源配置和国民收入分配中所处的不利地位，加大公共财政支农力度，让公共服务更多地深入农村、惠及农民。根据这一要求，对广大农村采取多予少取放活的政策，已经成为党和政府解决“三农”问题的总方针。

在这一背景下，党的十八大又进一步做出了“把国家基础设施建设和社会事业发展重点放在农村，深入推进新农村建设和扶贫开发，全面改善农村生产生活条件”以及“加快完善城乡发展一体化体制机制，着力在城乡规划、基础设施、公共服务等方面推进一体化，促进城乡要素平等交换和公共资源均衡配置，形成以工促农、以城带乡、工农互惠、城乡一体的新型工农、城乡关系”的决策部署。国家工业化的现实水平以及工农、城乡关系政策的战略调整，为美丽乡村建设提供了相应的物质基础和宏观经济条件。

二、江西经济社会发展进入加快新农村发展的新时期

首先，从人均 GDP 看，江西正处在工业化中期加速推进阶段，已启动由农业养育工业向工业反哺农业的政策转换。2014 年，江西省 11 个地级市中，南昌、新余 2 个地市大致属于第一梯队，人均 GDP 分别为 70373 美元和 77730 美元；景德镇、鹰潭、萍乡、九江 4 个地市大致属于第二梯队，人均 GDP 分别为 45438 美元、53011 美元、45867 美元、37097 美元；宜春、抚州、吉安、赣州、上饶 5 个地市大致属于第三梯队，人均 GDP 分别为 27764 美元、26118 美元、25486 美元、21708 美元、23221 美元。参照 H. 钱纳里的工业化发展阶段划分标准，考虑到 1996 年以来美元本身的涨跌因素，上述三个梯队中，南昌、新余大致处于工业化中期，景德镇、鹰潭、萍乡、九江大致接近工业化中期，宜春、抚州、吉安、赣州、上饶大致处于工业化初期向中期的过渡时期。综合而言，从地市层面来看，江西省的经济社会发展水平大致处于工业化中期快速推进时期。

其次，从产业结构看，江西工业化程度大致相当于工业化中期阶段，具备加快农村发展的宏观经济条件。根据美国经济学家西蒙·库兹涅茨等的研究成果，在工业化初期和中期阶段，产业结构变化的核心是农业和工业之间“二元结构”的转化。在工业化起点，第一产业比重较高，第二产业比重较低。随着工业化的推进，第一产业比重持续下降，第二产业和第三产业比重相应提高，且第二产业比重上升幅度大于第三产业，第一产业在产业结构中的优势地位被第二产业所取代。当第一产业比重降低至 20% 左右时，第二产业比重上升到最高水平，工业化进入后期阶段。此后，第二产业的比重转为相对稳定或有所下降。经测算，江西各地市的产业结构变动状况与上述规律基本一致。2014年，所有地市的第一产业比重均已下降到20%以下。其中，南昌、新余分别为4.4%和5.8%；景德镇、鹰潭、萍乡、九江分别为7.3%、7.7%、6.8%、7.4%；宜春、抚州、吉安、赣州、上饶分别为14.7%、16.1%、16.4%、15.3%、13.8%。因此，根据产业结构的变动情况，可以判断江西省的工业化程度大体上达到工业化中期阶段。根据国际经验，在工业化的中期阶段，一般开始实施大规模工业反哺农业政策。

综合以上两个维度的观察，作为我国中部地区经济欠发达的省份，江西也已经具备了加快农业和农村发展的工业化水平，进入了着力解决“三农”问题的发展阶段。这为美丽乡村建设提供了重要时机和支撑条件。

三、“三大国家战略”为江西美丽乡村建设提供难得机遇

鄱阳湖生态经济区建设、赣南等原中央苏区振兴发展和国家生态文明先行示范区“三大国家战略”与美丽乡村建设理论依据重合、目标路径叠加。

2009年12月,《鄱阳湖生态经济区规划》标志着建设鄱阳湖生态经济区正式上升为国家战略。鄱阳湖生态经济区建设源自于经济与生态协调发展的新探索，旨在追求符合生态经济规律基础上的绿色发展、协调发展、可持续发展，是从根本上转变经济增长方式，全面贯彻落实党的十八大提出的“五位一体”总布局的重大实践。鄱阳湖生态经济区建设，坚持生态优先，强调绿色发展，把资源承载能力、生态环境容量作为经济发展的重要影响因子，强调走生态良好、生产发展、生活富裕的文明发展之路。生态经济区建设围绕以培育生态文化为先导，以建设绿色乡村、生态城镇为抓手，以改善民生为重点，努力构建生态文明社会的发展思路，推进绿色乡村、生态城镇、生态创建工程、新农村建设示范工程等一系列建设。这些发展理念和目标路径与美丽乡村建设同根同源、完全重合。

2012年7月,《国务院关于支持赣南等原中央苏区振兴发展的若干意见》印发，支持赣南等原中央苏区振兴发展，是在全面建成小康社会的历史进程中党和政府为加快老区经济社会发展做出的重大决策。“老区振兴计划”是按照中央的决策部署，支持赣南等原中央苏区振兴发展，要加快新型工业化

和城镇化进程，以解决突出的民生问题为切入点，以加快交通、能源、水利等基础设施建设为突破口，以承接产业转移为抓手，以发展社会事业为重点，以保护生态环境为前提，以改革开放为动力，努力走出一条欠发达地区实现跨越式发展的新路子。到 2015 年，要在解决突出的民生问题和制约发展的薄弱环节方面取得突破性进展，包括完成农村安全饮水、农村危旧土坯房改造、农村电网改造升级、农村中小学薄弱学校改造等任务；基础设施建设取得重大进展，特色优势产业集群进一步壮大，城镇化率大幅提升，生态建设和环境保护取得显著成效；经济保持平稳较快发展；城乡居民收入增长与经济发展同步。到 2020 年，现代综合交通运输体系和能源保障体系基本形成；现代产业体系基本建立，工业化、城镇化水平进一步提高；人均主要经济指标与全国平均水平的差距明显缩小；人民生活水平和质量进一步提升，与全国同步实现全面建设小康社会目标。显然，支持赣南等原中央苏区振兴发展的目标、路径与美丽乡村建设也是完全一致的。因此，“两大国家战略”的实施对于江西开展美丽乡村建设而言，是一个多角度、多层面共同驱动的难得机遇。支持赣南等原中央苏区振兴发展，将优先解决突出民生问题，并在现代农业发展、基础设施建设、培育壮大特色优势产业、加强生态建设和环境保护、发展繁荣社会事业、深化改革扩大开放等领域提供重点支持，包括财税政策、金融政策、产业政策、国土资源政策、生态补偿政策、人才政策、对口支援政策、西部大开发政策等一系列政策在内的集成措施将陆续实施。

2014 年 11 月，国家六部委正式批复《江西省生态文明先行示范区建设实施方案》，江西省正式成为首批全境列入生态文明先行示范区建设的省份之一。2016 年 8 月，中共中央办公厅、国务院办公厅印发了《关于设立统一规范的国家生态文明试验区的意见》，并发出通知，综合考虑各地现有生态文明改革实践基础、区域差异性和发展阶段等因素，首批选择生态基础较好、资源环境承载能力较强的福建省、江西省和贵州省作为试验区。江西生态环境质量位居全国前列，具有开展生态文明先行示范和实验区建设的独特优势。当前，江西正处于加速发展的爬坡期、全面小康的攻坚期、生态建设的提升期。建设生态文明先行示范区上升为国家战略后，江西遵循绿色发展、循环发展、低碳发展的基本路径，重点建设了中部、大湖流域生态保护与科学开发典范、生态文明体制机制创新 3 个区。江西省生态文明先行示范区建设对于把生态优势转化为发展优势，实现绿色崛起，巩固长江中下游生态安全屏障、支撑长江经济带建设，推动发展方式向绿色循环低碳转变、提高资源高效清洁利用水平，实现在保护中发展、在发展中保护，为全国生态文明建设积累经验、提供示范，均具有重要意义，同时也为江西美丽乡村建设提供了难得机遇。

总的来说，“三大国家战略”的实施为江西美丽乡村建设带来了政策支持的叠加效应，有力地推动了江西美丽乡村建设的进程。

四、“和谐秀美乡村建设工程”展现绿色崛起的良好态势

2012 年 7 月江西省提出建设“和谐秀美乡村建设工程”，大力实施城镇和农村统筹工程、环境生态工程、公共服务和社会保障工程、和谐文明村工程、文化惠民工程、贫困群众帮扶工程等建设工程，将江西农村建设成为“五美”即村容美、生态美、庭院美、身心美、生活美以及“四和谐”即人与自然和谐、经济与社会和谐、家庭邻里和谐、党群干群和谐的美好家园。经过多年的建设，展现了良好的发展态势。

2013 年江西省近 1/3 的农村人口过上了“走平坦路、喝干净水、住整洁房、上卫生厕、用洁净能”的生活;“五河一湖”生态环境综合治理、造林绿化、城镇污水处理、生态园区建设、农村垃圾无害化处理等重大生态工程建设成效显著，全省森林覆盖率提高到 63.1%，居全国前列；主要河流监测断面水质达标率提高到 80.5% 以上，11 个设区的城市空气环境质量全部达到国家二级标准，环境质量位居全国前列；县域经济快速发展，县域生产总值、财政收入占全省的比重明显提高；城乡基础设施日趋完善，高速公路、乡村公路、铁路、机场、电力、通信、水利建设取得重大突破。

2016 年 11 月 12 日，中共江西省第十四次代表大会在南昌开幕。中共江西省委书记鹿心社代表中共江西省第十三届委员会，作题为“深入贯彻新发展理念 大力弘扬井冈山精神为决胜全面小康建设富裕美丽幸福江西而奋斗”的报告。报告中提出要坚持科学发展，绿色崛起，建设富裕美丽幸福江西；同时，要建设国家生态文明试验区，打造美丽中国“江西样板”。会中特别

强调了江西省要发展，就必须推进生态立省，把推动绿色发展作为加速江西崛起的路径，促进生态与经济协调发展。将江西近五年的发展经验归结起来，是科学发展成效显著的五年，是绿色崛起阔步前进的五年，是实干兴赣奋发有为的五年。

这些成效都展示了江西绿色崛起的美好前景，必将为美丽乡村建设的推进提供良好的基础条件和持久的内在动力。

第二节　江西美丽乡村建设的优势与劣势

从生态环境上看，江西地处中亚热带，各地质时代地层发育比较齐全，地貌兼有山地、丘陵、岗地、阶地、平原和湖泊水系等。各种生态系统比较齐全，生物资源也比较丰富。全省分布有高等植物 5000 余种，脊椎动物 845 种，昆虫类 4500 余种。全省有林地面积 88978km^2，活立木蓄积 2.77 × 108m^3，林分面积 69070km^2，各种生态系统比较齐全，整体上来说生态环境状况较好。

从经济环境上看，江西处在长江三角洲、闽南三角洲和珠江三角洲的辐射交叉点上。其东北面是以上海和苏南为中心的、目前我国经济实力最强的长江三角洲地区；东南面是经济地位日益上升的以厦门、漳州和泉州为中心的闽南三角洲地区；南面是目前我国经济活力最强、经济发展速度最快、外向型经济最活跃的以广州、深圳和珠海为中心的珠江三角洲，还有 1997 年回归祖国的世界重要的金融和贸易中心——香港。江西正处于沿海这三个三角洲的辐射交叉点上。其次，江西处在华东经济区、华中经济区和华南经济区相互作用的交接处，其东面是以上海为中心的华东经济区；南面是以广州为中心的华南经济区；西面是以武汉为中心的华中经济区。因此在经济发展中压力和动力并存、挑战和机遇同在。

一、江西美丽乡村建设的优势

（一）自然资源丰富

矿产资源丰富，有色金属、贵金属和稀有金属矿产在全国占有重要地位，截至 2013 年底，已发现各种有用矿产 193 种（以亚矿种计）。其中，铜、钨、铀、钽、重稀土、金和银矿被称为“七朵金花”。江西已建成亚洲最大的铜矿和全国最大的铜冶炼基地。

水资源丰富，江西是长江流域的重要省份之一，鄱阳湖流域占全省97.7% 的面积，多年平均水资源量 1565 亿立方米。境内河流、湖泊众多，赣江、抚河、信江、修水和饶河为全省五大河流，全境流域 10 平方公里以上河流有3700 多条，人均拥有水量和耕地亩均占有均高于全国平均水平。

森林资源丰富，森林覆盖率 64%，活立木蓄积量 4.45 亿立方米，活立竹总株数 19 亿根，均位居全国前列。

（二）人文历史底蕴深厚

江西是“红色摇篮、绿色家园”。包括“四大摇篮”：中国革命的摇篮井冈山、人民军队的摇篮南昌、共和国的摇篮瑞金和工人运动的摇篮安源；“四个千年”：千年瓷都景德镇、千年名楼滕王阁、千年书院白鹿洞、千年古刹东林寺；“六个一”：一湖（鄱阳湖）、一村（婺源）、一海（庐山西海）、一峰（龟峰）、一道（小平小道）、一城（共青城）。

（三）生态环境优越

森林资源是生态经济发展的物质载体，是评价生态资源的一个重要标准。与其他省区市相比，江西森林资源丰富，2006 年森林覆盖率突破 60 %，到 2015 年达 64%，其中森林蓄积量为 44530.5 万立方米，居全国前列。截至2015 年底，江西省已建林业自然保护区 237 处，其中国家级 14 处、省级 32 处、市县级 191 处，全省林业自然保护区保护了全省约 50% 的天然森林生态系统和 80% 以上的野生动植物种类。城市建成区绿化覆盖面积 210.5 万公顷，绿化覆盖率 40.12%；建成区绿地面积 190.8 万公顷，绿地率 36.36%；公园绿地面积 61.4 万公顷，人均公园绿地面积 13.35 平方米。良好的绿色生态环境为发展生态经济，尤其是生态农业提供了得天独厚的自然条件。

2015 年，全省设区市城区空气质量优良率达到 90.1%；主要河流监测断面水质达标率为 82.4%；森林覆盖率稳定在 64%，居全国第 2 位；万元 GDP能耗同比下降 3.5% 左右，主要污染物减排提前完成“十二五”目标任务，生态环境质量位居全国前列。

二、江西美丽乡村建设的劣势

（一）基础设施仍较薄弱

一些地方农村水、电、路等基础设施不够完善、覆盖面不广、效用发挥不到位。比如，农村公路硬化虽然实现了行政村全覆盖，还有很多自然村公路网络化水平、硬化率比较低，存在建设标准低、路面宽度不足4.5米、部分路段严重破损；一些偏远的行政村尚未开通农村客运班车；农村垃圾、污水处理设施建设滞后，不少乡村生活污水直接排入水体；尚有部分乡镇公路没有达到三级公路标准；受近年来的雨灾洪灾影响，一些通村公路的路基、桥梁或毁坏或受损或存在安全隐患，存在改造改善不够及时等问题。

（二）瓶颈问题比较突出

美丽乡村建设整体推进难度大。美丽乡村建设是一项生产、生活、生态“三位一体”的系统工程，哪一方面都不可偏废。但在各地实践中普遍存在一个现象，建设中偏重于基础设施建设、危旧房改造、村庄绿化美化等生活方面，对于如何加强农业生产，尤其是推进绿色生态农业建设，提升农业可持续发展能力，促进农民增产增收，措施不多，投入较少，整体推进难度大。究其原因，一方面，对美丽乡村建设缺乏正确深入的认识，有些地方简单地把美丽乡村建设等同于村庄基础设施建设，缺乏整体规划，一些基层领导的认识还停留在“搞搞清洁卫生，改善农村环境”的低层次认识上，甚至更错误地认为它只是给农村“涂脂抹粉”、“穿衣戴帽”展示给外人看；另一方面，美丽乡村建设缺乏整体推进的合力，虽然在党中央、国务院提出美丽乡村建设之后，各地各部门都给予了积极响应，但是在工作中，一些地区和部门对有关部门的职责进行了明确划分，但是由于缺少牵头部门抓总或者抓总不力，造成各部门的工作都是推着干，强调一下就动一动，否则就坐等观望，造成工作整体推进的延误。

第二，美丽乡村建设规划滞后。长期以来，全省各地乡村规划编制滞后，乡村建设基本处于自发状态，建设随意性大，没有更多考虑乡村整体布局、道路网络、公共服务设施等需要。具体表现在：一是留旧建新，住房过剩。近年来，农民人均收入水平不断提高，农民建房热情不断高涨。一方面，很多农民舍弃了生活设施落后、交通不便的旧宅，在村外或公路附近重新建房，村内的旧宅基地被大量闲置，“一户多宅”现象极为严重；另一方面，富裕起来的农民有求宽敞、讲美观、图方便的思想，盲目追求攀比，造成宅基地超标严重，“住一层、空六层”，房屋空置现象突出。二是分割重建，丧失美感。老房子或大宅院原拆原建，使用现代外墙材料，模仿城市建筑立面，使乡村整体性与文化内涵消失殆尽，不同年代的建筑杂乱无章，毫无美感可言。有的农村盲目模仿城市建设，在村里垒起假山，建起喷泉水池，不仅造价高，常年到头也没开一两次，而且与农村风格不一致。新农村是建好了，而乡村千百年来传承的自然景观、生产方式、邻里关系、民风民俗等“田园牧歌”景观和承载的“乡愁”却不见了。三是设施落后，污染严重。由于村民环保意识普遍不强，同时缺乏有效的环保监督制约机制，农村污水处理、生活垃圾处置滞后，污水横溢的现象较为普遍；农业面源污染治理路径单一，难以从根本上得以消除，进而直接导致河道治理与小流域治理效果难显成效，河流驳岸中生态型、亲水型的驳岸用得比较少，河道景观二次破坏现象比较严重。

第三建设人才匮乏，目前农村主要以农业生产等传统产业为主，一些高素质、高层次的人才需求空间和需求量不大，与新形势、新任务的要求还有一定的差距。开展美丽乡村建设，需要规划设计、建筑质量、旅游开发、市场营销等新兴产业人才，而传统劳动者的素质又达不到美丽乡村建设的新要求。

（三）主体作用发挥不强

美丽乡村的主体是农民，农民应积极主动参与到美丽乡村建设中来，并成为家园建设的主人，共享建设成果。然而，在许多村镇的美丽乡村建设中，多数是由上级政府出资承建，由县、乡政府官员和村级主要干部在谋划、建设，并未充分发挥民主集中制作用，没有把广大农民群众的主体积极性、主动性充分调动起来，农民群众建言献策的话语权很少得到发挥和表达。

美丽乡村建设的社会动力不足。美丽乡村能不能搞好，资金的问题是一个大的难题。从目前看来，部分地区和部门在筹措资金上存在一定的畏难情绪，要么积极性不高，要么办法不多，全部都是张口要奶吃，自己开动脑筋和思维筹措资金的能力和水平有限。一些地方还是习惯和依赖政府的投资和专项资金，对社会资本要么视而不见，要么畏若猛虎，没有充分发挥市场的作用和优势，没有采取市场化运作的方式来获得资金支持，这就造成很多地区美丽乡村建设由于缺乏资金保证，进展缓慢，标准不高，而且存在很大缺口。同时，如果在美丽乡村建设上投入过多的精力和财政资金，也会对本地区的经济社会发展产生不利影响，对地区财政造成很大的负担。如果不能及时地解决资金问题，势必会严重影响美丽乡村建设的进程和效果。

第三节　江西美丽乡村建设存在的机遇与挑战

一、江西美丽乡村建设的新机遇

（一）政策普及带来的新机遇

江西省在生态保护和建设方面陆续出台了《江西省实施〈中华人民共和国水土保持法〉办法》、《关于加强东江源区生态环境保护和建设的决定》、《江西省鄱阳湖湿地保护条例》、《江西省森林条例》、《关于加强森林资源保护和林业生态建设的决议》、《江西省森林防火条例》等；先后提出了“既要金山银山、更要绿水青山”、“绿水青山就是金山银山”、“山上办绿色银行”、“建设绿色生态江西”等科学理念，从深化林业产权制度改革入手，连续组织实施了“山江湖工程”、“造林灭荒”、“山上再造”、“退耕还林”等一系列生态环境保护工程，实现了森林资源全面增长。并提出以“一流的水质、一流的空气、一流的生态环境、一流的人居环境、一流的绿色生态保护和建设机制”为目标，构建“五河一湖”及东江源头生态环境安全格局，保持“五河”及东江源头优良的生态环境，使鄱阳湖永葆“一湖清水”。到2015年，全省地表水Ⅰ至Ⅲ类水质断面达标率为81%，重点河流Ⅰ至Ⅲ类水质断面比例为95.5%，长江中下游考核断面水质达标率为87.5%，“五河”及东江源头保护区出水监测断面达标率为100%，城市集中式饮用水水源地水质达标率达到100%，农村饮用水水质和村镇环境质量进一步改善。

江西省在促进能源资源合理利用方面先后出台了《加强政府机构节约资源工作的实施意见》、《关于全面落实科学发展观加强资源节约的若干意见》、

《江西省实施〈中华人民共和国节约能源法〉办法》等文件。并严格执行《关于加强高耗能、高排放项目准入管理的实施意见》、《产业结构调整指导目录》等文件规定。

江西省在项目管理方面出台《关于加强高能耗、高排放项目准入管理实施意见》，要求各级部门把好项目准入关，凡是影响节能减排、严重污染环境的项目，不管项目多大，都坚决不予审批。

这一系列政策的出台为江西美丽乡村建设保驾护航。

（二）产业发展带来的新生机

江西在调整农村产业结构的过程中，把大力发展农业产业化经营和劳务输出，作为发展农村经济乃至整个国民经济的一个重要增长点来抓，并取得了突破性进展。一是以 15 家国家级和 100 多家省级龙头企业为骨干、280 多个市级龙头企业为主体、大批中小企业为基础的农业产业化龙头企业群体已经形成并日益壮大，成为促进农村产业结构调整的中坚力量和带动农民增收的重要支柱。二是以赣南脐橙为主的果业基地、以草食动物为主的畜禽基地、以环鄱阳湖地区为主的水产品基地等十大优质农产品基地建设渐成规模，形成了一批布局相对集中的区域特色主导产业基地。三是以实施农村劳动力转移培训的“阳光工程”为抓手，大力组织农村劳务输出，2014 年跨省劳务输出超过 500 万人，居全国第三位。

（三）综合整治带来的新面貌

把农村环境整治、家园清洁行动作为美丽乡村建设的重要内容，在完成村庄规划的基础上，通过抓典型示范，引导广大农民积极主动参与农村环境综合整治工作中来，以点带面不断提升农村环境综合整治的工作水平。

2016 年按照江西省委、省政府的工作部署和“培育中心村、整治自然村、提升特色村”的要求，以规划为先导，以中心村建设为重点，采用集镇联中心村、中心村带自然村的“镇村联动”模式，深入推进新农村建设。及时出台了《关于做好 2016 年全省新农村建设一般自然村选点申报建设的通知》。

近年来农村综合整治工作把人居环境改善工作摆在首位。把新农村建设点的生活垃圾治理纳入城乡一体化先行先试区，在村庄建设中更加注重垃圾处理设施建设，更加注重保洁长效机制的建设，在有条件的地方因地制宜积极开展生活污水无害化处理，切实加强村庄植树绿化、农业面源污染防治等工作。2015 年全省 654 个中心村和 5209 个一般自然村点完成改路 1.4 万余公里、修建排水沟 1.19 万公里、改水 29.37 万户、改厕 29.13 万户，植树 366.5 万株，农村人居环境得到极大改善。二是突出公共服务配套设施建设。2015 年全省在新农村建设点上新建或改造办公议事、文体休闲、医疗卫生、教育培训、社会治安等设施 1.1 万个，建设村级信息服务站 0.27 万个；654 个中心村的“10+4”基本公共服务设施配套建设进展良好，如新余市的下保、湖陂和贵溪市的滨江社区等中心村的公共服务平台，设立了党务工作、民事代办、产业服务、社会综治等服务窗口，方便了群众的生产生活，提升了农村基本公共服务均等化水平。三是突出特色产业发展。立足培育优势主导产业，以深化农村改革为动力，引导村点发展观光农业、创意农业、农耕体验、民宿休闲、养生养老、农村电商等新业态，2015 年有 17.44 万农民加入 2492 个农民合作社，创办企业或服务业 4055 个、安排就业 3.55 万人，促进了农民增收。四是突出乡风文明提升。以基层党组织和村民理事会为核心，以社区公共服务场所和设施为依托，广泛开展各类精神文明创建活动，农村乡风文明得到明显提升，农村社会和谐稳定，促进了新农村建设与农村精神文明建设的良性互动。

（四）农民期盼带来的新动力

亿万农民的中国梦就是建设美丽乡村。在过去，农民关心的是“有没有”、“够不够”，而现在，农民则更在乎“好不好”、“美不美”，对美好生活有了新的渴望、更高的要求。作为“美丽中国”和生态文明建设在农村地区的重要实践形式和具体行动，没有美丽乡村就没有美丽中国。可以说，开展美丽乡村建设，符合社会发展规律，符合农业农村实际，符合广大农民群众的热切期盼。

（五）扶贫开发带来的新成效

贫困人口规模大幅下降。“十二五”江西省贫困人口减少 238 万人，减少 54%；贫困发生率由 12.6% 降至 5.7% 左右，下降 6.9 个百分点。2015 年全省减贫 72 万人，贫困人口下降到 200 万。

贫困群众收入稳步提高。2015 年 25 个贫困县农民人均可支配收入达到 8080 元，增长 12%，高于全省平均水平 1.9 个百分点。

贫困地区生产生活条件不断改善。“十二五”期间，全省累计用于 3400 个贫困村村庄整治建设专项资金达到近 30 亿元，同时较好地整合了新农村建设、村组公路建设、人畜安全饮水、农村危房改造、农网升级改造等项目和资金，用于村庄整治建设之中，完成了 1.5 万个贫困村村民小组村庄整治建设任务，贫困村由 3400 个调减到 2900 个。“十二五”整合各级资金，投入 300 多亿元，帮助 34.6 万贫困群众搬出深山区、地质灾害区、库区和农村重点污染区，搬迁到城区、工业园区、乡镇和中心村。

贫困群众发展的内生动力不断增强。“十二五”扶助贫困户子女参加职业学历教育和技能培训达 20 多万人。不断扩大贫困家庭子女就读资助面，提高奖助标准，基本形成了“奖、助、贷、勤、补、免”六位一体的学生资助体系。

（六）生态文明试验区建设带来的新探索

长期以来，江西省围绕“生态立省、绿色崛起”战略进行了不懈探索。1982 年，提出写好“田园诗”，画好“山水画”。1983 年，实施“山江湖开发治理工程”。2001 年以来，明确提出“既要金山银山，更要绿水青山”的发展理念，着力建设“绿色生态江西”。2007 年，提出“科学发展、进位赶超、绿色崛起”战略。2008 年，提出建设“鄱阳湖生态经济区”。该生态经济区于 2009 年获批，并上升为国家战略。2011 年，提出进一步推进“科学发展、进位赶超、绿色崛起”，建设富裕和谐秀美江西，加快构筑“龙头昂起、两翼齐飞、苏区振兴、绿色崛起”的发展格局。2013 年，提出“发展升级、小康提速、绿色崛起、实干兴赣”的十六字方针。2014 年 11 月，国家六部委批复《江西省生态文明先行示范区建设实施方案》，江西省成为全国首批全境纳入生态文明先行示范区建设的省份。

“十二五”时期，江西生态文明建设呈现“战略先行、理念先进、目标明确、大胆探索、措施得力、绩效显著”等特色。例如，提出生态文明建设与经济发展、产业转型升级、新型城镇化新农村建设、民生幸福、社会治理体系和治理能力现代化“五个协调共进”的指导思想。

全省制定了208项工作任务，有针对性地制定出台了一系列政策措施：一是建立了覆盖省市县的水资源管理“三条红线”，将水资源管理纳入市县科学发展考核体系，启动永久基本农田红线划定工作。二是出台了《江西流域生态补偿办法》，在全国率先实现全境流域生态补偿。首期筹集补偿资金20.91亿元，重点补偿江西“五河一湖”及东江源头保护区和重点生态功能区，江西成为全国生态补偿金筹集力度最大的省份。三是创新河湖管理与保护制度。全省境内河流湖泊全部建立了县级以上三级“河长制”。四是对市县科学发展综合考核评价指标体系予以完善。增加了循环经济、工业园区污水处理、农村污染防治、农村生活垃圾处理、用水总量控制5个考核指标，提高了生态文明考核指标的权重。五是启动了排污权有偿使用和交易、环境污染强制责任保险试点等。

二、江西美丽乡村建设所面临的挑战

（一）规划建设滞后的挑战

一是规划超前性不强。为提高美丽乡村规划的科学性和可行性，必须强调规划的整体性，合理界定区域内的生产、生活、服务功能，将污水、垃圾等各项处理措施的建设要求和完成时间具体化。二是规划特色不鲜明。许多村庄规划同类性强，没有体现乡村特色，不少村聘请相同规划单位编制规划，有的规划人员做好一个村的规划后，简单的复制、粘贴之后，直接用到其他村；有的村富有特色的乡村文化没有得到深入的挖掘和发展，体现不出精神特色。三是建设标准不高。有的建设与规划相脱节，存在“纸上画画、墙上挂挂、全凭领导一句话”的现象；有的县依然停留在传统的建设模式上，在规划和建设方面缺少创新，仅对沿线村庄建筑立面进行整治，其他方面工作均未及时开展；有的村庄建设随意性大，农民违规建房时有发生，“有新房无新村”现象还比较突出。

（二）建设资金短缺的挑战

美丽乡村建设需要大量的资金来支持，仅仅依靠有限的各级财政资金补助是无法满足基础设施、生态建设、产业发展等各个方面的要求。而江西的县、乡经济实力总体比较弱，工业反哺农业、城市支持农村的能力还不够强，农村产业发展水平还不够好；受区位、资源等因素的影响，还有相当一部分村集体经济收入在 3 万元以下，村集体经济较为薄弱，难以筹措或安排更多的资金用于美丽乡村建设。目前只有一些条件较好的村，如地理位置好、自然资源较多、挂钩联系单位帮扶力度较大的村美丽乡村建设做得更好一些、发展也更好一些，而大部分的村建设发展还是比较慢的。同时，从目前的财政体制来看，美丽乡村建设资金项目比较分散，农业（农办）、住建、水利、旅游等部门都有，建设资金多部门管理，按条块层层划拨，短时间内难以集中投入使用，加上资金的分项目使用，难以满足规模建设、规模发展的需要。

（三）发展后劲不足的挑战

由于自然资源、区位条件、区域经济等的差异，有些村由于村集体经济薄弱、地处高山偏远地区，农村富民产业基础较差，农业产业化经营没有形成规模或规模较小，多数村的农民收入主要还是依靠传统的种植养殖或林业为主；有些村缺少支撑力强、带动力强的现代农业产业项目，且农业经营主体大多规模小、实力弱、管理水平低、产权单一，特别是主导产业特色不够明显，农业设施偏少，生态休闲农业还不多。同时，据调查，农村外出务工率达 50% 以上的村占了一半以上，在农村从事农业生产的劳动力不足，多数是老人、妇女留守在家，普遍缺乏有文化、懂技术、会经营的新型农民和农村产业发展带头人。

（四）观念更新的挑战

美丽乡村建设涉及市、县、乡、村各级，有的地方推进力度较大，但有的地方思想上不够重视，人员配备不齐，责任意识不强，工作推进乏力，项目建设进展不平衡，有的地方进展不够快，一些地方的乡村干部和群众等、靠、要的思想较为严重，调动广大农民群众的积极性、主动性和创造性的措施办法不多；一些地方、单位及农民的生态环保意识淡薄，农业生产垃圾、生活垃圾随处倾倒在路边、村口、河里边的现象时有发生，影响了村容村貌，也污染了生态环境。

（五）长效机制建设的挑战

一些地方把美丽乡村建设当作是一项临时性或阶段性任务，重建设、轻管理，长效管理的体制机制建立不够及时或完善。比如，一些地方农村公路、自来水、垃圾污水处理设施等虽然已经建成、配备，但这些基础设施怎么管、管护资金在哪里，都没有解决，有人建、没人管，建后又荒废的现象时有发生；一些村公共服务还比较落后，农村文化生活单调，农民整体素质不高，整体生活质量不高；一些村庄垃圾清运、污水排放、面源污染、化肥农药残留等问题没有得到很好解决，脏乱差的现象还不同程度存在。

第四节　江西建设美丽乡村的竞争力与提升

SWOT 分析模型是由美国韦里克教授提出的一种产业现状分析方法，SWOT 四个英文字母分别代表优势（Strength）、劣势（Weakness）、机会（Opportunity）和挑战（Threat）。其中 S、W 是内部因素，O、T 是外部因素。运用 SWOT 分析模型能够较为全面客观地对经济实体内外部情况进行评价，并提出应对的策略，进而开展战略研究。本书利用这种矩阵分析方法，把影响江西省美丽乡村建设的各种因素放到统一的框架内进行系统的 SWOT 分析，辨别出影响美丽乡村建设发展的关键因素，从而有利于了解江西省美丽乡村建设发展的环境条件，为美丽乡村建设提供战略性的决策依据。

表 3-1　江西美丽乡村建设 SWOT 模型

内部因素 / 数据 / 外部因素	内部实力 S	内部弱点 W
	自然资源丰富	1. 基础设施仍较薄弱
	人文历史底蕴深厚	2. 瓶颈问题比较突出
	生态环境优越	3. 主体作用发挥不强
外部机会 O	实力 + 机会 SO	弱点 + 机会 WO
政策普及带来的新机遇	在国家战略支持下大力发展美丽乡村建设	充分利用国家的战略指导，合理规划布局乡村发展
产业发展带来的新生机	大力发展农业产业化	合理的发展优势产业

续表

综合整治带来的新面貌	引导广大农民积极主动参与	充分调动广大农民的积极性
农民期扮带来的新动力	符合广大农民群众的热切期盼	
扶贫开发带来的新成效	贫困地区生产生活条件不断改善	
生态文明试验区的建设	生态立省、绿色崛起	
外部威胁 T	实力 + 威胁 ST	弱点 + 威胁 WT
规划建设滞后的挑战	突出特色，改善不足	规划超前性不强，特色性不鲜明
建设资金短缺的挑战	加强资金的流动性	资金短缺
发展后劲不足的挑战	大力宣传，留住劳动力主干人员	劳动力不足，缺少带头人
观念更新的挑战		推进力度受阻
长效机制建设的挑战	完善体制机制	体制机制不完善

从江西省发展生态经济 SWOT 矩阵分析表，提出以下策略：

1. 加大宣传力度，强化生态意识。自觉的生态意识是建设美丽乡村的关键所在。在发达国家，“绿色消费”、“绿色生活”、“绿色家园”的观念已深入人心。我国的生态教育应从幼儿阶段开始，并运用多种方式在全社会范围内普及资源循环利用的知识，提高公众的生态环保意识和高尚的社会公德，倡导人与自然和谐发展的生态价值观。

2. 扩大政府支持农村建设力度，加强建设美丽乡村的执行力。在实施美丽乡村建设过程中，按照“条块结合、以块为主”的责、权、利相统一原则和村镇建设管理“重心下移、立足基层”的改革思路，逐步改变“有权无人、有人无权”的被动管理局面，将县（市、区）城市建设区外的村镇建设项目监督管理权下移到乡镇和村，健全完善“三级政府（市、县〈市、区〉、乡镇）、四级管理（市、县〈市、区〉、乡镇、村）”的村镇建设管理监督机制，切实加强村镇建设监督管理。在美丽乡村建设过程中，以公共财政为基础和支点，进一步完善财政支农资金稳定增长机制。各级财政都要增加对农村的投入，落实新增教育、卫生、文化等事业经费主要用于农村的规定，落实国务院、省政府关于土地出让金净收入一部分用于农业农村的政策规定，不断扩大政府支持农村基础设施和公共服务的规模和力度,明确体现“两个反哺”。

鼓励机关团体、企事业单位以多种方式参与美丽乡村建设，提供资金、人才、技术等方面支持。

3. 制定科学规划。科学规划是有计划、有步骤推进江西美丽乡村建设的保证。只有做到科学规划，才能因时因地合理地、有组织地开展工作，把江西美丽乡村建设的各项任务和措施分解到各项工作中，并通过采取切实有效的步骤和方法，逐步实现各个阶段的建设目标。

4. 加强环境综合整治，开展生态家园建设。加强农村生态环境综合治理和人居环境建设，既是江西建设美丽乡村的现实要求，也是江西建设美丽乡村的重点和难点。主要包括生态村镇建设、农村生活垃圾分类收集、农村污水综合治理三个主要方面。美丽乡村的建设与江西生态城市建设密切相关。没有“村容整洁”，碧水蓝天的生态城市就失去了依托。美丽乡村建设不仅要开展重点区域和生态敏感区域的环境综合整治，着力解决区域性的污染问题，也要加强农村环境综合整治。在生态市、生态县区和生态乡镇建设的基础上，启动“生态村”建设，制订相应的生态补偿方案，推进生态移民工程和自然保护区管理工作，改善农村和山区的生态环境质量。从减量化、无害化和资源化角度出发，进一步优化“三级”机制，农村生活垃圾采取分类收集和就地减量处理模式，在保障生活垃圾“三化”处理的前提下，集中与分散相结合，实现农村生活垃圾处理上的经济、便捷与合理，促使江西城乡环境得到进一步明显改善。

5. 尊重农民的意愿，调动农民参与美丽乡村建设的积极性。农民是美丽乡村建设的主力和直接受益者，也是最重要的参与者，美丽乡村建设目的是服务农民，提高农民生活福利水平。在美丽乡村建设过程中，必须尊重农民意愿，充分发扬民主，强化农民的参与。要对农民开展教育、引导、培训和示范，鼓励和引导农民积极参与美丽乡村建设。在政府主导的前提下，充分发挥农民在美丽乡村建设中的主体作用，通过建立有效组织，调动农民参与的积极性，引导农民自主开展农村公益性设施建设，形成一种农民自我管理、自我受益、自我发展的良性机制。

6. 充分发挥市场机制作用，坚持走经营农村的路子。继续探索环境建设投融资新机制，激活基础设施存量，搞活农村资产的资本运营，进而通过环境改善实现资源升值，多渠道增加环保投入。同时，运用价格机制，理顺资源的市场价格体系，通过污水处理特许经营权出让等多种渠道，吸引各类资本为环境建设工作提供有力的资金支持。

7. 坚持以人为本，因地、因人、因资源、因产业、因产品制宜，选择发展生态经济的新路子。按照生态学理念来发展一村一品、一乡（镇）一品、一县一品，形成各具特色的乡、村，形成各具特色的自然生态农村，达到发展农村经济、为农民增收夯实基础的目的。总之，在新农村建设中，必须是以农民为本，以合作社为载体，以生态农业、环保农村为循环经济的主要方式,以城乡良性互动的合作销售为农民有效经济的实现方式,最终实现“三农”的可持续发展。

第五节　江西美丽乡村建设的典型经验与模式

一、江西美丽乡村建设的实践与经验

江西把建设美丽乡村作为提升新农村建设水平、加快生态文明建设的重要抓手，全面开展镇村联动、城乡同治，推进农业生产、农民生活、农区生态、农村文明“四位一体”全面发展。通过大力转变农业发展方式，加强农业农村生态环境保护，优化农业产业布局，推动农业产业升级，在实现全省农业农村经济社会快速发展的同时，因地制宜开展美丽乡村建设。

实践一：规划引领，有序推进

布局随意，乱搭乱建，沿马路建房、在农田“开天窗”建房，“火柴盒式”、“车厢式”的建筑垃圾等问题,是传统乡村建设中难以遏制的“老大难”问题。要解决好这个问题，如何规划显得尤为必要。

吉安市坚持全面规划，带状推进。首先，将规划先行、全域规划纳入顶层设计，从机制入手，在每个乡镇都成立规划所，配备规划师，目前，全市30户以上的自然村和小城镇都已完成或正在编制规划文本。其次，改变“撒胡椒面”分散建点的模式，沿主要交通干道重点布局打造了赣粤高速、泰井

高速、吉泰走廊105国道沿线三条美丽乡村示范带，实现由点到块，由自然村到大村整村推进、村落连片推进大转变。

永新县另辟蹊径，在低丘缓坡地上做文章，让农民依山而建、依坡而居，再建一个错落有致、具有浓厚庐陵文化风格的生态家园。坚持以人为核心，无论是试点村选址、户型建设方案，还是编制新村庄规划，都尊重民意。坚持生态保护与开发建设并重，在完善水、电、路、通讯等设施的基础上，科学配套绿化、休闲、垃圾处理等设施，整体提升档次品位，让农民建得放心、住得舒心。全县启动“农民上坡”示范点26处，规划建房1000余户。

婺源县强化规划引领。全面编制和不断完善县域城乡规划,着力构建“做靓中心城区、辐射特色集镇、带动村级发展”的三级框架格局，努力建成老城改造与新区建设承转并进，中心城区和特色集镇相互辉映，文化生态景观村与新农村建设融合发展的生态家园。

实践二：镇村联动，功能拓展

小城镇，城市之尾，农村之首。在美丽乡村的建设中，小城镇是吸纳农民进城的第一个“桥头堡”,是连接城乡最强大的纽带。为点亮这一个个纽带，江西省按照“城乡统筹、系统推进、联动发展”的工作思路，拉开新一轮小城镇建设帷幕。一方面，将小城镇建设和美丽乡村建设统筹起来，在以往“村落连片、镇村联动”模式的基础上延伸、升华和提高，增强核心点的辐射力；另一方面，改变过去星星点点布局互不照应的做法，缩小点与点之间的距离，线形布点，通过核心点的打造拉动整个沿线连片村庄的同步推进，形成带状效应。

美丽乡镇建设不仅带来环境的改变，更带来农民生活方式的改变。小城镇成为吸纳农民的“蓄水池”，农民可以“犁锄不丢工资照样有，打工种田两头都不误”，镇域经济相应得到提升，实现新型城镇化、新型工业化、农业农村现代化的有机融合。

实践三：绿化同步，产业配套

绿色赋予美丽乡村以张力，产业带给美丽乡村的则是活力。江西省在推进美丽乡村建设的进程中，始终注重绿化同步，产业配套，在巩固传统产业的基础上，伸长指头抓特色富民产业，选定市场前景好、经济效益高的特色产业，捏紧拳头重点发展，真正给农民群众找到一条能够快速致富的渠道。

吉安市大力实施井冈蜜柚富民产业“千村万户老乡工程”，引导农民在荒山缓坡、房前屋后、村旁路旁、空闲地广泛种植井冈蜜柚，“不求集中连片、但求千家万户”，每户由政府无偿提供 20 株苗木，每年扶持 5 万户以上。到 2020 年，全市小户种植井冈蜜柚将达 800 万株，惠及 40 万农户。

婺源县着力发展以茶业为龙头的生态农业，截至目前，全县茶园面积达 17 万亩，加工贸易量 3.8 万吨，出口创汇 3100 万美元，有机茶出口占据欧盟市场的半壁江山，婺源已成为中国十大生态产茶县。

丰城市按照创建国家级森林城市的定位，提出“生态丰城、绿色崛起”的战略构想，既注重造林数量的增加和规模的扩大，更注重造林质量和效益、环境保护、景观效果、文化元素。该市鼓励干部群众投身造林绿化，引进龙头企业承包造林。目前，该市中国生态花谷、鸣翠湖生态园、龙山森林公园、森禾现代化苗木基地等造林绿化工程不断涌现，近 4 年来，丰城市累计投入财政资金 11.48 亿元，撬动社会资金 9.92 亿元。

二、江西美丽乡村的六种模式

自 2013 年初，农业部在全国开展美丽乡村创建活动以来，各地积极开展美丽乡村建设的探索和实践，涌现出一大批各具特色的典型模式，积累了丰富案例和范例。

2014 年 2 月 24 日，在第二届中国美丽乡村 · 万峰林峰会——美丽乡村建设国际研讨会上，中国农业部科技教育司发布中国“美丽乡村”十大创建模式。此次发布的十大创建模式为：产业发展型、生态保护型、城郊集约型、社会综治型、文化传承型、渔业开发型、草原牧场型、环境整治型、休闲旅游型、高效农业型。农业部发布的这十大模式发布区域和具体表现为：

产业发展型模式主要分布在东部沿海等经济相对发达地区，其特点是产业优势和特色明显，农民专业合作社、龙头企业发展基础好，产业化水平高，初步形成“一村一品”、“一乡一业”，实现了农业生产聚集、农业规模经营，农业产业链条不断延伸，产业带动效果明显。典型村镇有江苏省张家港市南丰镇永联村。

生态保护型模式主要分布在生态优美、环境污染少的地区，其特点是自然条件优越，水资源和森林资源丰富，具有传统的田园风光和乡村特色，生态环境优势明显，把生态环境优势变为经济优势的潜力大，适宜发展生态旅游。典型：浙江省安吉县山川乡高家堂村。

城郊集约型模式：主要是在大中城市郊区，其特点是经济条件较好，公共设施和基础设施较为完善，交通便捷，农业集约化、规模化经营水平高，土地产出率高，农民收入水平相对较高，是大中城市重要的“菜篮子”基地。典型村镇有上海市松江区泖港镇。

社会综治型模式主要分布在人数较多，规模较大，居住较集中的村镇，其特点是区位条件好，经济基础强，带动作用大，基础设施相对完善。典型村镇有吉林省松原市扶余市弓棚子镇广发村。

文化传承型模式是在具有特殊人文景观，包括古村落、古建筑、古民居以及传统文化的地区，其特点是乡村文化资源丰富，具有优秀民俗文化以及非物质文化，文化展示和传承的潜力大。典型村镇有河南省洛阳市孟津县平乐镇平乐村。

渔业开发型模式主要是在沿海和水网地区的传统渔区，其特点是产业以渔业为主，通过发展渔业促进就业，增加渔民收入，繁荣农村经济，渔业在农业产业中占主导地位。典型村镇有广东省广州市南沙区横沥镇冯马三村。

草原牧场型模式主要在我国牧区半牧区县（旗、市），占全国国土面积的 40% 以上。其特点是草原畜牧业是牧区经济发展的基础产业，是牧民收入的主要来源。典型村镇有内蒙古锡林郭勒盟西乌珠穆沁旗浩勒图高勒镇脑干哈达嘎查。

环境整治型模式主要在农村脏乱差问题突出的地区，其特点是农村环境基础设施建设滞后，环境污染问题严重，当地农民群众对环境整治的呼声高、反应强烈。典型村镇有广西壮族自治区恭城瑶族自治县莲花镇红岩村。

休闲旅游型美丽乡村模式主要是在适宜发展乡村旅游的地区，其特点是旅游资源丰富，住宿、餐饮、休闲娱乐设施完善齐备，交通便捷，距离城市较近，适合休闲度假，发展乡村旅游潜力大。典型村镇有江西省婺源县江湾镇。

高效农业型模式主要在我国的农业主产区，其特点是以发展农业作物生产为主，农田水利等农业基础设施相对完善，农产品商品化率和农业机械化水平高，人均耕地资源丰富，农作物秸秆产量大。典型村镇有福建省漳州市平和县三坪村。

江西省自2013年开展美丽乡村建设以来，各地结合当地农村的实际情况，开发和形成了与上述十大模式相近，但又具有江西农村特色的模式。

（一）休闲旅游型——婺源篁岭村

婺源县，位于江西省东北部，皖赣浙三省交界处，土地面积2967平方公里，人口36万。婺源全县有紫阳、清华、江湾等古镇，国家级历史文化名村5个，升级历史文化名村8个，“中国传统村落”5个。国家重点文物保护单位5处15个点，省级重点文物保护单位7处14个点，市级文物保护单位39处，县级文物保护单位258处。在历史上，婺源属徽州“一府六县”之一，婺源灿烂的历史文化留下了宝贵的文化遗产。

婺源境内古村落遍布乡野，保存完整，拥有婺源油菜花（春季）、鸳鸯湖、大鄣山瀑布、大游山、江湾镇等著名景点。婺源还素有“书乡”、“茶乡”之称，是全国著名的文化与生态旅游县，被外界誉为“中国最美的乡村”。婺源依山傍水，人与环境、自然完美结合。漫山的红杜鹃，满坡的绿茶，金黄的油菜花，加上白墙黛瓦，各种颜色和谐搭配，胜过世上的一切图画。每年的三月中至四月初，是到江西婺源欣赏及拍摄油菜花的好时机，此时是整个婺源最热闹的季节，壮观的油菜花谷地吸引着无数的摄影爱好者和爱花人到来。还有李花、桃花、梨花都在相继争艳，四、五月份更有杜鹃点染群山。婺源拥有高达百分之八十的森林覆盖率，是全国首批生态旅游示范区。它以田园牧歌式的优美风光和保存完好的古文化、古建筑、古树、古洞而被人称为“最后的香格里拉”。

2016年，婺源接待游客数量再创历史新高。数据显示，1至6月份，婺源各大景区共接待境内外游客1190.4万人次，门票收入2.8亿元，综合收入56亿元，同比分别增长12.13%、13.49%和15.7%，各项旅游指标在江西省均位居第一。如今，婺源成为旅游开发型美丽乡村的典型代表。婺源美丽乡村建设的特色体现在以下几个方面：

1. 突破传统，搬迁安置与新农村建设相结合

由于受地形限制的篁岭，交通不便且严重缺水，绝大部分农田、土地等生产资料都在山下，给村民生活带来了极大的不变，篁岭村逐步成为半空心化的村庄。一边是村里大部分闲置房屋年久失修，腐烂倒塌，一边是篁岭“晒秋”独特的景观资源在逐年消失，面对着严峻的考验，如何在发展中寻找出路成为长期以来的困扰。

2009 年，由于婺源县乡村文化公司的介入，这一问题开始有了转机。婺源乡村文化发展公司开始按照“以屋换屋”产权置换的方式，对篁岭闲置房屋及公共资源进行商业运作，公司还斥资 1200 万元对篁岭村村民由山上搬至山下，在交通便利的公路旁建设 3 层新徽派风格安置房 68 户，老年、单身公寓 24 套，搬迁人口 320 人，总建筑面积 15047 平方米，户均住宅建筑面积约 200 平方米，由此来破解景区发展所面临的产权问题。在景区开发模式上，这也是婺源首次采用民资对村民进行安置补偿，这一有力举措不仅得到当地村民欢迎，也为篁岭村的开发打响了第一战。经过产权置换的篁岭景区，不但很好地解决了景区发展的体制问题，在保护中延续了古村生命，而且很好地传承了景区的文化。从此，一个长期困扰婺源篁岭发展的问题迎刃而解，一个新的旅游景点开始“生根发芽”。

如今的篁岭村，“地无三尺平”的独特地貌，造就了篁岭村数百年世外桃源般的田园隐居生活，村民敬仰天地，并形成天人合一、和谐自然的民俗文化。千棵珍奇古树环绕、万亩梯田簇拥。篁岭村民祖辈有用竹筛匾晾晒农作物的民俗。每当日出山头，数百栋徽派古民居在百米落差的坡面错落排布，整个山间村落饱经沧桑的徽式民居土砖外墙与晒架上，五彩缤纷的丰收成果组合绘就出世界独一无二的“晒秋”农俗特色景观。篁岭成为婺源古民居修复与传承徽州文化的生态保护实验区：失修倒塌的古宗祠重新矗立，破败的众屋修旧如旧焕然一新，衰败的农舍得以匡扶改造，散落在偏远村落的徽州古建也在篁岭得到集中保护，一个集聚徽派古建筑的活态博物馆初见雏形。

由此来说，婺源篁岭古村突破传统，通过社会资本介入、以婺源特有的古村产权收购、搬迁安置及古民居异地搬迁保护等方式，收集整理特色村落及荒废的民居院落，在保留和维护传统空间肌理与建筑风貌的前提下，彻底对古村进行内涵挖掘、文化灌注，将整个古村落改造成为旅游区和精品度假区，实现了乡村遗产空间的功能再造，盘活了乡村的遗弃资源，同时也赋予了传统村落精致内涵，促进了古村资源有效利用，传统文化得予延续与传承。

2. 深度整合，塑造民俗文化

婺源在古徽州“一府六县”中，徽派民居保留相对完整，这也为“中国最美乡村”赚足了吸引力。但是,古民居类似采光、排污、修缮、产权分散等“先天不足”的问题始终困扰居住者,很多村落古民居年久失修,处于“自生自灭”状态。加之利益驱动，许多古民居变成商品被古董贩子“外卖”至全国各地，即使是保护古民居，不少房子早已空心化，屋内能拆的门片、花窗、花坊等木雕构件也被“肢解”拆卖，剩下不值钱的空宅好让其倒塌重建，婺源徽派古建筑宝贵资源也在迅速流失中。

然而从婺源景区建设那天开始，篁岭的文化建设就一直没有止步。地处皖赣边界的婺源，由于特殊的地理位置和历史原因，面对许多宝贵的古民居资源仍在不断流失等问题，政府不仅把篁岭的古民居资源重新修整起来，还将散落在全县境内无力保护与修缮的明清古建搬迁在篁岭修复与传承，篁岭对古建资源进行了深度整合，它对发挥徽派建筑的价值方面做出了有益探索。

从 2009 年开始，篁岭景区做了明确的规划，第一是抢救性地保护古建，避免文化传承的断裂；第二是将继承传统与发扬现代人文有机结合，深度挖掘婺源文化。2015 年 6 月 18 日，一座精心策划、倾力打造的百年邮驿落户篁岭。这座位于景区明清天街的篁岭邮驿以最美乡村为主题，古色古香，别具一格，极具文物价值。它的出现，不仅为篁岭景区增添了几分古色，成为历史悠久的徽饶驿道中一道靓丽的风景，也成为篁岭景区恢复活态文化的一个重要见证。

2015 年后，篁岭景区先后通过深挖“晒秋文化”，返迁老农复原晒秋；重开油纸伞坊，传承油纸伞造伞工艺；聘请老工匠采用古法雕刻徽州三雕；设立“婺源民俗展览馆”，将婺源境内的婚俗、祭祀、民规村俗等进行梳理和原物展示；引进名家摄影写生，将“摄影吧”、“竹山书院”用作艺术家创作、展示和交流的平台；与上饶三清女子文学社合作，推出公益性书吧——“三清女子篁岭写作营”等，还开了书场、书院、客栈、酒肆、茶室等，让原本濒临消亡的古村文化再次生机勃发。

3. 美丽乡村建设与扶贫相结合，实现就地城镇化

村民参与不足、维权无度，是制约婺源乡村旅游发展的另一瓶颈。篁岭通过住宅产权置换和养老建设寄养，划定了清晰的产权边界，也构成了民营企业投资 3 个多亿的信心保障。3 亿多投资绝大多数用于搬迁、修复、营造、做旧、保养等繁杂的“修旧如旧”工程，购买当地劳动力。近几年，平均每天有 4 万余元工资款注入篁岭和栗木坑、晓容、前段等周边村庄。更重要的是，全手工打磨的篁岭古村，唤醒了沉睡的“婺源三雕”工艺，许多工程参与者习得了手艺，劳动的含金量不断提升。一些手艺精湛者还组建了专门的古建筑修复队，将兼业变成了专业。

村落四周曾经大半抛荒的梯田也流转给公司。公司在每年支付流转费用的同时，雇佣当地农民，按种植方案打造“千亩梯田四季花海”。收获的菜油、辣椒、皇菊、稻谷、果蔬等农产品则定向销售给旅游接待单位。在复兴传统农耕文明的同时，将耕作变成了就业。

搬迁前的篁岭只有两个杂货铺。开发后的篁岭则复原了近 300 米的“天街”，街旁密布茶坊、酒肆、书场、砚庄、篾铺。公司将一批认同理念、服从规划、懂得经营的村民返迁“天街”经营相关业态。村落里还集结了一批甲路油纸伞、婺源龙灯、龙尾歙砚等非物质文化遗产传承者，在街里巷间制作传授工艺绝活。游憩用房和铺面用房之外的老建筑则精心营造成“乡愁旅居精品酒店”，雇佣当地农民提供“御管家式”服务。在保存、延续、复原、提升活态乡土聚落的同时，让原住民在既有的空间里生活和发展，将他们培育成了老板。

篁岭以“原住民形成社区、原生态构成氛围、新业态支撑品质”的模式，通过活化乡土资源，注入现代要素，以村民兼业就业创业兴业的旅游化“生活态”，复兴了传统文化的精神家园。经过“整体搬迁、精准返迁、产业融入”

这三部曲，各相关方的利益都得到增进。目前，古村常住人口 82 人，属于返迁的 62 人，婺源本地 77 人，绘出了“就地城镇化”的新样本。可以说，篁岭古村既是大自然的宠儿，也是世界的人文杰作，更是乡村旅游扶贫的一个新的典范。

4. 打造特色，篁岭经济合作社模式应运而生

婺源县充分考虑村庄现实基础，分层制定建设标准，着力打造村庄特色。主要是充分利用农村山水风光秀丽、农耕文化多样、人文底蕴深厚的优势，着力培育集生态农业观光、农事体验、乡村度假休闲为一体的休闲旅游业；积极培育无公害、绿色、有机农产品基地发展现代农业经济，逐步实现农产品向旅游商品转变;大力发展集“吃、住、行、游、购、娱”为一体的新型“农家乐”等服务业。

篁岭项目开创了一种古村开发与保护兼顾、文化生态与经济发展并重的乡村旅游发展模式。采用搬迁安置与新农村建设完美结合，通过市场经济杠杆进行古村产权收购、建设品牌乡村景点，进而延伸产业带动一方致富的旅游发展新模式，也是婺源乡村旅游转型升级的探索与尝试。篁岭主要是走探索古村新生之路，采用“观光与度假并重、门票与经营复合”的商业模式，在严格保护古村落环境的前提下，努力进行旅游转型升级。此外，篁岭项目引入安曼国际度假酒店的品牌理念，把篁岭古村打造成特色精品度假酒店和特色的民俗文化影视村，预计项目总投资将超过 5 亿元。2014 年年底篁岭观光旅游正式向游客开放，度假旅游也在 2015 年年底向游客开放。

婺源乡村不缺民俗资源，篁岭围绕乡村文化元素的主线，遵循地域民俗文化的特色，在保护的基础上充分利用遗留闲置的生产、生活资料等资源，挖掘乡村民俗资源，精心打造民俗文化产品，带动当地村民共同参与开发、建设休闲旅游文化产业。篁岭项目在严格保护古村落环境的前提下，努力进行旅游转型升级，打造四季旅游产品，使婺源旅游旺季更优，淡季更旺。产品从单一观光型向休闲度假、文化娱乐、民俗体验、旅游会展等品质型旅游转变，从而加快婺源旅游产业转型升级。

特色点评：

婺源美丽乡村建设的特色可以总结为保护得当、科学定位、公众广泛参与，以及创新的社会资本投入方式。

婺源突破传统，搬迁安置与新农村建设相结合，在发展美丽乡村的同时，不忘以村民兼业就业创业兴业的旅游化“生活态”，复兴了传统文化的精神家园，这是婺源美丽乡村发展的一大特色。

婺源因其山水环境、田园风光、人文传统与经典精彩的徽派民居浑然天成，因政府保护得当，在全国古村落保护中独树一帜，被民间文艺学家大加赞赏与推广。婺源主要是利用了旅游促进了经济发展和乡村的保护，它以生态美、结构美、视觉美、人文美和古典美定位美丽乡村建设。婺源用科学的定位选择不同的保护模式。婺源这样成片成群保护，实现县域全覆盖保护的现象在全国几乎是绝无仅有了。城市风貌、古迹、婺源人的全民文化自觉和文化自我保护是一大特色。

（二）休闲农业型——上饶横峰县

横峰县位于江西省东北部，地处闽、浙、皖、赣四省要冲，距上饶市35公里，距省城南昌210公里，距上海624公里。国土总面积655平方公里，辖6乡2镇1办事处，岑阳镇是县政治、经济、文化中心，镇区面积84.4平方公里。耕地12.1万亩，林业用地62万亩，大体是“七山半水二分田，半分道路与庄园”的格局。总人口22万，贫困人口10120人，低收入人口23000人，2001年被列为国家扶贫重点县。

横峰的项目规划布局以320国道为节点，自北向南分三大板块，即交通新经济板块、现代农业板块、休闲旅游板块，形成“龙头带动，两翼齐飞，三位一体”的经济新趋势。其中，几个乡镇极具特色，例如葛源镇。每到金秋时节，横峰县葛源镇的石桥梯田、前山瀑布等景区游客络绎不绝，依托秀美乡村建设火起来的乡村游让葛源镇“葛源农庄”顾客盈门。横峰县自实施“秀美乡村、幸福家园”战略以来，乡村发生了巨变，许多秀美新农村成为全县的热门旅游景点。在“秀美乡村、幸福家园”创建中，该县按照“整洁美丽、和谐宜居、连片打造”的总体要求，与全域旅游、精准扶贫相结合，做到文化有依存，卫生有保洁，村庄环境美，致富有产业，横峰百姓在秀美乡村建设中获益多多。与此同时，横峰县对葛源镇实施精准扶贫，对贫困村达到了扶贫全覆盖的效果。

2016 年 1—7 月，横峰县共接待旅游人数 143.6 万人次，同比增长 35.1%，实现旅游收入 11.3 亿元，同比增长 26.3%。其中乡村旅游人数 86.2 万人次，占全部旅游人数 60.1%；实现乡村旅游收入 9.1 亿元，占全部旅游收入的 79.6%。目前已形成了“一乡一业、一村一品”的良好发展局面，为开展生态农业观光旅游和农事体验旅游提供了良好的资源条件。

1. 休闲农业与旅游发展的“一线一核四区”总体布局

横峰县政府重视县内古镇保护利用及开发，打造特色村，深入挖掘葛源红色资源，提出了“以红带绿，以绿促红”发展思路，制定了“一核一线四区”的总体布局。“一核”即县中心城区着重发展区域性综合服务业，战略性新兴产业，主要承担综合性服务功能，完善集聚和辐射功能，打造产城融合的宜居宜业新城；“一线”即横峰县以 320 国道线为纽带，建设 320 国道锦绣长廊；“四区”即北部以葛源镇为主的红色旅游核心示范区、南部以莲荷乡为主的休闲旅游区、东部以司铺乡为主的野生动物园区、西部以岑阳镇为主的生态农业体验区。

横峰县还按地理特征将全县秀美乡村划分为山地型、丘陵型、滨水型三类，予以空间格局和美学设计指导。在形态体量上构建建制镇、中心村、基层村三级结构。不仅全县有全域总规划，先行启动的 13 个中心村和 100 个自然村，横峰县也分别制定个性化的规划，着力体现一村一业、一村一品、一村一景。横峰县每个村点的规划，不仅体现了各自特色，更服从了全域规划。每个规划都经过了专业的城乡规划设计研究院专业团队的审核把关。从空间布局上，全域规划依据横峰地貌、人文特点，重构乡村形态；从产业格局上，全域规划对生态经济进行重新布局，重构乡村未来经济发展新格局。

岑阳镇王家新农村由于葡萄、甘蔗等特色农业产业的发展和新村的美景，来的游客日益增多。以第七届环鄱阳湖国际自行车赛（上饶·横峰站）为契机，该县实施“干道提升”工程，把“一核一线四区”的幸福新村串珠成链、连线成片。成功打造了葛源鹅坞、前山瀑布、莲荷“七巧板”等一批集生态旅游、农业观光、休闲养生等为一体的农旅融合的产业新村。农民在家门口参与旅游开发，分享秀美乡村建设成果，全域旅游让农民富起来。

横峰县在美丽乡村建设中，注重文化依存，打造特色新村。青板乡金鸡村在第二次国内革命战争时期是红军战胜国民党军队的金鸡山大捷之地。该村在秀美乡村建设中，深入挖掘红色资源，建成了金鸡山大捷广场，既铭记了这段历史，又让村民有了锻炼休闲的场所。为了建设“乡愁”新村，把优化人居环境作为建设美丽乡村的重点，保护好千百年来传承的自然景观、民风民俗，留住文脉，精心打造了葛源石桥梯田、司铺火车风情小镇、梧桐畈千亩莲花基地、蔡家红石部落、岑阳甜蜜小镇等一批特色文化创意新村。

2. 精准扶贫与秀美乡村相结合

横峰县把“秀美乡村、幸福家园”建设与精准扶贫相结合，大力实施“个十百千万”工程，即培育一个以葛业为主的“1+N”农业特色产业，完成12万亩农业特色产业基地建设，打造13个优美中心村和100个人与自然和谐发展的自然村，培育1000家新型农业经营主体、农家乐，从而实现1.8万人脱贫致富，由此提升20万群众的生活品质。横峰县通过“龙头企业+支部+基地+农民合作社+农户”等模式，做好“现代农业+扶贫”、“农旅融合+扶贫”、“电商+扶贫”三篇文章，实现产业富民。截至2016年年底，横峰县建档立卡贫困户脱贫8336人，贫困发生率从15.1%下降到10.3%。

葛源镇村民家家户户都种植葛根，葛源镇党委顺势合理布局，实施以葛为主的产业扶贫。有些合作社建档立卡的贫困户社员数量超过30%，成功通过产业扶贫信贷通，贷款近40万元，葛根种植面积也从700亩发展到3000亩。当地的贫困户把田租给村葛业合作社，同时参与生产，加上入股红利，年收入有7000多元。在横峰，一批批贫困户，依靠产业扶贫摘掉了贫困帽子[1]。

① 横峰建设秀美乡村百姓获益多. http://www.huaxia.com/jxsr/yw/sryw/2016/11/5067743.html

3.“互联网 + 乡村旅游”

2015 年以来，横峰县旅游局开辟了智慧旅游，通过横峰县旅游网、博客、微信、微博、微店等网络平台的宣传效应，更多的游客来到横峰体验乡村休闲游，游客们游玩之后，直接在网上下单购买土特产，葛粉、葛佬、山茶油、铁皮石斛盆栽、笋干、芋头、粉干、蜂蜜、腊肉、野生猕猴桃酒、杨梅酒等横峰农产品热销北京、上海、广东、福建等地。这种通过电商将乡村旅游与农产品销售结合的，是一种创新的休闲生态体验式购物游，有效促进了横峰本土农产品及旅游产品线下线上同步销售，走出了一条依靠农产品盘活当地乡村旅游资源，以当地旅游资源带动特色产品市场的横峰乡村旅游发展新路子。

在此之后，横峰县大力发展旅游电子商务，将休闲生态旅游与农村电商紧密结合，创新发展模式，使乡村旅游内容丰富化、形式多元化，需求定制化。目前，横峰县葛源镇、青板乡、岑阳镇、莲荷乡等多个乡村旅游景区景点，借助互联网搭建了微博、微信等平台，通过图文并茂甚至是视频的方式进行宣传，吸引了大量游客前来横峰体验特色乡村旅游。

4. 特色产业带动现代农业

在发展休闲农业方面，注重发展特色产业。莲荷梧桐畈的千亩籽莲，岑阳王家、龙门钱家的葡萄基地，葛源的葛根基地等在秀美乡村建设过程中，该县始终按照先发展产业，再进行村庄整治的步骤，有序推进秀美乡村建设。着力发展现代休闲农业和乡村旅游产业，以产业发展让农民富起来。注重从“现代农业 +”中挖掘旅游资源，从“旅游 +”模式中拓展文化产业。同时各乡镇都大力发展一乡一业，有力地促进了乡村旅游的蓬勃发展，每到周末各村点游客络绎不绝，村民的农特产品成为游客抢手的“香饽饽”。

目前，横峰县已建成葛根、高产油茶、水稻育种 3 个万亩示范基地，葡萄、蔬菜、茶叶、白莲、甘蔗、猕猴桃 6 个千亩示范基地，并正在加快药植园、农业产业园、荷博园、葛博馆“三园一馆”建设步伐，尽快实现一、二、三产业的融合发展，同时该县葛产品、葡萄、红薯和山茶油等特色农产品也实现了“触电上网”销售。①

特色点评：

横峰县将村庄连点成线，连片打造，实现了32个贫困村全覆盖。它按照规划先行，对村点进行统一规划、分类指导的思路，根据不同村庄的特点做不同的特色村。

与此同时，横峰县积极实行“个十百千万”工程，“个”是以葛源葛产品为主，发展“1+N”特色产业，发展一乡一业、一村一品；“十”就是每年打造10个以上优美新村；“百”就是打造100个人与自然和谐发展的自然村；“千”就是培育1000家农家乐或家庭农场；“万”就是实现1.8万名贫困人口脱贫。

（三）绿色生态农业型——上饶万年县

万年县位于江西省东北部、鄱阳湖东南岸，隶属上饶市，土地面积1140.76平方公里，地貌特征“六山一水二分田”，素有“鱼米之乡”之称。

万年县是国家现代农业示范区。示范园区的丰收核心区已经建成，形成了贡米、特种养殖、果蔬以及休闲观光农业等产业，配套“四区四型”，培育了15家企业为经营主体，将发展绿色生态农业作为突破口，取得了明显成效。

2016年至今，万年县按照“整洁美丽，和谐宜居”的要求，坚持“点线结合”，启动了40个秀美乡村示范村点、200个秀美乡村的建设工作，认真描绘秀美乡村发展蓝图，按照规划，狠抓农民建房管理。据不完全统计，全县12个乡镇拆除空心房、危旧房、违章房约30余处，折合土地面积达20余亩，建筑面积达15000余平方米。同时还针对县乡村规划编制落后的实际，万年县在原简易规划的基础上，加强乡镇村规划建设管理，积极组建规划所，打造出了陈营镇社里中心村、珠田乡越溪村等一批“山清水秀、村容整洁、民风淳朴、留住乡愁”的美丽乡村。

① 横峰发展“互联网＋乡村旅游”. http://www.sohu.com/a/110407588_362103

1. 制定“村规民约”[①]

村规民约是村民群众在村民自治的起始阶段，依据党的方针政策和国家法律法规，结合本村实际，为维护本村的社会秩序、社会公共道德、村风民俗、精神文明建设等方面制定的约束规范村民行为的一种规章制度。

干净整洁的通村水泥路，家家户户房前屋后窗明几净，把江西省上饶市万年县齐埠乡星明村变成了一幅美丽乡村画卷。乡村美，美在文明；民风正，正在村规。为了改变农村地区的一些不良习俗，整治脏、乱、差等突出问题，改善村容村貌。星明村委会以“村规民约”为抓手，积极探索农村社会治理的有效途径，制定适合本村实际的“村规民约”，并把文明卫生、村容村貌、环境保护等内容增加到“村规民约”条款中，明确群众自身的责任和义务，并成立了卫生管理理事会、13 支村民志愿服务队和由 10 名小学生组成的“小卫士卫生监督队”，对破坏环境卫生的行为和现象加以劝导制止；制定出台环境卫生评比实施方案，每月在各自然村进行评比。建立环境监督长效机制，促使村民自觉养成文明卫生习惯，共同创建整洁卫生的美好家园。如今，行走在星明村，看到的都是干净整洁的秀美画面。自从将环境卫生整治纳入“村规民约”后，村民自己监督、自己管理，参与村容村貌整治的主动性和积极性更高，维护村组环境卫生整洁成了村民自觉、自愿的事。

“村规民约”的规范和普及，已成为江西省上饶市万年县星明村事务管理、化解矛盾纠纷、保障基层稳定的重要法宝，不仅调动了村两委班子工作积极性，也调动了村民遵规守约的主动性，真正实现自我管理、自我约束，有效促进了星明村各项事业的健康发展。

2. 实行“十大行动”和“四大原则”，发展绿色生态农业

近年来，万年县以建设全国优质农产品种养加工基地为目标，将发展绿色生态农业作为农业提升的突破口，不断加大政策扶持，创新发展机制，突出地方特色，优化产业布局，完善产业体系及安全生产标准，绿色生态农业

---

① 江西省上饶市万年县齐埠乡星明村“村规民约”绘“美丽乡村”画卷 . http://blog.sina.com.cn/s/blog_6d4732720102w61w.html

发展取得了明显成效。

万年县实行了“十大行动”建设美丽乡村。农药零增长行动，大力推进农作物病虫害绿色防控和专业化统防统治；化肥零增长行动，大力提倡化肥深施、施后盖土、分次施用，提高施肥利用率；“三品一标”农产品创建行动，成功申报了一个有机农产品认证、一个绿色产品认证、九个无公害农产品认证；养殖污染防治行动，大力推进农村沼气工程建设。强化与环保、乡镇政府等部门协作，进场入户，督促企业落实整放措施；耕地重金属污染修复行动。万年县对外来入侵生物情况进行摸底调查，建立5个耕地质量定位监测点，为万年县改良土壤、保护及提升耕地质量提供了科学依据；绿色生态产业标准化建设行动，围绕贡米产业、生猪产业、珍珠产业以及花卉苗木产业发展；农业资源保护行动，保护渔业资源，加强渔政执法力度；还有秸秆综合利用行动、绿色生态品牌建设行动等。万年县通过推广秸秆快速腐熟技术、土壤酸化改良及绿肥示范种植等技术，扩大了秸秆还田面积，减少了秸秆焚烧现象，提高了自身的稻草秸秆还田率，有效地改善了耕地质量。

万年县为认真贯彻落实最严格的耕地保护和节约集约用地制度，进一步引导农民规范有序建房，按照绘制“一张图”、管住审批“一支笔”、统筹联动“一盘棋”、创新管理“一平台”的“四个一”原则实行农民建房精细化定位管理，从加快村庄建设规划编制，严格农民建房计划管理，高效审批与严格监管相结合，激活疏堵有序的工作脉络，政府引导与村民自治相结合，推进农村土地的民主管理等工作上发力，为建设秀美乡村搭建了优质的土地平台。

3. 万年稻作文化的传承与发展

稻作文化是指包括由于稻作生产生发出来的社会生活的一切方面，它不仅是指有关谷物体的产生、发展及其生产的一系列问题，而且包括由于稻作生产而影响所及的民间生活方式、种种习俗与文化生态等。万年稻作文化是万年的先人在长期的水稻耕作实践中，通过几千年的积累而形成的原始的民间文化的沉淀，是中国乃至全世界的文化遗产。

万年稻作文化包含着灿烂的农业文明、远古的工业文明和原始的流通文明“三大文明”，孕育了野稻驯化起于是、烧土成器始于斯、刻符记事源于此、物食易换发于兹“四个第一”。在2012年11月万年县举办的第四届中国万年国际稻作文化旅游节期间，包括中国杂交水稻之父袁隆平院士、中国科学院院士谢华安、中国工程院院士颜龙安、中国工程院院士陈温福以及菲律宾国际水稻研究所首席科学家在内的国内外知名水稻院士、专家、学者60人齐集万年，共商绿色稻米产业发展大计。专家、学者们对万年县保护稻作遗产、打造贡米产业给予了极高的评价。原始先民在仙人洞遗留下的万余年的水稻栽培痕迹，是万年文化也是世界文化的宝贵财富，再次强化了万年作为世界稻作文化发源地的崇高地位。

稻作文化是万年独特的、鲜明的、不可再生的文化品牌。千万年来，作为万年独特文化优势资源的稻作文化已深深扎根于民间，稻作文化资源已成为万年人重振雄风和加快发展的一大品牌。弘扬稻作文化，做大做强稻作文化品牌，使之走出中国，走向世界，对于提高万年知名度和美誉度，带动旅游相关产业持续健康发展具有十分重要的现实意义。①

特色点评：

万年县以低碳、环保、生态为内涵，不重复建设、不破坏环境、不浪费资源，它坚持资源保护与集约开发、污染防治与循环利用相结合。用“八行动”、“四原则”以及“五统一”对发展绿色生态农业进行扶持，对乡村耕地质量和乡村风貌进行规划管理，以绿色生态农业推进秀美乡村的建设。

为切实改善村民居住条件，提高村民居住水平，万年县政府还积极参与全县加强村庄整治、危房改造、新型农村建设等项工作，对高速公路沿线、挂线附近村庄农村住房进行改造提升，全方位满足现代村民生活和生产需求。万年县还打造属于自己的稻谷文化，这对我国乡村打造生态旅游品牌具有示范价值。

（四）文化传承型——景德镇市浮梁县

浮梁县人文历史悠久。古代因瓷茶产业兴盛，造就了浮梁县一些特色古

① 稻作文化看万年. http://www.china-wannian.gov.cn/news/jinrixinwen/2013-04-26/1475.html

村落、古建筑，给后人留下了许多宝贵的财富。后来，因历史等原因，古代遗存遭到破坏，但仍有一定保存。据不完全统计，全县民国以前的古民居、古桥、古祠堂等686处，属国家、省、市、县文保单位为132处。浮梁县古村落众多，风格各具特色，既有小桥流水型，如峙滩镇英溪村；有生态和谐型，如鹅湖镇楚岗村；还有街道店面型，如瑶里镇东埠村等。其中严台村最为典型。

严台村地处浮梁县北部，距县城72公里，全村共368户，1265人，2008年被住建部、国家文物局评为“中国历史文化名村”。严台村天祥茶号生产的茶叶荣获1915年巴拿马万国博览会金奖，其塔里古茶树群正在申报“中国重要农业文化遗产”。村里坚持种植业“保底”、养殖业“增收”、三产“致富”为主的发展模式，结合美丽乡村和旅游景区建设，将独特的历史文化、优美的自然环境融为一体，是生态度假、休闲娱乐、宜居宜游宜业的生态旅游目的地，置身其间令人心旷神怡、遐想无限。近年来，村里基础设施不断完善，卫生环境不断优化，村容村貌焕然一新，农民生活质量日益提升，社会秩序和谐安定，呈现出经济发展提速、人居环境改善、社会和谐稳定、文明礼仪成风的可喜态势。

2015年初，浮梁县顺利通过了国家级生态县考核验收，它以“国家级生态县”建设为契机，全面贯彻“绿水青山就是金山银山”发展理念，大力推进绿色新农村建设，谋篇布局，久久为功，实现了农村绿色化和生态化，让“温日云间淡，晴峰雨后鲜”的自然美景永驻人间。近年来，浮梁县全面推进“文化生态大县、绿色经济强县、特色旅游名县”发展战略，实现了经济建设与环境建设同步推进，物质文明与生态文明同步提升，呈现出经济较快增长，环境质量进一步提升的良好势头，先后荣获了“江西省省级生态县”、“江西省十佳绿色生态县”、“江西省新农村建设和农村清洁工程先进县”等称号。

1. 生态观念融入旅游资源

近年来，智慧的浮梁人在发展中保护生态，在保护生态中加快发展，实现了经济效益与环境效益的统一。做优生态农业，推进生态高效农业的产业化、标准化、规模化和品牌化。目前，浮梁县已形成农业产业化经营体系，产业基地发展到50多万亩，被评为“全国无公害示范基地县”称号。农民合作社 17 家,会员 1421 户;组织开展农业标准化推进年、提升年活动,采用国家、行业生产标准 65 项,制定地方标准 8 个,10 余家企业通过质量管理体系认证;突出地方特、优品种,开展品牌认证工作。浮梁茶叶已有注册商标 20 余件,其中"浮瑶仙芝"、"瑶里崖玉"、"西湖珍芝"3 件商标被定为"江西省著名商标"。

浮梁县将生态旅游做精,培养了经济发展新的增长点。自 2004 年以来,"浮梁茶文化旅游节"连办了十一届,成为宣传浮梁形象和旅游产品的一张"金名片"。11 年来,该县实施"世界瓷都之源,中国名茶之乡"旅游品牌战略,全力打造"文化底蕴深厚、生态环境怡人、瓷茶韵味独具、乡村魅力无限"特色旅游名县。实时编制完成《浮梁县旅游总体规划》、《历史文化名村旅游发展规划》等多个规划,重点实施了古县衙、红塔、瑶里风景区、严台沧溪历史文化名村等旅游项目建设,把科学的生态观念融入旅游资源的保护与建设,按照"旅游六要素"要求落实配套服务措施,不断开展旅游宣传活动,积极参加国内外旅游推介会,展示浮梁丰富的旅游资源和人文优势。目前,浮梁县已有国家 4A 级景区 2 个。2014 年,全县旅游接待量达 601.63 万人次,旅游综合收入达到 45.11 亿元,旅游业成为该县经济发展的增长点和第三产业的龙头产业。

浮梁县将生态工业做强,着力发展了低碳经济和无烟工业。浮梁县始终坚守"工业强县、环保优先"的发展理念,大力发展新型工业,先后否决"两高一资"项目 30 余个、总金额达 20 多亿元,关闭重污染生产线 6 条,淘汰落后设备 10 台(套)。高起点建设生态工业园区,实现工业集中、产业聚集。现今入园企业有 70 余户,初步形成绿色食品加工、高新陶瓷制造、电子通信、矿产建材、金属加工等产业集群,园区工业用水重复利用率达 82.6%。目前,浮梁县的工业园扩园升级工作正有序推进,倡导低碳经济和发展无烟工业已成为全浮梁的共识。①

① 绿色浮梁——浮梁县全面推进文化生态大县 . http://www.jdzol.com/2015/0515/116561.html

2. 多方筹措资金保护古村落

浮梁县重视古村落保护工作。一方面全力对接古村落保护项目。通过组织有关部门深入实地考察、调研、论证、遴选，及时组织编报；另一方面浮梁县为抓好古村落保护，每年都在财力比较紧张的情况下，拿出一定的资金投入古村落保护。①

经费匮乏，是制约古村落抢救与保护的关键问题，因而，破解经费难题是当务之急，要积极多方筹集资金。浮梁古村落的保护和旅游开发都离不开大量的资金投入。目前，除了政府给予一定的支持外，浮梁古村落的开发和建设还依靠“政府为主，村民参与，部门联动”的方式，努力向上争取支持，积极对外做好宣传，认真向下做好引导，努力营造出“人人参与建设，世世享受成果”的舆论氛围，充分提高群众参与的主动性和积极性，多方式广渠道筹措资金，加强国土、城建、文物管理等单位和部门之间的交流合作，形成建设合力促发展。让企业或社会团体参与开发，居民拥有民居的所有权和使用权,以古民居参与股份,共同获取利益。选取村内部分民居进行内部改造，结合村内自然生态景观，规划乡村度假餐饮和住宿设施。鼓励和发展传统手工艺和种、养殖业，将其纳入旅游经济系统之中，开发成为相关旅游商品进行出售。

3. 花大力气保护浮梁文化

浮梁县的瓷茶文化、历史文化独具特色。五品县衙、宋代红塔、瑶里古镇、东埠古街、绕南制瓷遗址、高岭古瓷土矿遗址、新四军瑶里改编旧址、程家山烈士陵园、古县衙廉政教育基地等历史文化遗存，备受当地政府重点保护和利用。千年浮梁瓷韵茶香，原始森林之景，高山流水之音，历史人文之美，吸引了来自全国各地成千上万的游客深度感受浮梁文化的多彩魅力。

非物质文化遗产保护和文物考古发掘成果丰硕。浮梁县确定了30余项保护项目，浮梁功夫红茶、瑶里长明村青狮白象灯、兴田乡潭口村珍珠灯、浮

① 郑富年．加强浮梁古村落保护，留住景德镇文化之根[J]．景德镇高专学报，2011

梁青花珠明料煅烧技艺已列入省级非遗目录；县文物部门联合省考古队对蛟潭、东流两处商周文化遗址进行了抢救性考古发掘，出土有陶器、石器等文物；搜集整理民间文学 135 篇、歌谣 31 首，2 支民间舞蹈已收入《中国民间舞蹈集成———江西分卷》一书。

文化设施日趋完善，群艺活动异彩纷呈。该县已建成的文化馆、图书馆、博物馆、乡镇文化场所及农家书屋，基本能满足当地群众文化生活的需求。一年一度的歌咏月活动已成为浮梁文化活动的主打品牌，一直在激发着群众艺术创作的热情。大型舞蹈《绿色的田野》，歌曲《浮梁，古老的茶乡》、《茶山情歌》，相声《探亲》，方言小品《麻将之患》等，都是当地山伢子、山妹子自创自演的，这些节目在省、市举办的农民艺术节上均获奖项。

浮梁县把文化事业发展融入全县经济社会发展的各个领域和环节，与经济发展同研究、同部署、同落实，推动了文化事业全面繁荣。

特色点评：

浮梁县具有特殊人文景观，包括古村落、古建筑、古民居以及传统陶瓷文化。它的乡村文化资源丰富，有优秀民俗文化以及非物质文化，文化展示和传承的潜力大。它主打古村落保护，运用多种措施对其古村落建筑进行保护，并筛选了一批具有特色的古村落进行重点开发，打造出具有潜力的旅游景点。这对我国农村建设古村落保护工作提供了示范作用。

（五）城乡一体型——赣州南康市莲花村

城乡一体化是为解决中国特殊问题而提出的，是解决特定历史条件下形成的城乡二元体制机制及其造成的城乡多方面差距问题、解决“三农”问题的根本途径。城乡一体化的实践和理论有一个认识历程。城乡一体化作为在较高工业化和城市化阶段上具有指导意义的理念，其发展面临着对于城市和乡村的认识方面的重大理论挑战。城乡一体化是美丽乡村建设中一种特别的模式，其中赣州南康市的莲花村为典型代表。

莲花村位于南康市城区西北部，距市区仅 1 公里，新 323 国道、康唐公路穿境而过，区位优越，交通便利。全村总面积 2.1 平方公里，其中耕地面积 848 亩，山林面积 172 亩。全村人口 2300 人，农户 611 户，辖 12 个村民小组，2300多人口。该村经济基础较好，已建成许多“小康楼”。但由于缺乏规划，村庄显得杂乱无章，人居环境和生产条件很不理想。

莲花村新农村建设工作从2004底开始实施，作为南康市新农村建设22个重点村之一，蓉江街道办事处顺应民心解民忧，充分利用323国道改道的有利时机，在该村高标准规划出占地80亩的农民新村，着力建好一个占地40亩、近50户的别墅区，发展蔬菜、生猪两大产业，实施环境整治、房屋美化亮化、农民知识化三大工程，使该村新农村建设红红火火全面展开。目前，该村老房全部美化，旧村“三清三改”基本完成，新村建设进入建房阶段，村容村貌大为改观。

南康市莲花村蓉江街道办事处还根据城郊农村经济较为发达的实际情况，高起点规划、高标准兴建莲花大型别墅新村，受到莲花村村民的广泛支持和热烈响应。短短一个月内，顺利完成旧房拆除，40亩宅基地完成“三通一平”，近50户农户即将进点建别墅新家。

2016年，莲花村已完成首期工程40亩的规划建设，建起了新村牌坊，43户农户建起了农民别墅，村级社区服务中心建设工程已近尾声，一个集住宅、休闲、服务于一体的高标准社区型农民新村基本成型。2017年，莲花村在完善、提高别墅新村点的基础上，按照“五新一好”的整体要求和抓点扩面、整村推进的工作思路，在岭孜上村民小组布点建设生态型精品示范点。莲花新村是城郊新农村建设的一种好模式。①

1. 完善公共服务

莲花村采取“一路两厢”、城乡一体化的整体规划思路，即以新323国道为主轴线，在国道南侧规划建设农民别墅新村，在国道北侧规划建设岭孜上生态新村，从连点成线，辐射带动全村新农村建设整村推进。在各个新村点则坚持精品原则进行详规，合理布局了道路、水渠、供电、电信、环卫等基础设施。

① 南康区扎实推进秀美乡村建设 . http://jxgz.jxnews.com.cn/system/2017/06/20/016215701.shtml

莲花村街道社区的公共服务设施在农民入住时同步跟进，实现了统筹城乡的发展，坚持基本公共服务均等化、公共服务设施和基础设施建设城乡一体化，逐步缩小城乡间教育、医疗、社会保障、公共文化等基本公共服务，学校、医院、文化站、体育场所等公共服务设施和交通邮电、农田水利、供水供电、商业服务等基础设施建设的差距。健全稳定的公共财政投入机制，与财政收入增长同步增长，让乡村产业强起来、设施多起来、环境好起来，让农民和城镇居民一样公平地分享改革发展成果。发挥政策引领作用，吸引和带动社会资本特别是民间资本投入美丽乡村建设，形成以城带乡、以工促农、优势互补、共同发展的城乡一体化发展新格局。

莲花村的规划建设统筹考虑了农民集中居住公共服务和社会管理的需要，配套了较完善的基础设施，基本实现了公共服务与城市的同质化、均衡化，为新农村建设提供了持续的动力。

2. 抓好产业规划

产业发展是新农村建设的首要任务，也是拓展农民就业增收渠道、增强群众自我发展能力的必然要求。莲花村充分发挥区位优势和交通优势，大力发展以蔬菜、生猪、脐橙、水产为主的农业产业。突出抓好产业规划，发展庭院经济，做到规范到户。同时围绕产业发展，积极开展产业培训和新经济组织建设，在岭孜上示范点组建了果业协会，并着手建立农民培训中心和农民夜校，有效地促进了当地产业的发展。

莲花村按照沿线连片推进、个性化发展要求，依据沿线资源优势、产业特色、文化遗存、乡村风貌等不同特点，对线路进行精准定位，分类打造。同时要注重与现代农业、乡村旅游、农家乐体验、客家文化、民族民俗风情、古村落文化等相融合，按照“一线一景、一村一貌、一片一个特色”的建设要求，高标准编制示范线路规划，高质量实施建设，努力打造成为赣州市宜居宜业宜游新样板。

3. 解决民生问题

南康区的莲花村着力整治乱搭乱建，从拆除占用耕地违建、工业园区违章搭建以及城区乱搭乱建入手，逐步向拆除乡村危旧土坯房和破棚烂厕延伸，累计拆除农村危旧土坯房和破棚烂厕 252 万平方米，既及时消除了安全隐患，又为农村公共服务设施的建设腾出了用地空间，农村面貌得到明显改观。该村对主要交通干道沿线两厢房屋进行改造提升，并通过改水、改厕、改房、改沟，推进美丽庭院建设。同时，该区整合危旧土坯房拆除后的农村建设用地，用于新建卫生室、文体活动场所、小学、幼儿园、便民服务室、金融服务网点等，让农民享受到与城市居民同等的公共服务待遇。该区因地制宜、因村施策，按照“一村一品”的模式，积极发展庭院经济、农家乐经济，拓宽农民增收渠道。

莲花村通过制定村规民约，划定责任区，做到房前屋后卫生整洁，垃圾不乱倒，污水不乱流，柴草不乱堆，共同维护公共卫生。此外，大力推广“垃圾兑换银行”模式，采用积分制方式，鼓励村民把矿泉水瓶等可回收垃圾通过积分兑换成生活用品，兑换收集到的可回收利用垃圾再统一回收处理，引导村民逐步养成垃圾自觉分类的习惯。该区还积极推进乡风文明建设，让乡村建设实现了既外提颜值又内修气质。

莲花村以振兴发展为契机，强力推进和谐秀美乡村建设集中人力、物力和财力，不仅优先解决了农村危旧土坯房改造、安全饮水、农村公路建设等突出民生问题。同时，还实施造林绿化，加大农村环境综合治理力度，建设了一批集农业产业园、农民美好家园、乡村旅游观光园于一体的和谐秀美乡村综合体，打造一批新农村建设精品示范点，提高村镇建设水平，发挥示范带动作用。①

特色点评：

莲花村以城乡发展一体化格局，建设了新型社会即以居住生活社区化为载体，塑造生态型新村的独特魅力。实现了城乡供水、供电一体化。莲花村以产业发展多元化为支撑，增强农村群众自我发展能力，并以基层管理民主化为核心，激发新农村建设的内生动力。正是城乡一体化使莲花村建设美丽

---

① 南康区“三项措施”打造美丽乡村示范线路样板．http://www.jxgzagri.gov.cn/n157/n171/n173/c54204/content.html

乡村取得了明显的成效，不仅对整个江西省乃至全国新农村建设都具有示范价值。

（六）生态保护型——九江市武宁县

武宁县素有“八山一水半分田，半分道路和庄园”之称，森林覆盖率达72.1%，空气一流，水质一流，生态环境一流，是天然的“氧吧”和“绿肺”，是江西昌九的“后花园”。该县先后荣获全国生态保护与建设示范区、全国文明县城、全国平安建设先进县、全国全域旅游示范创建县、全国绿色农业示范区、全国休闲农业与乡村旅游示范县等国家级荣誉，荣获江西省生态宜居县城、全省旅游发展十佳县、省级森林城市、江西十大最具幸福感城市等省级重要奖项。

近年来，武宁县按照“农村园林化”的思路，以镇村联动为抓手，以建设和谐秀美乡村为目标，建立了县领导包乡挂点、部门包村挂点帮扶帮建、镇村联动工作制度，形成了县、乡、村和建设点理事会四级联动，合力共建的良好氛围。武宁县共建成638个新农村建设点，31121户，140763人受益。现在农村山更绿了，水更清了，村更美了，乡村环境面貌焕然一新。在全县19个乡镇中，国家级生态乡镇就有13个。国家级生态乡镇已成为武宁一张亮丽的生态名片。同时，武宁县被评为全国首批创建生态文明典范城市。①

1. 山水武宁

武宁县把湖光山色作为建设“中国最美小城”的基础，聘请国内一流的专家，对县城进行高起点规划，按照“城区景观化”的发展思路，坚持走“精品、生态、休闲、养生”路线，沿湖重点打造水面线、湖岸景观线、低层建筑线和高层建筑线，土地要“护山保水”、道路要“迎山接水”、景观要“借山用水”、空间要“依山亲水”、建筑要“显山露水”，处处展现“秀水翠城、生态武宁”的城市形象。

武宁县按照旅游城市的建设标准，围绕“中国最美小城”、“庐山西海旅

① 武宁构建五大生态 建设秀美富裕幸福小城．http://jx.people.com.cn/n2/2016/0922/c186330-29044142.html

游经济圈大本营”的定位和将西海湾建成5A级景区的目标，通过高起点城市设计、高标准城市建设、高效益城市经营、高水平城市管理，把山水特色与“美”的元素融入每一块街区、每一栋楼宇、每一段沿湖岸线和每一处建筑节点上，使县城处处显山露水，实现山、水、城融为一体，游、居、业相得益彰。近4年间，投入近100亿元，实施道路、桥梁、公园、广场等10大类近260个城市建设项目。建成的西海湾湿地公园、西海明珠、西海大桥、西海燕码头、八音楼等一批重点项目，设计新颖、独具特色，成了山水之城的点睛之笔。山水武宁处处呈现“城在山中，山在水中，水在绿中，人在画中”的美丽景象。

2014年，武宁县围绕建设山水武宁，打造秀美乡村的要求，加大力度建设一批沼气、太阳能、省柴灶等农村能源设施，促进秀美乡村建设。武宁县坚持“四个结合”原则，即能源建设与新农村规划相结合；能源建设与生态养殖、种植产业相结合，以养带建，以养促种，形成循环经济；能源建设与村容村貌整治相结合，促进庭院净化、村庄美化；能源建设与节能减排、治理农业污染、改善生态环境相结合。

2. 绿色武宁

武宁构建绿色生态，大力实施“青山、蓝天、碧水、绿地”工程，保护与整治并重，全方位提升生态质量。同时，武宁按照“全局规划、高标建设、精细管理、生态和谐”的要求，统筹城乡发展，构建养生宜居生态，把城区作为景区来建设，把乡村当作园林来雕琢，使武宁在建设美丽中国“江西样板”中走在全省前列。武宁县彰显山水特质，建设最美小城；凸显区域优势，建设特色集镇；注重乡土味道，建设美丽乡村。

武宁县大力实施“青山”工程。武宁率先探索和建立了“林长制”，实行“禁伐二十年，呵护原生态”，严厉打击非法占用林地、偷盗和乱砍滥伐林木的违法行为，取缔了占用本县林木资源的木材加工厂。积极引导深山区和林区的群众易地搬迁，给予政策支持和资金保障，变伐木工为护林员。

武宁县大力实施“蓝天”工程。武宁持续抓好企业除尘设施改造升级、机动车尾气污染、餐饮业油烟排放和工地扬尘等联防治理工作，彻底整治环保不达标的砖瓦窑，确保了空气优良天数达到 90% 以上，大气环境质量达到国家一级标准。

武宁县大力实施“碧水”工程。近年来，武宁通过争取修河“河长”的重视和支持，形成源头防控、群防群治的合力。全力实施了河湖水环境、工业污染、畜禽养殖、农业面源等重点污染整治工程和推进绿色生态农业“十大行动”,严控污染入河湖。全县大水面开发,统一实行“放鱼养水,人放天养”的清水渔业模式，巩固了网箱和库湾清理成果。实施修复沿湖交通生态景观，整治农村河道，依法逐步退出沿湖工矿企业。整治河湖非法采砂行为，逐步取缔拦河筑坝的小水电项目，全面实行垃圾集中无害化处理，禁养区、限养区的养殖场一律依法关停或迁移等一系列强有力措施的落实，保护了一湖清水，使武宁县境内地表水长期稳定在国家二类水质标准以上。

武宁县大力实施“绿地”工程。在全县大面积护林护绿的同时，及时复绿项目建设破坏的山体和裸露地，见缝插绿、退耕还绿，武宁城乡形成了一个绿色的大氧吧。2015 年，武宁再次入选全国百佳深呼吸小城。

武宁县不断加大农村清洁工程、新农村建设和集镇建设力度，鼓励多形式的造林，全民义务绿化，全县绿化面积快速增长，森林覆盖率达到 72.1%。同时还鼓励兴办花卉果木农庄、引进种植项目开发荒山，对在主要公路两侧建立一定规模标准化生产的花卉苗木基地，进行专项资金一次性奖补，每个乡镇还培育花卉苗木经纪人、建立标准化花卉苗木生产基地。与此同时，武宁还采取县、乡、村、组四级联动的方式，以农户为主体，组织开展了农村存量垃圾治理活动。全县共投入资金 400 多万元，出动 1 万多人次，清理存量垃圾 2600 多吨，并对清理后的区域按绿化、复垦等方式进行环境美化。治理农村生活垃圾，不仅让乡村变得更加秀美，更为生态文明建设添上了重要的一笔。为净化、美化乡村环境，全县已有近 1300 个自然村实施农村清洁工程，实现了户户配置“两桶一袋”，村村有保洁员，有 3~5 个垃圾池，全县已建成垃圾处理中心 9 个，农村垃圾无害化处理率达到 82%。[1]

不仅如此，武宁县还实现了村庄、道路、荒山绿化全覆盖，成千上万亩的生态农业基地点缀着修河两岸，在加强生态建设的过程中，武宁县把农村作为大花园、大观园来建，着力打造和谐秀美乡村，让良好的绿色生态环境普惠民生福祉。

3. 生态武宁

武宁构建和谐人文生态，让全县人民共享发展成果，将生态民生惠及万家。例如在沙田新区投资 3 亿元高标准一次性建设了幼儿园、小学、中学，可同时容纳 1 万名学生就读；在依山傍水处分别建设全国县级一流的人民医院和中医院，以满足养生城市的需要。自来水二厂工程建成和新老城区供水管网升级改造完成，让全县 39 万人民喝上放心水。村村建水泥路，贫困人口减少近 20000 人，让武宁人切切实实地分享着生态立县带来的红利，享受着绿色崛起带来的幸福生活。[2]

花千谷现代农业观光园的建设，不仅美化了乡村环境，还激活了乡村经济，这是武宁县建设秀美乡村的一个缩影。近几年武宁县狠抓花卉、苗木等园艺产业，高产油茶、吊瓜、山核桃等特色林果业，生态观光旅游休闲农业，农产品精深加工等主导产业。通过探索实行“公司 + 基地 + 农户”“公司 + 基地 + 合作社 + 农户”“合作社 + 农户”以及“农超对接”等多种利益联结运作模式，走出了一条致富农民、保护生态、美化农村的多赢之路，农业综合效益不断提高。几年来，落户 3000 万元以上农业项目 41 个，水栀子、金银花、香榧、山核桃等新兴特色产业群芳争艳。

武宁县走出了一条发展现代农业致富农民与保护生态美化农村互为促进的双赢之路。同时，武宁按照区域化布局、规模化经营、标准化生产、社会化服务的要求，“一乡一业”“一村一品”因地制宜地发展休闲观光农业和特色种养业。扶持和发展了一大批无公害、绿色、有机农产品。打响了独具武

① 武宁县扎实推进农村垃圾治理 扮靓和谐秀美乡村 . http://wnx.jxnews.com.cn/system/2015/11/10/014438416.shtml

② 打造和谐秀美乡村 普惠民生福祉 . http://www.wuning.gov.cn/Item/62417.aspx

宁特色的“山水牌”“生态牌”，农业发展、农村生态、农民致富，奏响了“三农”与生态相辅相成的和谐乐章。

特色点评：

武宁县给人展示了一个生态、富裕、闻名的新农村，发展生产、发展休闲农业、特色农业产业、发展工业企业，让农民增加收入，安居乐业，同时兴建农民文化中心，成为农民精神生活的乐园。

第四章

国内外美丽乡村建设的经验、模式与启示

第一节　美国的“乡村发展计划”

美国于1980年颁布了乡村发展法案，开始执行乡村发展计划，旨在促进乡村地区的经济和社会发展。美国提出乡村发展计划的目标有两个：一是以社会为基础资助乡村社区的建设和改善低收入乡村地区居民的生活；二是以市场为基础支持乡村地区的经济发展。乡村发展计划涵盖内容相当广泛，几乎包括了乡村社区建设的各个行业，包括房屋建设、社区供水和废水处理、金融服务、发电供电、可再生能源发展、自然资源保护、农业新产品的研发，以及通信和因特网的普及等。该计划主要是通过提供拨款、贷款、贷款保证、技术支持和开展研发等手段来支持乡村地区的社区建设和经济发展。①

（一）美国乡村居民点的发展

美国乡村居民点的用地面积大约为48.58万平方公里，为美国国土面积的5%。美国乡村居民点在布局上比较随意，向着可能开发的任一方向展开，几乎难以找到他们确定的边界。长期以来，美国的市场经济体制决定了美国人在土地利用上采取自由化的方式，而政府的规划干预比较少。

美国乡村居民点的土地使用由分区规划所控制，以控制居民点中每一块宅基地的规模和建筑后退红线标准；而住宅建设包括村庄道路的宽度、降低道路等级以及布局方式等受到居住区规划的控制。分区规划是一些约束性条

① 曹建业．浅谈美国的乡村及其发展计划［J］．全球科技经济瞭望，2007（08）

款，例如规定了每一英亩土地上的建筑单元数目、建筑面积和建筑后退红线距离。通过分区规划，能够管理乡村居民在他们的土地上建设什么，也能够明确预期邻近土地的开发方式，同时还提出对建筑物的一系列要求，如高度、面积、距离宅基地边界的尺寸，以及建筑物的使用规定。美国的传统乡村分区规划对土地使用进行了严格的功能分区，道路通常作为不同功能区的分界线。在乡村居民点，土地使用功能的分离远远大于城市核心区。在老城区里，相关的土地利用常常混合在一起。但是在乡村，主干道和高速公路走廊常常用来划分居住区和农田；道路、开放空间通常成为农业生产区和居住区之间的缓冲地带；而商业功能区也与附近的居住区分隔开来，隔离带通常是道路和景观区，这些规定满足居民对居住环境的要求。①

（二）草原穿越生态村建设经验

草原穿越生态村位于美国芝加哥北部，它经过精心的设计后由最初简陋、贫穷的村庄变成了一个现代化的美丽乡村。1986 年以前，该村庄的农田主要种植玉米和大豆，部分农田被浇筑为硬质地面，较小的土地面积上居住了较多的居民，雨水的利用率也很低，各方面发展都比较散乱。但是在经过一系列的景观规划设计和生态保护后，草原穿越成为周边几千英亩范围内土地保护计划和生态系统的中心。草原穿越生态村建设经验主要有：

（1）坚持生态保护原则。在重新规划与设计草原穿越的过程中，环境保护理念尤为突出。一方面，村庄居民用湿地植物和乡土植物来代替草坪的种植，不仅减轻了化学药剂对环境的污染，而且弥漫出浓郁的乡野气息。另一方面，完美地将人工湖的挖掘和洼地融合在一起，建立了功能完善且净水效果十分强的储水系统，是生态保护和景观建设的有机统一。该储水系统将收集到的天然雨水传送至草原，进行过滤和存留之后再送达池塘、湿地或者人工湖。因此这个净水循环系统能够在很大程度上减少雨水的流失，同时还可以保留和恢复净化能力强的湿地。许多村民利用湿地植物以及乡土植物的生长特性，在自己家的院子里精心打造出完全生态化的“水庭院”。从景观方面

① 叶齐茂．美国乡村建设见闻录［J］．国际城市规划，2007（03）

来看，丰富的水景观设计使得村民们的居住环境更加优美。

（2）重视景观特色保护。随着工业化进程的加快，草原穿越的稀有资源越来越少，自然环境保护者以及社会其他力量共同买下了这个村庄的土地。他们重新设计了这片土地，对当地的景观进行细致的规划。为了能够有效地保护这片土地，他们重新设定了村庄的整体位置，改变了原有的交通路线、景观维护。在精心的设计下，该村庄变成了一个美丽、整洁的乡村。在最初进行规划时，设计者面临着乡村景观可能遭到破坏的问题，因此，他们调整了各种车辆出入的方向，而且新建了一个火车站。如此一来，草原穿越原有的景观特色得到了有效保护，并且吸引了大量的游客前来领略乡村的风土人情。

（3）充分利用可再生能源。草原穿越居民开发利用风能维持日常生产生活的用电，同时在耕种施肥时以天然肥料为主，并且使用沼气作为燃料，充分提高了农村废弃资源的二次利用率。[①]

（三）基于乡土树种分布的密歇根州生态区

密歇根州位于美国的中北部，是一个受五大湖的影响有独特的自然景观的州。该州面积为250494平方公里，其中陆地面积占58.73%，水域面积占41.27%。在该州，除了私有土地外，有超过700万英亩的公有土地，分别由代表公共利益的美国联邦政府、密歇根州政府、国家森林管理局、国家公园管理局、国家渔业和野生动物管理局拥有所有权。密歇根州的林业资源丰富，在17世纪欧洲人开始了来此定居和开发，大大改变了原有的生态环境。汽车工业时代的发展，对原材料和土地的需求发生了变化，土地利用方式也日益增多。景观结构也因为人类活动的介入而发生了改变，草原、稀树草原、森林等无人地区逐渐被开发成为居住或者农业用地，导致破碎或者不连续的斑块出现。林地、草地、居住地相互渗透，互相影响，改变自然地貌，自然景观结构趋向于复杂。密歇根州生态区的规划主要注重以下几个方面：

① 崔学勤，李亚鹏．国外乡村生态景观农业发展的经验及其对我国的启示．农业经济，2015（10）

因地制宜的恢复、提高植被覆盖率，将保护原生树种与引进优良品种有机结合，以再现自然、改善与维护区域生态系统平衡为宗旨，以人与自然共存为目标，达到生态效益。例如密歇根州上半岛具有十分独特的大陆性气候，受五大湖影响，具有独特的面积广大的针叶林和落叶林，对于全州范围的地理和气候变化、生态环境有特殊的影响作用。植物区域规划可以应用到协调自然保护区和旅游开发等方面。

强化区域及不同景观类型的树种规划。对所在区域的树种资源和典型群落调查和分析，研究乡土树种种类、城市园林应用状况、生长效果以及典型群落配置等内容，综合考虑区域自然特点、物种交换和流通趋势，植被规律等，掌握乡土树种的基本情况和其所在的典型区域。不同景观类型对于乡土树种的比例和整体植物群落要求不同。在人为干扰较多的城市区域调整植物比例，适当引种外来树种，丰富植物景观，提高景观异质性；在原始森林区域则加以保护，规划绿廊，提供迁徙通道，保持内部生态系统的活力。

重视绿道的建设。密歇根州的森林资源丰富，在区域中天然存在的廊道有效地发挥了物质交换的作用，在规划过程中生态敏感地带（如南方混合区和过渡区域）的绿道加以保护，通过规划政策和土地利用控制保护景观网络和线性要素。在规划区域中将绿道和水域蓝道结合，通过建立河岸、湖岸、湿地周边的绿色屏障，可以在一定程度上减少水质的退化，降低水土流失的可能，同时能够将两种异质性的景观结合，创造出绿道和蓝道并存的自然景观。

第二节　德国的休闲农庄

德国休闲农业大致可分为市民农园、度假农庄、乡村博物馆等。德国是最早制定市民农业法的国家，也是最早进行市民农园规范化发展的国家之一。在德国，最具有代表性的是它的休闲农庄。休闲农庄大多建在草原地带抑或林区。市民农园利用城市或近郊区的农田以及森林，政府将这些农田或森林中的农地规划成小块租给市民，承租这片农田的市民可以在上面种植花草或者蔬菜、果树等，并且不使用矿物肥料及化学保护剂。市民在亲身体验耕种后，可以体会到其中的田园生活的乐趣。

德国政府大力倡导发展休闲农业，除了市民可亲自耕种，一些企业、学校还把封闭的会议室、课堂搬到了开放的大自然中。休闲农庄不仅对保护环境起到了重要的作用，还发挥出科普和环保教育的功能。孩子们经常被学校和幼儿园带来这里感受大自然，成人也来这里郊游，在这里与森林进行近距离的接触，感受森林和了解森林。

（一）德国的市民农园

中世纪时德国的克莱恩·戈登市民农园出现，那时德国人把自家的庭院划出一小部分作为园艺用地，体验亲手栽培作物的乐趣。而德国市民农园的真正开始一般认为是19世纪。19世纪时德国政府划给市民们每户一小块荒地，市民有了自家的小菜园，过上了自给自足的生活。19世纪后半叶，德国市民农园体制正式建立了。

早在1919年德国最先制定了《市民农园法》，1983年对《市民农园法》进行了修订，其主旨为市民提供体验农家生活的机会，使市民充分享受田园之乐；详细规定了市民农园所具有的五大功能：进行农耕体验、为休闲娱乐及社交提供场所、能提供健康食物以达自给自足、为老年人及退休人员提供最佳消磨时间的地方，以及提供绿化、美化、自然的环境。农园采用生产、生活及生态三位一体的经营方式，经营方向也从传统生产转向农耕体验和休闲度假为主。

德国市民农园的土地一部分来源于镇、县政府提供的公有土地，另一部分来源于居民自己的私有土地。一般规模的市民农园能租给50户市民，租赁者可以签订为期25~30年的使用合同，自主经营，农园产出产品可自用或赠送给亲朋好友，但严禁出售。承租人可建设不超过24平方米的工作室，可设置简易的厨房和休息室，但不可留宿。承租人可中途退出或转让，如不想继续经营，由市民农园委员会选出新的承租人继续租赁，原承租人承租中合理的已投入费用也由新承租人承担。目前，德国已超过80万市民承租市民农园，其产品总产值占全国农业总产值的三分之一。

（二）德国的度假农庄

德国度假农庄起源于 1960 年，度假农庄具有度假成本较低和服务较好的优势，满足了当时受经济水平下降影响的德国人民的生活需求，成为寻求低价休闲方式的好去处。德国的度假农庄经过 50 多年的发展，规模达到了 20000 户农庄，非常繁荣。

度假农庄主要是吸引游客前往农场度假尽情欣赏田园风光，住在农家，并与农场主人一起生活，亲身参与农场生产活动，体验农家生活。来度假农庄的客人以夫妻或其他家庭成员为主。据统计，有一半的客人每年都要进行 2 到 3 次的农庄度假，60% 的客人一次停留一周左右。德国政府为了防止度假农庄过度商业化经营，规定度假农庄的民宿房舍应利用农家空出来的房间或农舍稍加改建整理经营，规定农庄民宿床位，一般为 2 到 6 个房间，可提供 4 到 15 个床位，低于这个限度可以享有免税政策。德国度假农庄还推出了骑术治疗项目，借助各种动物如马、狗、兔等，对各种身体不健全的病人进行治疗。无需药物和医巧器械，而是将恐惧、枯燥的治疗寓于娱乐和休闲活动之中。

（三）乡村博物馆

德国人非常重视和保护历史遗存，德国的村镇很重视历史文化遗产的保护，德国乡村博物馆的产生是借鉴了奥地利的民俗村经验，并在 1934 年才有了首座类似的乡村博物馆。德国的乡村博物馆完全依照历史文献记录而建造，将二三百年来的乡村风貌、房屋建筑型态、聚落样式以及民俗文物和生活方式完全仿照当时年代进行重建，所使用的建筑材料则是从原有房屋建筑中拆除下来的，将这些建筑材料集中在面积大约二十公顷的乡村博物馆所在地进行重建。几乎每个村子都有自己的乡村博物馆，乡村博物馆大多由政府管理。不同年代的历史遗迹、农宅房舍建筑物、建筑风格、生活方式、农耕文物等都会被乡村博物馆收藏和保护。乡村博物馆以乡村农业历史文化资源为主，在保存历史文物的同时，促使人们回顾农业历史，热爱家园。德国的乡村博物馆不仅有极高的历史文化价值，也会给游客带来休闲的艺术享受。

德国的休闲农庄是一种比合作居住具有更为深远内涵的人类居住模式，

它不仅旨在建立良好的社区邻里氛围，提升社会资本，同时在人、社区与自然的关系上，也开创了崭新理念，进行整合设计，以此减小对于环境的影响，同时提倡自足性经济，鼓励有机农田耕作，以巩固地方资源及生态性。

个案 1　萨克森州的林格镇：环保理念充满每个细节

下萨克森州的林格镇人口不足 5000 人，发达的农业和汽车配件工业使它成为一个富裕的小镇。不过，最让林格人自豪的还是该镇的优美环境。在离小镇 1 公里处有个工业小区。虽然聚集着 20 多家乡镇企业，但却看不到滚滚的浓烟，听不到机器的隆隆声。在林格镇，进行任何建设之前，总是优先考虑环境因素。林格镇为此专门成立了由生态、建筑、农业、法律等领域的专业人士组成的规划小组，对小镇的环境进行规划和监督。该镇鼓励发展无污染、少污染的行业和产品，抑制重污染行业和产品的发展；把企业集中起来，建立工业小区，严格控制企业污染物排放总量；尽可能采用新技术，以降低原材料和能源的消耗，减轻环境污染；同时，实施严格的环境监督管理。

雨水也要充分利用兴建排污治理设施是防治水环境污染的关键。在德国，几乎所有村镇都建有排污系统。城镇污水绝大多数采用生化处理工艺。农村排污系统的类型有两种：一是混流式，即所有污水全部汇入同一管道网进行处理；二是分流式，即生活污水和工厂废水与雨水等分管道汇集，分别处理。林格镇采用的是后一种。此外，他们也非常重视雨水的再利用。他们将收集后的雨水沉淀、过滤，储存到蓄水池，经泵站提升后用于冲厕、洗衣和灌溉。一家苹果榨汁厂还将雨水作为工业冷却循环用水。这些措施使小镇的林格河清澈见底，格外漂亮。

林格镇居民的环保意识非常强，每家门口都放着五颜六色的垃圾分类桶，有纸张、玻璃、金属、有机物等七八种之多。承包全镇垃圾回收的环保公司每周会在固定时间把垃圾分类运走，在垃圾处理厂进行再处理，无法再利用的则用于焚烧发电。很多家庭还会自己处理垃圾，如把生物垃圾制成肥料种花，在自家小院建立生物循环系统，用太阳能发电，用沼气作燃料，用布袋竹篮代替塑料袋等。在德国教科书中，孩子们可学的农村环保知识也非常丰富。几年前，曾有财团提供诱人的条件，想在该镇建高山缆车、盖五星级宾馆，大力提高乡镇企业的技术水平，扩大企业生产规模，发展旅游业。但居民们讨论之后拒绝了财团的投资，理由是这将破坏环境。

个案 2　Bad Sooden-Allendorf 村庄：与世无争的静谧美

Bad Sooden-Allendorf 是一个典型的德国村庄，坐落在哥廷根平原上，临近格林兄弟的故乡，这里是德国景色最美的地方。绿色的田野，茂密的森林，起伏的群山，还有散落的村落和点缀其间的古堡和教堂。河水缓缓流淌，有德国特有的近乎忧郁的宁静。

Bad Sooden-Allendorf 很小，一条小溪穿村而过，绿草茵茵的两岸是 18 世纪样式的建筑。村子以市政厅广场和教堂为中心，由此辐射出去的街巷里藏着餐馆、意大利冰激凌店、泰式按摩、超市、酒吧，甚至还有一片小型红灯区。每到整点，教堂的钟声会在整个村庄回荡。Bad Sooden-Allendorf 以天然温泉疗养闻名。村中的天然温泉富含盐和矿物质，是德国中部著名的水疗圣地。

个案 3　德国巴伐利亚农场：带上孩子尽享天伦之乐

巴伐利亚的农场，它们位于美丽的山坡上、山脚下，在那里，可以远眺翠绿的平原和茂密的森林，聆听着山涧里的潺潺流水、系在牛羊项下的铃铛发出的声响。巴伐利亚国王留下的童话一般的宫殿和城堡，以及传统的骑士表演更是成为孩子们向往的地方。在巴伐利亚，每一个度假农场都有自己的网页，那上面配有房间的照片，还有十分详细的注解。因为德国人度假并不只是住宾馆的房、吃餐厅的饭，而是希望能像在家一样的平常生活。所以，每到一地都希望能自己烧菜煮饭，因此，农场里是否有设备齐全的厨房是德国人考虑的重要因素，当然最关键的还是周围环境。

全球都爱农场度假，因为谁都知道去农场的目的是让孩子接触大自然，了解农民的生活，所以，农场主就会清楚地告诉你，他们家有几头牛、几只羊、几只老母鸡和几只大大小小的猫、兔子。同时还会告诉你别忘了带长筒水靴（这也是德国孩子生活中必备的），因为说不准孩子会和农民一起去喂牛，帮帮农民干活儿呢！

度假农场的确是孩子的天堂。除了现成的动物，拖拉机、割草机等各样机械车可看外，还有广阔的玩耍花园，花园里有给小孩子玩的沙坑、秋千，供大孩子开的赛车、挖土机等。眨眼工夫，孩子也不再缠着家长了，都找小伙伴玩去了，而且一天也不见影儿，直到晚上。

个案 4　德国卡卡尔斯草莓园：体验的乐园

德国北部城市罗斯托克的卡卡尔斯草莓体验乐园，它是包括了农贸市场、水上陆地游乐园、攀岩架、小动物园、采摘园以及水族馆等的大型体验乐园，也是当地非常值得去的地方之一，这里几乎所有娱乐设施都是免费的。

体验园的大门装饰以及乐园地图萌萌的指南勾起游客那阔别已久的童年记忆，然而市集场景会比想象中的更让你欣喜。饮品包括葡萄酒、高度数酒、果啤、饮料类、果汁类等，糖果包括硬糖、软糖、棉花糖、泡泡糖、棒棒糖，很多都含有草莓的元素，还贩售草莓味的咖啡。此外，还有波罗的海的石头、小孩玩的弹珠、家里的装饰物件储物件、穿的毛绒皮大衣及鞋子、床上用品、毛绒玩具、水壶水杯、香水香精肥皂、书籍等。

个案 5　斯图加特地区：历史建筑的保护

德国斯图加特地区的科尔恩塔尔－明欣根，该地区的乡村依托周边两座中心城市，有着良好的发展势头，也产生了新的建设需要。由于土地空间和价格的优势使基础设施转向周边地带建设，但这同时使得这个市镇面临着中心区空心化的危险。为了解决中心区的空心化问题，经过研究，地方政府决定采取紧凑式发展，通过限制无序扩张的住宅用地和商业用地，来复兴中心区域。这就要求做好新老建筑的协调，维护乡镇的风貌特征等。

镇子中存有大量空置的仓储建筑，这些有着木桁架结构的建筑原本用于农业用途，非常富有地方传统特色。为了获得足够的居住、商业空间，可以通过改造更新这些特色建筑，改造的时候要注重传统风貌的保护，这样便既能满足市镇的现代发展需求，又得以保护和传承这些宝贵的传统建筑文化风貌。之后，当地政府组织了“仓库节”活动，又通过 3D 场景的模拟，政府向市民展现了实施后的景观面貌。并且，当地还不断地完善相关的法律法规，确定其相关的用途和文化传承和保留的模式。以后一切相关的建设活动都必须依法实行。

第三节 日本的“一村一品”

一、日本“一村一品”运动的背景

第二次世界大战后，日本的工业经济发展迅速。城市工业化使得农村人口大规模转移到城市，许多农村的青壮年劳动力纷纷前往大城市寻求更好的工作机会以及快节奏的生活方式，农村地区的劳动力则越来越少。农村的人口流失造成大面积耕地荒废，土地等资源得不到充分利用，农村的经济出现了进一步落后的局面。这就造成城乡发展的严重不平衡，城乡差距越来越大。城市的生活水平、居民收入以及基础设施等都远远优于农村。同时，部分地区的成功案例也助推了“一村一品”运动的开展。大山町原本是大分县最贫困的地区，山林面积大，耕地面积很小，该地区的农民仅靠种田取得的收入勉强能够解决温饱问题。因此这里的人口逐年向外流动，经济水平长期落后。在一次会议中，该地区有人提出要大面积种植梅树、栗树的做法，这一做法获得了很大的成功，该地区农民的生活水平得到了很大的提高。还有一个成功的案例是发生在姬岛村，该村村民将虾作为该村的特色产品，生产了大量的虾，盈利也颇多，同时还带动了产品、技术、交通、市场这几方面的发展。

1979 年，日本大分县知事平松守彦先生为了改变家乡的落后经济水平，提出要开展“一村一品”运动。他走遍县内的各村，详细介绍“一村一品”运动的内容，利用电视、报纸等媒介大力宣传。“一村一品”的实质就是把一个村或者一个地区列为重点发展对象，充分利用其独特的自然资源，发挥优势，打造一个独一无二的品牌推广至全国甚至国际，提升该优秀产品的知名度，借此使农村的经济得到快速发展。

二、日本“一村一品”运动的主要做法

重视政府和农民间的交流，充分发挥农民组织的积极性。按照传统的思

路，不少基层政府都等着县府为开展“一村一品”运动安排一定的财政预算资金。但是大分县政府在开展运动时却决定打破常规，通过与民众直接对话，在各地召开座谈会，向民众宣传并争取广大群众的理解和支持。县政府有限的预算资金只能于支持公共性、基础性的领域。主要包括：一是为那些积极从事“一村一品”运动的町、村建设重要的基础设施，如贮藏蘑菇等生鲜农产品的冷库；二是为主动想学习提高农业技能的农民，兴办农业渔业产品指导中心、果品试验中心、农技术中心等提供有组织的各类技术培训和指导；三是在开拓和扩大销售渠道方面，政府在全国各地举办产品展示会，在大城市设“一村一品”产品专卖店，在海外设试销点。县知事也带头跑市场，为不断提升大分“一村一品”形象做好市场推介活动。在推进一村一品过程中注重培育农协组织，提高农民组织化程度，发挥农协的作用。日本的农业协会是连接政府与农民的桥梁和纽带，农协的地位和作用，影响着日本农村经济的发展和稳定，政府出台的每一项涉及农村发展的重大决策都要提前与农业协会沟通协商。政府与农协是一种紧密合作的关系，农协支持政府，政府反哺农协。如大分县从1981年实施了“一村一品”运动资金扶持制度，由大分县农协吸收和组织资金，以低利息借给开发培育发挥地区特点的作物品种所需要的资金，推进名牌产品产地的形成、产品的集散和销售体系的建设，从而谋求地区农业的健全发展。贷款的对象只限于得到市、町、村承认的作物品种。①

（2）加强对人才的培养和教育。只有在具有优秀品质和创造力的带头人领导下，才能选择合适的产业，才能带领农户取得“一村一品”活动的成功。为此，大分县广开学堂培育人才，对“一村一品”振兴地区的思想进行广泛传播，为“一村一品”运动培养和储备了大批优秀人才。在开办讲习班时，大分县注重理论培养和实际操作的结合，将学期定为2年制，第一年为理论教学，第二年为实践教学。理论教学主要以夜校的方式进行，学习内容为相关地区振兴的理论及技术，主要对本地区“一村一品”中的真实事迹进行教

① 何春红．注重创新 形成特色——日本“一村一品”运动考察体会[J].2012(08)

学；而实践教学的内容主要是以学员自主解决当地实际问题为基础。教学内容覆盖面较广，涵盖了技术培训与营销培训等多方面知识，参加人员除了农协、农村合作社及务农生产人员外，还设有针对妇女的专门培训组织。大分县始终将人才培养作为开展“一村一品”运动的首要目的，始终将培育出有知识、有能力、有创造力的当地人才当成“一村一品”首要任务。其在活动开展伊始就明确了“通过造物造就人，通过造人造就物”的纲领，人才培养不仅提高了地区民众的思想觉悟，更重要的是为“一村一品”的推广不断添加新的力量。①

（3）多种形式的宣传，发动广泛的公众参与。“一村一品”运动并非要去发展新事物或新产业以提高经济发展，而是要各地区根据自身的实际情况，号召当地居民着重发展可以作为本地支柱的特色产品和产业。活动开始初期，大分县利用媒体对活动进行大幅宣传，并无偿向各町民众提供电视节目以提高群众参加活动的积极性。20 世纪 70 年代末期，县政府将电视宣传时间免费交给市、町、村来策划，让各市、町、村自由发挥，自己制造专属的节目——我们村的骄傲。各市、村、町制作完成后，县政府将各市、町、村制造的节目汇总、编制后组成一个联合节目——让故乡改天换地，其内容丰富多彩、主题层次鲜明。由于该宣传节目以各市、町、村的老百姓的真实事迹为基础，因此节目一经播出，受到广泛关注，使得平时无人问津的县电视宣传节目的收视率节节攀升，创立“一村一品”的活动也随之宣传开来。在此基础上，县政府进一步设立了知事奖以对“一村一品”的好节目进行奖励，引起了一股各市町村争先参与和相互学习的热潮。通过宣传推广活动，群众广泛参与到活动中来，使得“一村一品”迅速深入人心，为其后续工作的开展打下坚实的群众基础。除此之外，政府还开展了电视广播宣传、专题活动研讨会、特色产品展销会等一系列活动，对“一村一品”活动进行大力支持与宣传。

（4）提供产品推广的平台，传播特色产品。充分利用政府的公共服务平让全县各市町村择优展出地方特色产品，扩大产品的内外影响。一是充分利

---

① 李耕玄．日本“一村一品”的启示及经验借鉴［J］.2016（11）

用本地展示平台。大分每年十月举办的农业节有各种各样的活动。在 1980 年的大分县第四次农业节上，为突出宣传“一村一品”运动开展的成果，专门设立了“一村一品”馆，组织各市、町、村把自己开展“一村一品”运动中开发培育的特色产品拿到农业节上展出，通过实物、图片、现场讲解，全面细致地介绍各市町村培育的“一村一品”成果。二是主动出击，抢占市场制高点。东京、大阪、横滨等全国中心城市不仅自身消费能量巨大，而且对周边及全国市场都有着极强的辐射带动作用。抢占中心城市消费市场对提升“一村一品”市场形象必将收到事半功倍的效果。为此，大分县自 1981 年开始，每隔几年在东京举办大分市场，招待会所需各类材料、厨师和部分厨具全部由大分空运到东京，以保证让东京社会各界精英现场品尝到纯正地道的大分风味，以倾注大分人百分之百的热情和真诚的乡土菜肴打动每一位到场的宾客。在较短的时间里，大分县的“一村一品”产品在全国范围内树立了优质、特色、健康的良好形象。

三、日本“一村一品”运动对江西的启示

（1）必须发展有特色的农业产品，发挥品牌优势。相比日本的迅速发展而言，江西农村经济发展缓慢，大多数地区没有形成品牌概念，农产品市场信息传递缓慢，一定程度上使江西的农产品销售市场受到阻碍，大大打击了农户参与和发展“一村一品”活动的热情。“一村一品”对提高农产品市场的信息化、对农产品销路的拓展及农产品市场的改组都有着积极作用。“一村一品”的成功和可持续化发展必须依靠农产品市场的高度信息化和农产品销路的渠道化,从实际出发,“一村一品”在江西省发展缓慢的根本原因在于对“品”的特色化速度较慢、品牌树立的意识十分薄弱。发展过程中，合作社应当有目的地选择特色、树立品牌并规划品牌的发展之路。众所周知，越是地方性的东西，越具有世界性。“一村一品”中最重要的是确定发展什么样的“品”，在选择“品”时应注重特色性、紧密联系市场、注重效益以及重视基础的作用。“一村一品”的发展能够将村、町的特色产品形成产业化，产生能够代表群众意愿的机构如合作社或成立联合企业等，既可以整合相关制度和销售路径，又可以统一群众意愿，增强品牌的竞争力。

（2）重视农民教育培训。在农民教育的发展过程中，日本逐渐认识到单纯依靠政府的力量是不够的，于是支持、鼓励其他力量的参与，使日本农民教育的供给呈现出主体多元化特征。从总体上看，一是各级农业科技教育培训中心；二是中高等农业院校；三是企业参与的各类培训服务机构；四是各级农民协会；五是各级农业技术推广服务体系和农业改良普及系统。这种由政府、学校和民间力量共同构成的多主体参与，相互交流、相互补充的全方位供给系统，能够有计划、分层次、有重点地开展农民职业技术教育。在江西省，一方面农民素质普遍较低，另一方面农民的人口数量巨大，农民教育是一个很艰巨的任务。在目前的情况下，应该参照日本的经验。一方面要完善大学和科研机构对于农民培训方面的体系，主要解决农民应用高新技术的培训，完善农民的中等职业教育和成人职业教育体系，重点解决农民在实际操作中的技能知识问题；另一方面，江西省内的一些地方农民专业协会是种十分有效的补充方式，同时可以借助网络教育这个有力的工具将农业学校、推广部门、培训部门、行业协会结合起来，不仅为农民提供各种信息，还可以开展远程培训、网上交流示范等，让有条件的农民更方便快捷地进行自我培训。

（3）注重创新，形成具有地区特色的城乡一体的发展之路。日本的“一村一品”的萌发与迅速发展，具有深刻的社会经济和区域发展方面的原因。从一般意义上来说，一个地区在工业化、城镇化快速发展过程中，由于农村、农业、农民的相对弱势地位，必然会面临着如何提升农村活力、提高农业竞争力、增强农民收入的问题。日本大分县知事平松守彦，审时度势、因势利导地推动了“一村一品”运动，为较好解决上述问题开辟了一条具有地区特色并影响广泛的成功道路。江西省的农村缺乏活力、农业竞争力不强、农民收入增长不快，其主要原因是其为实现赶超型工业化而实行的城乡分割的发展战略。目前江西省的城乡关系进入了一个新的阶段。传统的城市发展战略是一种铺大饼式的发展，农村受益的往往是城郊农村区域，这也符合以前赶超式的城市发展要求。在建设“富裕美丽幸福江西”的发展时期，江西省应着力加快构建新型城乡关系，破解农村经济发展的瓶颈，发展有特色的“一村一品”战略。

第四节　西欧保护“乡村风貌”的乡村建设

一、德国巴伐利亚州的“农村更新”

德国的农村建设走过了一个长期的探索过程，在这一过程中，土地整理与村庄更新作为改善农村生活条件的重要手段，有至关重要的作用。德国农村有着清新的空气、舒适的自然环境、低密度的居住环境以及保存良好的村镇景观，这与农村更新是密不可分的。农村更新使德国的村庄拥有现代城市无法比拟的独特魅力。农村更新主要典型有德国的巴伐利亚州。

在初期，巴伐利亚州的农村中存在许多问题，农村人口的负增长和老龄化使得农村住房的闲置率不断增长，许多私宅因为长久无人居住，使其少有维护或年久失修，严重违背了美丽乡村的内涵；农村的衰退使得村庄中的公共建筑和公共空间缺少必要的建设和维修保护，教堂、广场等传统的村落空间和公共建筑缺乏及时的更新，社区的设施明显不足，村落的整体结构存在局部杂乱的问题。

二战以来，德国采用了乡村土地整理的手段，在改善农林生产条件、合理开发和利用土地资源方面发挥了重要作用，并且在保护乡村自然景观、生态环境方面也有促进作用。德国的巴伐利亚州在过去的时期在土地整理、乡村革新和村落风貌保护方面取得了显著的成效。巴伐利亚州的“农村更新”采取的是自下而上的过程，每一步的决策都是以“村落风貌”本身为立足点，有广大村民的参与。

一般来说，一个村庄的更新需要 10~15 年的时间。德国巴伐利亚州在“农村更新”上主要从三个方面开展：（1）村落整体结构与公共空间。这是村落更新最基础、最重要的一环，巴伐利亚州的建筑师对建筑保存状况的好坏、建筑及土地的使用及闲置状态、公共建筑及设施的位置、绿化树种以及村落中的自然保护范围等进行分析，得到闲置及极少使用的建筑以及农业设施可以服务的范围，从建筑的状态入手，进行改造。一方面，对现存建筑进行调整，保存所有住宅体量相似、风格一致、形体关系明晰，对由于空地导致的村落景观不连续的现象进行治理；另一方面，对村庄中的道路进行详细的设计，包括了绿化、停车位、车行道、铺地等，保证了主要道路界面的连续和多样。（2）私宅更新。巴伐利亚州的乡村以村落住宅的历史演变、现存建筑为基础，淘汰传统的木构架住宅，取而代之的是新的农村住宅，新的住宅摒弃了木架构而外观与老住宅有一定的相似性，同时与城市别墅有区别。（3）公共历史建筑更新。一些老旧住宅已经丧失了实用性，迫切地要求对其进行功能转换，同时对保存完好的公共建筑也有更新的需要。对于历史遗留建筑，巴伐利亚州保存了其原有的风貌，并在其建筑内部重新划分空间，使之成为一个影视、棋牌、餐饮多功能的社区活动中心。

总的来说，巴伐利亚州以土地整理进行“农村更新”，使其从落后的农业区变为了德国实力雄厚、乡村风景优美的联邦州，它迷人的田园风光和高质量的生活水平吸引了大批的游客，它被欧盟当作现代化农村建设的一个标本。

二、法国普罗旺斯的“人文保护”

法国乡村治理成功的原因主要是注重“人文保护”，它将乡村文化资源作为社区发展的主题。在法国，超过 40% 的乡村利用自然与文化资源作为乡村发展的主题，乡村通过围绕旅游业的发展来开发保护其中的自然与人文景观，增强了乡村的凝聚力与可持续发展的能力。其中，法国的“人文保护”以普罗旺斯最为著名。

法国南部地中海沿岸的普罗旺斯不仅是法国国内最美丽的乡村度假胜地，更吸引来自世界各地的度假人群到这里来感受普罗旺斯的恬静气氛。普罗旺斯已经作为一种生活方式的代名词，是法国令人神往的目的地，几乎是所有人“逃逸都市、享受慵懒”的梦想之地。普罗旺斯旅游形象定位是薰衣草之乡，世界闻名的薰衣草使其成为备受游人青睐的旅游胜地。薰衣草使普罗旺斯的空气中充满了香气，这种独特的自然香气是在其他地方所无法轻易体验到的，每到七八月间，普罗旺斯遍地都是薰衣草紫色花海翻腾的迷人画面。

普罗旺斯不仅仅成名于芬芳的薰衣草和优美的风景，当地的葡萄酒行业在世界上也是非常著名的。普罗旺斯的葡萄酒有着几千年悠久的历史。普罗旺斯的葡萄酒产区在地中海和阿尔卑斯山之间，由于普罗旺斯的葡萄酒产区拥有肥沃多样的土壤、极长的日照时间、适宜的气候，这造就了种植葡萄最适宜的条件，这使得普罗旺斯成为天然的葡萄产区，因此得到了“酿酒王国”的美称。八月下旬是普罗旺斯葡萄的收获季节，在紫色薰衣草的映衬下，桃红色的葡萄酒映入眼帘，这让普罗旺斯更加的“流光溢彩”，普罗旺斯的乡村因为此更加的妖娆迷人。

总之，法国对乡村自然景观和人文关怀是非常重视的，它的乡村旅游发展比较规范和完善。法国将生产景观化，将农业生产与生态农业建设以及旅游休闲观光结合起来，从而才把普罗旺斯打造成为世界闻名的旅游胜地。

三、荷兰乡村的“土地整理”

荷兰的乡村风貌有着独特的魅力，从荷兰的上空俯瞰，一片片的树林、成排的树木、大块的农田、水渠、道路和村庄构成了整体美丽的景观，荷兰的乡村风貌规划与荷兰的土地整理过程紧密相连。乡村风貌规划是荷兰风景园林设计师的重要领域，全面保护乡村地区的自然环境，提高乡村景观的视觉品质，促进实现乡村地区经济效益、社会效益和环境效益的统一。

荷兰是世界上开展土地整理较早的国家之一。20 世纪初，荷兰就开始了较大规模的土地整理，土地整理贯穿了 20 世纪荷兰农业的发展历史，不同历史时期的土地整理与同期颁布的土地整理法案都对荷兰乡村水岸景观的变化有着深刻的影响。荷兰土地整理的重心是从最初单纯的以调整农业为目的演化为乡村地区更加有效的土地多重利用；与此同时，荷兰的乡村风貌规划也逐渐从为农业生产等经济因素服务，变为注重有效的土地利用与景观品质、生态进程的保护和发展相结合。其中，以荷兰海尔德兰省的西泰勒沃德和赞斯堡最为典型。

西泰勒沃德位于海尔德兰省（Gelderland），北临林格河（Linge），南临瓦尔河（Waal），总面 130km^2。在土地整理之前，这个区域的村庄、耕地及果园都在两条河流的河堤处发展，而中心地区的排水状况很差，难以进入。河滨地带与中心地带两种景象形成了鲜明的对比。土地整理方案的执行是整理土地的利用形式，为农业生产提供良好的外部条件，同时也结合考虑了自然价值、户外休闲和视觉审美。为营造大片的森林和自然区域，西泰勒沃德规划了很多大型自然区域作为自然保护地。此外，两条穿过圩田的公路的改扩建工程用了大量的沙子来抬高路基；在穿越圩田的公路北侧、挖沙形成湖面的周围，西泰勒沃德规划了 100km^2 的林格森林，使其成为一个有着湖水和森林的休闲公园。在种植规划中，农院周围利用树篱围合。道路种植则从视觉角度考虑，限于通透性较好的树列，保持了圩田景观的开敞性，同时也联系和融合了不同形式的土地利用。

赞斯堡位于阿姆斯特丹郊外 15 公里处，于 1574 年建起第一座风车后，荷兰人视风车如同英国人的蒸汽机。风车提供的动力，使荷兰的造船业迅速地发展起来。造就了当年荷兰货船驰骋大洋，威震四海的历史局面。在不长的时间内，这一地区建造了上千座风车，俨然成为世界上第一个“绿色能源”的工业区。后来，虽然随着蒸汽机的出现，风车渐渐退出了历史舞台。可是荷兰人对当年为荷兰发展立下汗马功劳的风车还是充满着亲切和热爱。至今，风车还是荷兰的象征。在赞斯堡，许多上百年的风车被完整地保留下来。虽然严格地说，这本是一块工业园区，但由于风车最早先的作用是帮助农人排水和碾米磨面，所以现代人还是愿意把它视为农耕社会的标志，再加上赞斯堡里大片绿油油的草场和那些可爱的奶牛与家禽，映衬着远处油漆鲜亮的农舍，让人们觉得仿佛是置身于几百年前的乡间。

总的来说，随着土地整理进程的发展，荷兰在乡村风貌规划中积极追求提供广阔的农业空间，兼顾生态、休闲和居住的发展，同时又延续了场地的历史信息。荷兰对于土地的整理也不仅仅局限于对“绿色”部分的规划，而是创造更美丽的乡村风貌。荷兰主要通过种植规划、基础设施建设、延续历史特征以及确定自然保护区和生态网络来支撑经济发展，提升乡村地区的自然价值和景观价值。

第五节　中国贵州的“四在农家·美丽乡村”

“四在农家·美丽乡村”是贵州省建设美丽乡村的重要路径，始于贵州省遵义市余庆县。2001年，余庆县紧紧围绕“富在农家增收入、学在农家长智慧、乐在农家爽精神、美在农家展新貌”，开始在农村推广了“四在农家·美丽乡村”的建设理念。之后，贵州省按照“生产发展、生活宽裕、乡风文明、村容整洁、管理民主”的要求大力建设新农村，全年实施了“小康路、小康水、小康房、小康电、小康讯、小康寨”基础设施建设六项行动计划，稳步推进美丽乡村的创建，全省广大农村的面貌焕然一新。

一、湄潭县——典型示范发展现代农业

自贵州省开始大力推进新农村建设以来，湄潭县紧扣中央要求，立足县情实际，积极探索创新，走出了一条以“四在农家·美丽乡村”创建活动为载体、农业产业化发展为支撑、村庄整治为重点、黔北民居新村建设为标志、基层组织建设为保障的具有湄潭特色的美丽乡村、新农村建设之路。

（1）注重绿色发展，编制绿色产业规划。坚持以规划引领产业发展，成立现代高效农业园区管理委员会和茶业园区管理委员会办公室，编制完成了《特色产业发展规划》、《现代高效茶业示范园区总体规划》，整合各部门资金，着力推进茶叶、优质稻、精品水果、烟叶等“十大现代农业示范园区”建设。[①]

（2）典型示范助推以点带面。坚持规划先行、示范带动，对全县相对集中的自然村寨进行总体规划，并按照“小青瓦、坡屋顶、转角楼、三合院、雕花窗、白粉墙、穿斗枋”七大核心要素，设计了多套黔北民居建房图纸供群众选用，确保新农村建设科学有序、特色鲜明。按照聚散相宜、错落有致布局新居，着力打造“依山傍水、村庄城镇、自然村寨”三种模式，使黔北民居与自然景观相得益彰。全面推进示范点基础设施和公共服务设施配套以及村庄环境整治，着力改善人居环境，提高生活质量。全县涌现出田家沟、

① 瞿欣含，罗国波．生态为先　特色为要　城乡统筹——湄潭县深化改革加强生态文明建设［J］．当代贵州 .2015（02）：56-57.

核桃坝、偏岩塘、“七彩部落”等一批看有形象、学有榜样的黔北民居新村示范点。[①]

（3）加强生态文明建设，优化居住环境。为加快旅游发展，2013 年 12 月，湄潭县出台《建设文化旅游强县的决定》，成立旅游发展管理委员会，统筹生态、文化、资金、土地等要素，着力打造“2554”（2 个 5A 级旅游景区、5 个 4A 级旅游景区）旅游精品景区，把湄潭建成全国知名的全域开放式生态文化旅游目的地和休闲养生胜地，以生态文明建设为统领，全力推进“最美新农村 · 天然大公园”建设。湄潭县还大力开展“省级文明城市，国家卫生县城，国家生态县、国家环保模范城市”创建活动，投巨资建设了县城污水处理厂二期工程、湄江河排污箱涵工程、县城供水厂、万众综合农贸市场等项目，使得城市面貌焕然一新，人居环境明显改善，市民素质明显提高，发展环境更加优化，城市品位得以提升。[②]

二、黔西县——突出民居特色多元发展

黔西县按照“统筹规划、分类实施”的原则，以突出“贵州民居”特色，改善农村人居环境，推动美丽乡村创建为宗旨，多举措推进全县“四在农家·美丽乡村”民居建设工作。

黔西县推进美丽乡村建设具有天然的优势，它本身就是一座天然大盆景。水西湖、东风湖、索风湖、乌江库区所组成的乌江源百里画廊，从东、南、西三面，把黔西包裹成半岛形状，靠近北面，则是被称为“地球彩带”的百里杜鹃。县境内，10 多个万亩大坝子与丘陵交错，黔西观音洞、古象祠、奢香古驿、撞钟山、九狮闹莲、水西马等文化景观穿插，盆景黔西美如花。在这块上天厚赐的土地上，黔西县决策层立足于建休闲避暑胜地，统筹城乡一体化，在文化旅游引擎中谋百姓小康福祉。黔西县的“柳岸水乡”是有名的踏春旅游点，风景优美，正因为如此，黔西县将之作为乡村旅游景点打造，

① 遵义日报 . 2015 年 /7 月 /30 日 / 第 001 版

② 瞿欣含，罗国波 . 生态为先　特色为要　城乡统筹——湄潭县深化改革加强生态文明建设［J］. 当代贵州 .2015（02）：56-57.

修通旅游公路，改造特色民居，人与自然和谐搭配，吸引了城市人周末前来休闲度假。①

产业是美丽乡村建设的根基和重要支撑。黔西县因地制宜加快农业种植，畜牧业养殖产业结构的调整，利用森林资源，发展林下种养植（殖），利用良好自然生态资源和丰富的民族文化资源，发展生态旅游和乡村旅游，形成具有明显比较优势的支柱产业，稳定增加农民收入。黔西县还带动农民由单一的收入来源转向“多元”发展、“多元”增收，高效发展、高额增收，通过效益比较，带动传统农业加快向现代农业的转型；带动农村分散经营的土地加大向种植能手和规模经济的流转。创造条件，努力培育、引进、发展一批资源节约型、环境友好型的不同所有制的企业，为农村富余劳动力就地就近就业创造条件，走出一条生态工业发展，多种所有制经济带动美丽乡村建设的新路子。抓住国家统筹城乡发展、统筹三农发展、国家公共财政投入向农村逐年加大的机遇，积极对接国家及发达地区，努力改善农村交通、水利、电力、通讯、民居及村寨环境等。②

三、龙井村——一事一议财政奖补示范村

贵州省贵阳市花溪区青岩镇龙井村已拥有数百年的历史。如今，村里居住着 331 户，1126 口人，其中 98% 为布依族。2011 年 3 月之前，龙井村是一个污水遍地、臭气熏天的村子，加上每家屋后都有一条暴露在外的排污沟，气温一高便滋生蚊蝇，一条进村路坑坑洼洼，给百姓的生产生活带来了诸多不便，村民们苦不堪言。

2011 年，贵州省开始启动一事一议财政奖补示范村寨建设试点。龙井村被列为贵州省第一个一事一议财政奖补示范村。考虑到该村毗邻青岩古镇（距镇中心 0.6 公里），交通条件便利，村里还有米酒酿制和特色民族工艺品制作的传统。镇、区财政部门实地考察后认为，如果对该村村容村貌进行综合整治，将其打造成“美丽乡村”示范村寨，可以发展文化、旅游产业，从而带动农

① 贵州日报/2013 年/7 月/16 日/第 002 版

② 李克明．贵州毕节——美丽乡村建设的成功实践与目标思考［J］．城乡建设

民群众就业创业，增产增收。

2011年3月，龙井村召开村民代表会议，提出“美丽村寨”建设蓝图。各级财政通过整合涉农资金，为该村安排了370万元的财政奖补资金。根据项目建设方案，村里实施了包括10多个项目在内的示范村建设，项目内容主要包括：硬化一条3000米长、4.5米宽、0.3米厚的村组主干道；对村内的污水沟进行改造，在此基础上新建一个面积为5000平方米的文体活动场所；对村内一条4000米长的饮水管网进行更新改造；安装100盏太阳能路灯；整治3000米居民用电线路；新建1个封闭式垃圾房，对村内生活垃圾实行无害化处理；新建1座公厕；绿化村内道路；建设3000米的串户路；新建1处绿化护栏工程等。

在项目实施过程中，该村36名共产党员和村干部积极带头投工投劳。在党员干部的带领下，广大群众本着“出力出汗不出钱”的原则，积极投入义务工，全村累计投工投劳18000个工日。经过9个多月的奋战，到2012年年初，该村的面貌得到了彻底改善。

2012年以来，在村容村貌等“硬件”设施得到改善的基础上，龙井村开始从“软件”方面谋划新一轮“美丽乡村”发展蓝图。村“两委”班子成员和村民代表经研究决定，按照当地布依族群众的传统习俗，利用每年的正月初九、三月三、六月六、九月九等民族节庆日子，邀请周边地区的商户和各界群众，在村里举行文艺会演。通过文艺搭台形式开展商贸交易，以此发展村内的文化和民俗旅游产业，为村民就业、创业、增加收入等提供条件。[①]

四、杉乡锦屏——传统文化让文明新风滋润万户千家

锦屏在大力发展经济的同时，还不断思考如何藏富于民。这种“富”除了逐渐上升的收入，还包括不断拓宽的就业渠道、免费享受的义务教育、良好的社会秩序、秀美的山川环境等。对于老百姓而言，“富裕”不仅表现在物质的富足，更表现在精神上的富有和心理上的满足。健全社会保障体制，做

---

① “美丽乡村”建设的“试验田”——贵州省开展一事一议财政奖补示范村寨建设纪实．中国财经报，2013年6月18日

大分配 “蛋糕”的同时切好蛋糕，让杉乡人民都享有出彩机会。这是锦屏县委、锦屏县人民政府决策上的制高点，也是主要领导的执政理念。

早在制定新农村规划时，锦屏就依托600多年的锦屏文书精神，用苗村侗寨的民族契约文化倡导村民培养健康、文明的生活习惯和生活方式。今天的锦屏新农村，自觉遵守村规民约，摒弃不良村风民俗，尊老爱幼、团结互助、遵纪守法等已蔚然成风，仁、义、礼、智、信已融入杉乡人民的生活里，内化成为杉乡人民的文化自觉，契约精神、民族礼教、法纪理念成为增强锦屏人民文化自信的动力之源。

在铜鼓镇乐安村一排排新建房屋的围墙上，画满了五彩缤纷的民俗画、儿童画，政策信息、文明公德、农业知识都上了“插图版”，并配以村民自己创作的标语、顺口溜，简单易懂，朗朗上口；平秋镇桥问侗寨的“文化墙”，采用图文并茂的漫画形式，宣传诚信和科技常识；隆里乡华寨村中心广场上，3块两米多高、一米宽的石碑并排，镌刻着全村人共同制定和遵守的《村民自治合约》，而村里的广场和主街道上，劝和歌、劝和画布置在墙壁上、橱窗里，洋溢着讲仁爱、求友善、修和睦、重和谐的文化氛围……

一面面精美的文化墙，形成了一道亮丽的风景线，引得路人不时驻足观看。这些以社会主义核心价值观、社会公德、家庭美德、个人品德、感恩教育、普法宣传、农业科技等为主要内容的文化墙，已成为锦屏县新农村建设、新农民培育的一个重要阵地和窗口。

自2014年以来，锦屏县还积极探索理论工作接地气，寻找服务群众的新载体、道德讲堂的新模式，以“身边人讲身边事、身边人讲自己事、身边事教身边人”这一新型的理论宣讲和公民道德建设方式，采取县指导、乡主导、村参与的方式，组建县乡村三级“杉乡好声音·新风福万家”理论走基层暨道德讲堂建设巡回宣讲团和文艺宣传队，以群众参与为主、按照“我听、我看、我讲、我议、我选、我行”为主要模式，在全县范围内开展理论宣讲、文艺展演、身边人讲身边事、面对面征集群众意见建议等形式多样的巡回宣传活动，倡导农村群众读书、知礼、格物、致知，文化广场、农家书屋、乡村歌场等文化活动场成了农民群众农闲时节好去处。

“我小学和初中不好学，字识不了几个，在村两委和农家书屋的帮助下，如今我不但能识字，还专门学习了一些农村种植养殖实用技术，办起了年产3000只鸡的林下养鸡场，年收入在3万元以上。”钟灵乡寨稿村村民吴宏海是农家书屋的受益者之一。文化滋润生活、文化引导时尚、文化同样带富群众。①

五、纳灰村——发展特色产业

纳灰村利用布依族民间文化资源丰富多彩的优势，不仅组建了女子高台舞狮队、布依族民间花灯队等多个民间文艺组织，还精心打造了一批独具特色的布依族民间花灯、八音坐唱、布依傩戏、高台舞狮等文艺节目，使村庄独特的民族文化成为旅游元素及美丽村庄的“美丽”元素。

“旅游业与农业有机结合，以农业促进旅游业，以旅游业带动农业。”这是纳灰村的产业发展模式，纳灰村围绕旅游调整和优化产业，“农家乐”、乡村旅馆、特色种植业养殖业、民族商品经营等均已具发展规模。目前，纳灰村整个街道办有农家乐86家，日均接待游客2000余人，年收入722万元；2016年，农民人均纯收入为12268元。

六、余庆县——以红色文化打造美丽乡村

余庆县大乌江镇红渡村坐落在乌江边上，距大乌江集镇2公里，原名岩门，因1935年1月红军在村中回龙渡口率先突破乌江、北上遵义而改名红渡。该村交通便利，环境优美，气候宜人，四周群山环抱，中心小溪流淌，四季风景如画。在这片红军当年浴血奋战的土地上，目前正在探索“旅居农家”建设的新路径，寻求“四在农家·美丽乡村”转型升级的突破点。

红渡村因红军而得名，却因梯田而闻名。规模宏大的红渡梯田是贵州省著名的十大梯田之一，2000多亩层层叠叠、高低错落的梯田分布在海拔300~900米之间，最大坡度达50度，从山脚盘绕到山顶，其线条行云流水，其规模磅礴壮观，加上景色随季节更替不断变化，可谓美不胜收。在这梯田

① 贵州锦屏在美丽乡村建设中以文化情怀留住乡愁. http://www.wenming.cn/syjj/dfcz/gz/201502/t20150206_2442537.shtml

的海洋里，最大的田不过一亩，大多数田都是只能种一两行禾的“带子丘”和“青蛙一跳三块田”的碎田块，既涵盖了贵州梯田的特色，也独有自己的风采。聪明智慧的红渡人利用彩色水稻在梯田中种出了一紫一黄两个巨大的“大脚印”，紫色的占地 20 亩，金黄色的占地 17 亩多，寓意当年红军路过此地的“红色足迹”。在怀念红军功绩的同时，又为红渡添一奇景，引人遐思。

红渡具有厚重的红色文化基因，那些永不磨灭的红色记忆，记载着激情燃烧的烽火岁月。如今，在梯田间锃亮的石板古道，还留有红军的足迹，江边船工的家里，还存有载红军渡江的竹筏，村民老屋门板上，还有红军标语的墨迹，而当年红军抢渡乌江战斗遗址已成为贵州省第一批省级重点文物保护单位和遵义市爱国主义教育基地。依托红色文化优势，红渡村建起了 10000 平方米的红色体验场和红军长征三过余庆陈列馆，量身打造了重走长征路、悼念红军烈士、模拟抢渡乌江、唱红歌、吃红军饭等体验式红色旅游系列活动，沿着红军走过的足迹真实体验红军的英雄壮举。通过红色体验活动传承红色文化，开展爱国主义教育，使游客了解红军强渡乌江的历史，亲身感受当年红军长征时的艰辛，感悟红军乐于吃苦，勇于战斗，重于求实，善于团结的长征精神。

为了将“四在农家·美丽乡村”从政治品牌转向经济品牌，县委、县政府将目光投向红色文化、农耕文化、生态文化均突出的红渡村，开启了以“农耕体验、乡土怀旧”为特征的“旅居农家”创建的新征程，有效搭建了一座资源与产业、农民与市场之间的桥梁。“旅居农家”的核心内涵是依托“四在农家·美丽乡村”的优势资源，以提升旅游服务功能为导向，构建既服务于本地居民，又可服务于外来游客的、功能更加完善、主题更加突出的主客共享农村发展新模式。其本质是瞄准都市人群追崇田园生活、山水旅游、怀旧农耕的时代需求，以“农耕体验、乡土怀旧”为特征，以“全方位设施配置、聚合式村落布局、酒店式统一管理”为发展模式，以环境、住宅、农田的有机结合为空间理念，推动迈向全域化旅游、全民化旅游、全行业旅游，最终成为“民居客旅、主客共享”的都市人群旅居目的地。

2014 年以来，红渡村全面进行“四在农家·美丽乡村”房屋改造，新建了污水处理厂、汽车停车场，人行木栈道和观景台等，已恢复当年红军战斗指挥所一处，开发生态旅游观光景点 3 处，改造建设“余庆坊”旅居农家接待点 4 处，农事体验 4 处，民俗购物点 5 处，休闲养生点 19 处。一个融宜居、宜游、健身、休闲等于一体“旅居农家”精品点正在逐步成形。随着整村推进“旅居农家”创建，最终形成 400~500 间客房，日接待 800 人左右的旅游示范区。

昔日，红军在这里打通上北上遵义的通道。今天，红渡人又举起新常态下新农村建设转型升级的旗帜，努力实现从“种田地”到“卖风景”的转变，点燃了“旅居农家”模式的星星之火，必将落地生根、开花结果，惠及更多群众。[①]

七、贵州经验

贵州省实施了以“小康路、小康水、小康房、小康电、小康讯、小康寨”为主要内容的六项行动计划，推动基础设施向乡镇以下延伸，以切实改善农村生产生活条件为抓手。2017 年 4 月贵州省又出台《整体改善农村人居环境全面加快“四在农家·美丽乡村”建设的实施意见》，打造“四在农家·美丽乡村”升级版，到 2020 年，全省形成点线面结合、宜居宜业宜游的美丽乡村新格局，使美丽乡村成为多彩贵州的靓丽名片，提出要努力建成美丽乡村示范省。

（1）以点带面，创建示范点。始终坚持规划先行、示范带动，对全省相对集中的自然村寨进行总体规划，并按照“小青瓦、坡屋顶、转角楼、三合院、雕花窗、白粉墙、穿斗枋”七大核心要素，设计 20 余套黔北民居建房图纸供群众选用，确保新农村建设科学有序、特色鲜明。按照聚散相宜、错落有致布局新居，着力打造“依山傍水、村庄城镇、自然村寨”三种模式，使黔北民居与自然景观相得益彰。全面推进示范点基础设施和公共服务设施配套以及村庄环境整治，着力改善人居环境，提高生活质量。涌现出田家沟、核桃坝、

① 贵州美丽乡村，余庆县大乌江镇红渡村．http://gz.people.com.cn/n/2015/0907/c222177-26277989.html

偏岩塘、“七彩部落”等一批看有形象、学有榜样的黔北民居新村示范点。[①]

（2）注重机制创新。推进“四在农家·美丽乡村”基础设施建设，发挥乡村基础设施的长期效益，重在体制机制建设。要抓住建、管、养、运等环节，以改革创新精神开展工作，建立健全一系列长效机制。一是建立健全管理机制。加强工程建设监管，严格项目建设程序，未经批准不得随意变更设计、降低建设标准，确保工程质量。加强工程资金使用监督管理，审计部门要加强前置审计、在建审计、跟踪审计、结算审计和绩效审计，防止截留、挤占、挪用资金的现象出现，确保资金安全高效使用。二是建立健全运行机制。对一些经营性的乡村基础设施，可以实行市场化运作，采取承包、租赁、拍卖、转让等多种形式。对于非经营性的乡村基础设施，实行“以钱养事”等方式，由政府购买公共服务进行运行维护。三是建立健全考评机制。积极借鉴浙江安吉等地“美丽乡村”建设经验，对精品村、重点村、特色村等不同层级的村庄实施差异化考核。[②]

（3）注重传统村落保护，大力发展乡村旅游。贵州省有426个村落列入中国传统村落名录，数量居全国第二，因此十分注重传统村落长久保护、整体保护，把发展适宜产业纳入传统村落整体保护规划，鼓励发展与乡土建筑历史文化价值相适应、与环境承载力相契合的业态。贵州省始终注重发展美丽乡村旅游，推动村景共建，重点把传统村落、民族村寨打造成精品旅游景点，把著名景区周边乡村打造成配套旅游景点。结合自身的资源禀赋，围绕名胜古迹、民俗特色、文化积淀、山水风光、生态农业等，突出地域特色，打造出一批有特点的“精品”村落。云峰八寨本寨村充分发扬屯堡文化，在保护传统村落时，加强对古路、古桥、古涵、古井、古塘、古树、古藤等历史环境要素的有效保护，做到修旧如旧、传形传神，往来游客络绎不绝。贵州省还把一些传统的非遗技艺、一些生产性保护项目都挖掘出来。从江加榜梯田的“稻鱼鸭”复合系统种植地，是全国19个重要农业文化遗产之一，也

---

① 李烨．打造多彩乡村——美丽乡村建设的贵州经验［J］．领导之友．2016（06）：13—15.

② 深化六项行动建设“四在农家·美丽乡村”，陈敏尔，当代贵州，2013（33）

是中国第一批重要农业文化遗产。凤冈县在完善茶艺茶道、茶乡歌舞、采制茶叶等设施的基础上，增加了“一观、二闻、三采、四炒、五品、六膳、七娱、八购、九学、十住”采、制茶的游客体验活动，既彰显了茶文化，又留住了游客，为农民增收创造了条件。[①]

第六节 中国浙江的特色小镇与美丽乡村

近年来，我国东南沿海地区新农村建设已经进入了起飞时期，出现了以江西婺源和浙江安吉为典型代表的“美丽乡村”实践案例，前者定位于“中国最美的乡村”,后者为“中国美丽乡村”。二者均表现出凭借天然的资源环境、优越的区位条件，以多样化的社会资源运作，积淀丰厚的社会资本，从而打造一流的旅游目的地，并构造综合性社会产业，最终实现经济社会、环境文化以及人的全面发展。

浙江省土地面积 101800km^2，地形以丘陵山地为主，平原面积占 23%，与韩国近似。当前，浙江省人均 GDP 超过 6000 美元，人均经济水平处于全国省区单元第一，已经进入世界中等发达地区行列，居民消费已经跨入转型升级阶段，对宜居、休闲、健康等有着更高的追求。所以，长三角及浙江省沿海地区已快速处于较高水平的大都市，对农产品需求在质量、数量与类型上提出了新的标准与要求。进入 21 世纪以后，浙江省城镇化进程发展较快，水平提升趋于平缓，这表明浙江省城乡建设正在进入一个新的发展时期。

（1）2003 年，浙江省按照全面建设小康新农村的标准，开始整治 10000 个村庄，建成 1000 个示范村，即“千村示范、万村整治”工程，其后建设效果明显。

（2）2008 年浙江安吉县率先开展了“美丽乡村”创建行动，实施成效巨大。自此，浙江省新农村建设正在由以“村村通”为主导的农村基础设施建设（降低了农村生产生活的初级交易成本）阶段，向“上层次、上水平”的内涵发

① 李烨 . 打造多彩乡村——美丽乡村建设的贵州经验［J］. 领导之友 .2016（06）：13—15.

展阶段（农业产品的品牌、农村人居的品位、农民生活的品质——“美丽乡村”的内涵）迈进。

（3）浙江新农村建设的重心开始从浙东北及东南沿海发达地区，向中西部、南部次发达及欠发达的丘陵、山区转移，其中，后发现代都市农业优势和独特的山水资源优势成为重要竞争资本。

如今，浙江全省已形成美丽乡村精品村 312 个，成为宜居、宜业、宜游的美丽乡村建设的标杆省。

一、安吉县——注重生态保护和全局发展

安吉县位于浙江省西北部，至今已有 1800 多年历史。全县人口 45 万，辖 9 镇 4 乡 1 街道和 1 个省级经济开发区，187 个行政村，面积 1886 平方公里，“七山一水二分田”，是全国首个生态县和著名的“中国竹乡”。如今，安吉县呈现出“一村一品”、“一村一景”、“一村一韵”的特色，为各地的美丽乡村建设提供了宝贵的经验。

（1）坚持生态立村的发展方式。2002 年，安吉开始打造生态人居县，坚持“绿水青山就是金山银山”的发展理念，通过创新发展生态农业，大力发展生态休闲旅游，推动安吉乡村实现跨越式发展。比如，安吉县高家堂村按照生态发展要求，全村停掉两家造纸厂、3 家竹制品企业，围绕竹林资源重新规划设计，改造和提升笋竹产业，搞好生态养殖，组建公司，开办农家乐，既提高了全村农民收入，又保护了生态。如今，高家堂村不仅成为农业部发布的美丽乡村十大模式中的“生态保护型”样本，还成为全国首批美丽宜居示范村庄。①

（2）注重乡村文化的发展。一是大力挖掘和弘扬优秀传统文化。安吉特有的孝文化、竹文化、茶文化、昌硕文化、舍族文化和移民文化得到了挖掘和传承，推动了乡土文化产业的发展。二是重视建设农村文化设施。不仅重视庙堂、古树、古代建筑等文物古迹的修复和保护，许多行政村还纷纷建立

① 中农富通 . 案例分享：美丽乡村建设的安吉经验［EB/OL］. 今日头条，http://www.toutiao.com/i6436245951488197121/，2017-06-28

了具有本土特色的村级文化展示场所。三是深入开展文化活动。鼓励各乡村依托本地文化资源开展各具特色的本土文化节，如昌硕文化节、白茶文化节等。

（3）强化全局战略思维，注重县域整体的经营开发。安吉把全县作为一个大乡村、大景区来统一经营开发，连续出台了《安吉县经营乡村行动计划》和《安吉县加快发展休闲经济若干政策（试行）》，明确了以县域交通环线为脉络，做精四条精品带，串起六大核心区，形成“一环四带六区”的整体经营布局。安吉县还把一户人家当作一个小品来改造，致力于推进环境、空间、产业和文明相互支撑、一二三产业整体联动、城乡一体有机链接，力求全县美丽、全县发展。

二、仙居县——生态为先、富民为本、文化为魂

仙居县位于台州与温州、丽水、金华三市的交汇处，拥有得天独厚的环境资源条件，森林覆盖率达 77.2%，被誉为“仙人居住的地方”，是发展生态产业、休闲旅游的极佳区域。生态环境优良，旅游资源丰富，农业特色鲜明，先天的资源禀赋好，加之后天精心雕琢，仙居的美丽乡村建设干劲十足，潜力无限。

近年来，仙居以建设“中国山水画城市”为目标，以打造“和美乡村”新名片为抓手，不断深化美丽乡村建设水平，在探索仙居模式上取得了明显成效，走出了一条村庄建筑有机更新、村庄产业有机更新、村民慈孝为怀的健康之路。

（1）坚持生态为先。良好的生态环境、深厚的历史底蕴、丰富的民间文化是仙居最为独特的魅力所在。“建设美丽乡村，首先就是打好生态牌。”仙居县委书记林虹说，依托生态资源这一最大优势，仙居将“美丽乡村”建设和国家级生态县创建活动紧密结合起来，努力凸显仙居新农村的宜居特色，着力打造低碳的绿色生活。仙居科学编制《仙居县“人间仙居·美丽乡村”县域总体规划》，按照“绿水青山、粉墙黛瓦、小桥流水人家”的总体建设风貌要求，不仅见缝插绿美化村庄，还开展了外墙立面粉刷、浙派特色民居改造，创建一批“休闲养生乡村”“创意农业乡村”“山水田园乡村”“千年古韵

乡村”“现代宜居乡村”等地方特色的村庄，形成“一村一品、一村一韵”。[①]

（2）注重富民为本。近年来，仙居依托美名远扬的绿水青山和景区资源，充分利用“互联网+”，做好农旅融合文章，鼓励和吸引更多的工商资本、更多的知识青年、更多农民，积极发展高端、精品、特色民宿，满足多元群体的生活需求，让人游在神仙居、玩在神仙居、住在神仙居。“以‘民宿圈’带动‘经济圈’繁荣的前提，是有良好的生态环境、生态农业、生态旅游业的支撑。”县农办负责人介绍，这几年，仙居通过发展更多“杨梅村”“水蜜桃村”“樱桃村”“提子村”“油茶村”“三黄鸡村”等，加快美丽乡村“一村一品”“一村一业”的形成。同时，每年举办“杨梅节”“油菜花节”“荷花节”等农事节庆活动，使小品种成为大产业，带旺了农家乐乡村休闲旅游蓬勃发展。

（3）追求文化为魂。文化是“美丽乡村”建设的灵魂，为打造农村文化特色，丰富农民群众精神生活，在推进美丽乡村建设的过程中，仙居深入挖掘历史人文内涵，认真完善了《仙居县特色文化村保护与开发利用规划》等专项规划，为全县“美丽乡村”建设提供了完整的规划依据，着力用科学的规划设计提升实践水平，使之做到村落、产业、景观、文化融合，全面提升建设品位。仙居充分挖掘自身传统建筑文化特色，积极打造一批主题鲜明、风格独特的农村民居，实现传承与弘扬、发掘与培育、保护与利用有机结合。依托古镇、古村、古寺、古书院等人文景观，将区域文化特色和开展文明创建活动紧密结合，精心打造皤滩和高迁两张国家级历史文化名片，不断繁荣农村文化，提升农村文明程度。

三、江山市——农业主导产业多元化发展

江山市地处浙闽赣三省交界的钱江源头是浙江省西南门户之一。2008年以来，为切实提升新农村建设水平，有效增强农民群众对物质、精神、环境等多方面、多层次的幸福感和满意度，在深入调研、反复论证基础上，市委、市政府创造性启动实施了“中国幸福乡村”建设。

---

① 潘春燕，张肖斌．美丽乡村建设的“仙居模式”[N]．中国台州网－台州日报，2017-01-19

江山市把“中国幸福乡村”建设作为提升社会主义新农村建设水平的总目标和总抓手，符合省委、省政府提出的建设“美丽乡村”的战略部署，也充分体现了江山市深厚的文化底蕴和江山市对社会主义新农村科学内涵的深刻理解。

（1）以 17 个统筹为抓手，5 方面 15 类可操作性指标来具体推进幸福乡村建设，极具先进性、可操作性和示范性。其中，具有两大鲜明的特点：一是江山的广大农民群众更加自觉地参与到争取幸福乡村品牌的新农村建设热潮中去，对农民群众起到巨大的激励和引导作用，形成共创共富、共建共享幸福美好生活的新农村建设机制；二是对江山的广大干部提出了更高的要求，使广大干部把统筹城乡、建设新农村的各项工作都落实到为人民群众创造幸福生活的服务中去，充分体现了以人为本的科学理念来统领新农村建设。

（2）实施农业特色主导产业、来料来样加工业、乡村休闲旅游业等“一村一品”工程，进一步提升产业增收、农民致富水平，推进农业主导产业品牌化发展、农民就业创业多元化拓展，重点突破低收入农户增收问题，努力建设生产发展、增收稳定的“富裕乡村”，显著增强全市农民的创业增收成就感。

（3）实施人居环境改造、生态环境保护、长效机制建立、“3·12”绿化运动、洁化运动等工程，进一步提升环境整治效果，推进农村自然环境的生态化保护、人居环境的功能化改造，努力建设村容整洁、生态环保的“美丽乡村”，显著增强全市农民的居住环境舒适感。①

四、桐庐县——全力打造特色民宿和“智慧农村”

近年来，桐庐县委、县政府根据省市党委、政府的统一部署，按照“望得见山、看得见水、记得住乡愁”的总要求，认真贯彻“两山”理论，“以景区的理念规划整个桐庐，以景点的要求建设每个镇村”，努力打造中国美丽乡村的桐庐样本。

（1）打造特色民宿。凭借着山水资源优势，桐庐的民宿产业日益发展壮大，

---

① 崔竹君．村庄景观改造相关设计探究［J］．现代园艺，2017（02）

通过完善软硬件建设、加大营销力度等举措，着力打造有山、有水、有乡愁的大众化（经济型）和特色化（高端型）民宿相结合的桐庐特色民宿，民宿产业从原来的“星星之火”逐渐演进成现在的“燎原之势”。桐庐县以民宿产业为突破口，大力开展美丽乡村建设工作，美了乡村，富了村民，努力打造具有桐庐特色的民宿品牌。富春江镇民宿集群便是桐庐民宿产业发展的一个典型。富春江镇以芦茨、茆坪、石舍为重点，打造以乡村休闲和生态度假为主要功能的乡村旅游特色村，建设亲水山居、滨水漫游、单车慢行、有机美食、成长创意、低碳露营、登山俱乐部、香樟营地、古村落修复等特色项目，提倡低碳环保的乡村生活方式，体验农家生活，品尝山野风味，享受农家乐趣，满足都市人对幸福乡村家园的向往和追求。[①]

（2）探索“互联网＋”智慧农村，创新美丽乡村改革。桐庐县农办正在积极打造的“智慧农村”项目：一目了然的界面，规范有序的排列，轻点鼠标就能轻松看到登记在网的农户的信息，并且可直接导航到农户家里。这个项目的启动，为规范管理农村各项事务，以及提升农村乡村旅游发展等提供了极为广阔的平台。施宇昕说“智慧农村就是利用互联网＋、大数据化的技术把整个农村的东西整理起来，实现对农村的管理、服务、推荐。管理方面，通过农户、农产品、村庄等的信息收集，通过大数据处理，可以分析哪些人需要就业、哪些人上学等信息；服务主要指农户通过身份证进入系统后，可以提一些服务，例如自来水服务等；推荐一般在外网情况即可使用，推荐村庄农家乐、农产品价位等，通过微信平台推广，预约登记。此项工作旨在以促进农村智能化发展为目标，实现智慧农村建设全覆盖。”

五、象山县——产业、文化、旅游相互叠加

浙江象山县是全省乃至全国少有的兼具山、海、港、滩、涂、岛等多种资源的县域。近500个村落，点缀在大山、海滨与平原之间。依托资源禀赋优势，近年来，象山通过低成本、可复制、可持续的治理模式，加快美丽乡

① 因地制宜大胆创新 桐庐打造美丽乡村样本［EB/OL］.桐庐新闻网，http://www.tlnews.com.cn/xwpd/ywkl/content/2016-11/24/content_6087973.htm，2016-11-24

村示范村、示范乡镇、风景线建设，把庭院建成精致小品、村庄建成特色景点、沿线建成风景长廊，培育产业、文化、旅游等相互叠加的特色精品村，全域打造“一村一景、一村一品、一村一韵”的山海平原美丽乡村新图景。[①]

该县在全省率先出台《美丽乡村建设总体规划》，在保留各村现有地理人文风貌的基础上，统筹实施全域景区化，加快打造美丽乡村。为原汁原味保留乡村特色，象山还独创“梳理式改造”综合治理办法，即通过对现有建筑、规划、景观等的盘点与整合，改善村庄环境面貌。

象山加快产业转型提质，物联网、大数据等现代科技融入农业，建成了一批以枫康公司为代表的科技含量高、产出效益好、带动能力强的现代农业综合体。建成粮食功能区 64 个、现代农业园区 29 个，获批国家级农业科技园区，大塘港现代农业综合区被列为国家农业综合开发试点。成功试验滩涂地种稻、攻克世界级难题，获评省级生态农业示范县。

象山坚持物质文明与精神文明两手抓，大力构建“法治、德治、自治”融合的乡村治理体系，乡村劲吹“文明风”。同时弘扬地方传统文化，建成象山渔文化博物馆、渔拓文化展示馆、剪纸文化陈列馆、竹根雕艺术馆等多个民间传统文化传承基地；建成 4 个省级历史文化村落。新建农村文化礼堂 126 个，组建农村文体队伍 630 支，获评省农村文化礼堂建设先进县。全面推行婚丧礼俗整治，新规执行率 99.4%。枇杷节、葡萄节等农时节庆活动，“善行象山”、“孙茂芳式‘五小’服务先锋行动”、“讲好渔故事、传播真善美”、“好家风好家训”等主题活动精彩纷呈。

近年来，象山渔旅结合的休闲渔船蓬勃发展，其他业态也在不断涌现，枫康养生园就是其中三产融合发展的典型代表。枫康养生园位于象山港畔，是集铁皮石斛种苗培育、种植加工、休闲旅游、零售连锁、养生保健、农业生物研究、科普教育等功能为一体的生物农业产业综合体。除了自身发展之外，枫康养生园还带动周边一大批农民发展起了农家乐，极大程度帮助了农

① 浙江象山美丽乡村图景：一村一韵 村村都美［EB/OL］.http://news.k618.cn/travel/ltqw/201702/t20170224_10421638.html，2017-02-24

民脱贫致富。象山还通过创建旅游特色小镇的模式，推进旅游与其他产业的融合发展。①

六、浙江经验

（1）坚持空间开敞，生态良好，环境优美的理念。在增添农村现代生产生活设施的同时，营造空间开敞、生态良好、环境优美的田园风光，是浙江在美丽乡村建设中的一个基本理念。浙江省农业和农村工作办公室副主任余振波认为，能否保持好田园风光，在某种程度上是衡量新农村建设成败的一个重要标志。按照因地制宜、分类推进的原则，浙江省确立了重点建设中心村、全面整治规划保留村、科学保护特色村、控制搬迁小型村的思路，突出道路建设、垃圾收集、卫生改厕、生活污水处理、村庄绿化五项重点，力求村庄整治保持田园风光、体现农村特色。

（2）坚持规划先行，体现地方特色和地域特征。浙江在村庄整治初期用七分力量抓规划、三分力量搞建设，初步形成了以美丽乡村建设总体规划为龙头，涵盖县域村庄布局规划、土地综合整治规划、中心村建设规划、历史文化村落保护利用规划的规划体系。好的规划应该立足乡村特点，兼顾自然生态和产业发展，尊重当地传统、习惯和风俗，体现地方特色和地域特征。为避免各村在规划上走弯路、花冤枉钱，省里制定了《村庄规划编制导则》《村庄整治规划设计指引》等，还开列名单，向基层推荐优秀规划设计单位。为让规划真正得到落实，浙江规定，中心村、历史文化村落的规划一律由省里审批，一般村的规划也要由县级审批。

（3）坚持因地制宜，重视差异性。重视条件的差异性，不搞一刀切，不一味地大拆大建，更多地关注村庄的特色和个性，从而推动人与自然、村庄形态与生态环境的相得益彰。浙江正在建设的示范村，将力求体现山区、丘陵、盆地、平原、水网、滨海等不同地域特色的民居风貌，在营造变化有序、错落有致乡村空间布局，打造具有乡土风情和显著辨识特征的美丽村庄方面为

① 吴雪清．浙江象山谋全域旅游新图景 加快“旅游+”融合［EB/OL］．网易新闻，http://news.163.com/17/0418/14/CIAGCA5300018AOQ.html，2017-04-18

全省提供示范。一个新民居点的风格是统一的，但不同村庄之间还会有区别，主要是考虑与当地的风土人情和村落原貌相协调。[①]

第七节 美丽乡村的中国“江苏模式”

江苏省将美丽乡村建设作为新时期贯彻落实党的十八大精神、加强生态文明建设、实现农业现代化、深入推进社会主义新农村建设的重要措施。建设美丽乡村，不仅可以充分挖掘和持续利用农村的生态资源，还可以提升农村环境质量，改善村民生活条件，增加广大村民的满意度和幸福感。江苏省是全国经济的发达地区，近几年的农村经济快速发展，美丽乡村建设取得了很大成就，一些美丽乡村示范地区的成功经验值得我们借鉴。

一、灌云县——合理规划培育富民产业

近年来，灌云县按照中央和省、市有关城乡统筹发展的部署安排，积极抢抓机遇，落实关键举措，以美丽乡村建设为重要载体，重点从基础设施、人居环境、公共服务等方面入手，有效整合城乡要素资源，加快形成城乡一体发展新格局，努力实现城市融入自然、现代融入村庄，让自然之美与人文之美、传统之美与现代之美交相辉映，全力打造特色鲜明、生态宜居新灌云。

（1）加强组织协调工作。为加快形成推进美丽乡村建设的有效合力，灌云县狠抓资源统筹这件法宝，进一步完善县、乡（镇）、村三级工作体系，明确主要领导为第一责任人，分管领导具体负责，全县上下迅速形成纵向贯通、部门协调、运作有序的组织领导网络。县城乡统筹办公室牵头负责全县美丽乡村建设工作，研究制定工作方案和实施计划，明确具体责任人，切实加快推进。[②]

---

① 李文亮．浙江美丽乡村建设启示（一）：让现代村落不舍田园风光［EB/OL］．河北新闻网，http://hebei.hebnews.cn/2013-06/03/content_3282175.htm.2013-06-03

② 朱展龙．做大格局做强特色 灌云县生态宜居美丽乡村建设强推快进［EB/OL］．灌云县文明办，http://wm.jschina.com.cn/9659/guanyun/201604/t2768101.shtml，2016-04-13

（2）拉动富民产业的发展。灌云县把产业培育放在美丽乡村建设的首要位置，坚持生态、文明与经济协调发展的理念，按照“扩张传统、创新驱动”的方法加快富民步伐，确保美丽乡村建设不仅“外面光”，还要“里子靓”。在沿杨陡路、龙苴镇王杨路沿线的西北部，324、242 沿线的东部和 204 国道、孟陬线沿线的东北部美丽乡村示范带，就分别形成了以高效蔬菜、集中居住区、家庭农场、传统集市流通，以高产良田、家庭农场、草莓基地、集中居住区和以集中居住区、休闲农业、旅游观光、乡情风貌等为产业特色的富民路子，推进了美丽乡村建设与产业同步发展。[1]

（3）合理规划，加强基础设施建设。灌云县始终明确“规划引领、生态建设、长效管理、特色彰显”的思路，将美丽乡村建设与新农村建设、实施精准扶贫、乡村旅游目的地建设、“双进双联双促”等相结合，聘请专业园林设计团队，完成了县级美丽乡村示范村的全域规划、设计。灌云县根据省市美丽乡村“十三五”规划建设要求，结合县情实际，以“路、住、水、树、产、富”为主线，以“经济发展又好又快、思想道德显著提高、村容村貌整洁优美、社会秩序和谐安定、科教文卫稳步发展、基层组织切实加强”为目标，依据镇村布局规划、村庄建设和环境综合整治条件，从以往美丽乡村单个镇村试点示范建设转向美丽乡村示范带建设，以点连线扩面，在全县确保建成西北、东部、东北 3 个美丽乡村建设示范带（片）。

二、南京溧水区——加强环境和生态保护，打造“都市田园”

秀美的山水田园风光、点线面结合的美丽乡村、不断扩大的生态旅游影响力，给溧水打造“都市田园”提供了得天独厚的条件。溧水打造都市田园，以高效集约的理念开发农村资产资源，以城乡统筹的理念提升农村公共服务，重点打造 271 平方公里美丽乡村示范区，把农村片区建设成为美丽的都市田园、诗画乡村，大力发展都市田园经济。

（1）开展乡村环境大整治行动。2017 年，围绕着“都市田园、诗画乡村”

① 韩震霞 . 灌云多措并举打造“高颜值”美丽乡村［EB/OL］. 中国江苏网，http://jsnews.jschina.com.cn/lyg/a/201705/t20170511_488100.shtml，2017-05-11

建设目标，南京市溧水区大力开展乡村环境大整治行动，坚持把乡村环境大整治与现代农业、美丽乡村、全域旅游、生态文明等工作相结合。本着“突出重点，统筹兼顾；更高标准，力求实效；长短结合，标本兼治”的原则，3月起，溧水区就已开始着手以“六项整治提升工程”为主要内容的乡村环境大整治行动，着力抓“全域旅游”“美丽乡村建设”这两个重点。同时，把大整治分为3–4月、5–9月、10–11月、12月四个阶段，分段推进，分段考核，并不断巩固提升整治成果，以彻底整治消除乡村“脏乱差”问题，使全区乡村环境得到全面改善、乡村容貌大为改观、乡风民俗更加文明，并有效形成长效管理、考核机制。①

（2）构筑生态走廊和城市绿廊。为了打造都市田园，溧水加大了无想山国家森林公园、幸庄湿地公园等建设，加快构筑生态走廊和城市绿廊。高标准建设清水通道，建成一批近水、亲水的生态休闲景观河道，形成一路见景的亲水长廊。溧水的生态长廊模式非常前瞻，贯彻了溧水引山入城、引水入城的生态理念。今后，慢行道将和交通路网一样贯通溧水全区，包括城市绿道、临水道、自行车道、无想山步道等。此外，溧水也在推进湿地建设行动，加强石臼湖、中山湖、东屏湖、环山河等湿地保护和建设。

（3）重点建设“溧水十景”。2014年，溧水出台旅游业三年提升计划，重点打造“溧水十景”，包括胭脂遗址、无想琴音、周园古迹、东庐礼佛、秦淮源头、三叶花开、山凹人家、湖山串珠、石湫影城、石臼渔歌等。以胭脂河·天生桥景区为例，按照规划，该片区将在现有的胭脂河·天生桥景区基础上，扩大规模，整合资源，打造成为以明文化为主的国家级遗址公园。同时完善配套设施，修建休闲度假村，建设成集水上运动、康体娱乐、观光旅游、商务会议为一体的多功能滨河旅游度假区。未来还将开通水上游览线，设慢行游步道，游客可以散步、骑行公共自行车或是坐船，在景区畅游。

① 溧水：建设美丽乡村 助推全域旅游［EB/OL］. 新华日报，http://mlxc.cnguonong.com/newshtml/10097.html，2017-5-10

三、高淳区——打造都市美丽乡村、建设居民幸福家园

近年来，南京市高淳区在美丽乡村建设中敢为人先，积极探索，坚持生态发展战略不动摇，把“打造都市美丽乡村、建设居民幸福家园”作为最普惠的民生福祉工程，走出了一条生态与产业、环境与民生互动并进的绿色崛起、幸福赶超之路。

（1）分类推进实施，全力提升农村人居环境。突出以“一村一品、一村一景”的思路进行个性化塑造和特色化提升，从整体上形成了山水风光型、生态田园型、古村保护型、休闲旅游型为主导的新农村格局，实现了村容村貌更加整洁、生态环境更加优良、乡村特色更加鲜明的整治目标。高淳东部丘陵山区和西部水网圩区生态特色得到充分彰显，一批影响农村面貌和农民生活的突出环境问题得到有效整治，基本实现了村庄公园化。按照“绿色、生态、人文、宜居”的基调，2010年以来，在全区集中开展“靓村、清水、丰田、畅路、绿林”五位一体的美丽乡村建设。[①]

（2）发展农村特色产业。以“一村一品、一村一业、一村一景”的思路对村庄产业和生活环境进行个性化塑造和特色化提升，因地制宜形成山水风光型、生态田园型、古村保护型、休闲旅游型等多形态、多特色的美丽乡村建设，基本实现村庄公园化。通过整合土地资源、跨区域联合开发、以股份制形式合作开发等多种方法，大力实施产供销共建、种养一体、深加工联营等产业化项目；深入开展“情系故里，共建家园”、企村结对等活动，通过村企共建、城乡互联实施一批特色旅游业、商贸服务业、高效农业项目，让更多的农民实现就地就近创业就业。

（3）加强宣传引导，让生态文明理念深入人心。通过各种途径让美丽乡村建设的意义做到家喻户晓，为美丽乡村建设营造良好的舆论氛围。充分利用区电视台、报纸、网络等各种媒体，从干部到群众、从城市到农村、从机关到学校开展立体式、全方位的宣传教育，长期开办“环保天地”、“生态之

---

① 南京溧水打造美丽乡村示范区 实践全域旅游[EB/OL].扬子晚报，http://js.people.com.cn/n2/2016/1118/c360311-29331731.html，2016-11-18

旅”、“生态家园”、“绿色高淳”等固定栏目，经常组织宣讲团和文艺小分队，进村入户开展一系列贴近生活、适合大众的环保活动，全区形成领导亲临指挥、单位协调联动、群众积极参与的工作格局。美丽乡村建设整治了村民房前屋后，农村风貌更具特色，既带动了生态乡村旅游的快速发展，促进了生态农业的转型提升，使广大农民群众实实在在受益，又提升了百姓的环保意识，促使村民养成良好的生活习惯、不断提升文明素养。①

四、灌南县——通过环境建设提升精气神

灌南县美丽乡村建设全县域推进，2017 年该县将在 21 个省级示范村的基础上创建 52 个重点村、5 个精品村，完成 12 条村际干线和 5 条主线景观带。到 2020 年，全县一般村庄全部将达到“整洁村”标准，建成 150 个“重点村”、20 个“精品村”。灌南县在推进全县域美丽乡村建设中，通过环境建设提升精气神，全县一大批村庄旧貌换新颜，集中连片的新农村美丽景象在海西大地上悄然崛起。②

（1）全面推进“三村两线”建设。灌南将“三村两线”建设作为全县域美丽乡村建设载体，提出“整洁村全域覆盖，重点村典型示范，精品村打造品牌，景观带彰显效应”四大任务，在全县域范围内重点实施村（镇）容村（镇）貌美化、道路改造、河流整治、绿化提升、文化挖掘、保洁体系完善提升等六大工程，确保美丽乡村建设协调推进。灌南县各个乡镇的“村际干线”建设也在有条不紊地进行着，这是一条联结、贯穿重点村、精品村的村间循环道路，每条循环路内至少 3 个重点村。同步进行的还有“五线主线”建设，即在以县城为中心辐射出去的 5 条主线公路两侧 100 米范围内，整体推进村庄、沟塘、农田整治。建成后，重点村串点成线，形成各具特色的景观带。

（2）突出环境整治提升，培育示范典型，通过环境建设提升美丽乡村精气神。在环境整治中，灌南县重抓交通干道 34 个村、硕项湖美丽乡村示范片

① 卞洪广，唐成．打造美丽乡村，建设幸福高淳［EB/OL］．中国惠农网，http://www.huinong.net.cn/folder79/folder90/2014/08/2014-08-0825233.html，2014-08-08

② 刘海云，骆驿．江苏灌南全县域建设美丽乡村 整洁村全域覆盖［EB/OL］．新华日报，http://js.people.com.cn/n2/2017/0503/c360311-30126918.html，2017-05-03

区16个村和68个经济薄弱村环境整治。同时，完善城乡一体的生活垃圾收运处理体系，开展覆盖拉网式农村环境综合整治项目，实施垃圾收运、道路养护、绿化管护、河道保洁、公共设施维护、村民素质提升“六位一体”常态化环境管理。新安镇硕项村、李集乡二圩村、张店镇小圈村、田楼镇小海村等一批美丽乡村示范典型，有力地带动了全县村庄环境全面提升。①

（3）强化综合协调，坚持规划引领。美丽乡村建设试点工作由县农村综合改革领导小组负责统筹推进，所有试点村均实行项目化管理，形成了以乡镇为主体、综合部门统筹协调、主管部门具体指导的整体推进格局，确保项目扎实有序推进。对纳入省级美丽乡村建设试点的村，按照“生活宜居、环境优美、设施配套”的要求，科学编制美丽乡村建设规划，细化区域内生产、生活、服务功能定位，增加特色元素，彰显个性之美。同时加大规划管理、执行和执法力度，切实维护规划的严肃性和连续性。②

五、滨海县——以乡村旅游带动美丽乡村建设

滨海县在美丽乡村建设过程中，加大城乡统筹力度，推动基础设施向农村延伸、公共服务向农村覆盖、现代文明向农村辐射，改善农村环境，提升宜居水平，为建设更高水平小康社会奠定基础。滨海县主要从提升环境质量、推进乡村旅游和加强民生保障三方面推进美丽乡村建设，持续改善人民群众生产生活条件。

（1）提升环境质量。一是打造特色亮点。抓好主干道沿线村庄建设管理工作，每个镇区选择2~3个村庄，结合绿化、水利等项目进行重点打造，建筑立面进行出新，打造2个省级示范村庄、30个县级示范村庄。加大宣传力度，制定完善村规民约，定期开展星级文明卫生户评比活动，公开授牌，适度奖励，引导群众主动投身美丽乡村建设。二是建设绿色村庄。每个镇区选择2~3个村进行重点打造，做到一村一设计，一村一特色。年内建成五汛汛北、

---

① 灌南县环境建设提升美丽乡村精气神［EB/OL］. 中国农业新闻网，http://mlxc.cnguonong.com/newshtml/10584.html，2017-06-14

② 灌南县多措并举推进“美丽乡村”示范试点项目建设［EB/OL］. 江苏省财政厅，http://www.jscz.gov.cn/pub/jscz/xwzx/jscz/lyg/201606/t20160627_97596.html，2016-06-27

农业园同心等15个森林村庄，滨淮玉华、八巨前案2个珍贵用材树种培育示范村和13个绿化示范村。三是加快中低产田改造。按照“五年规划、三年实施”要求，组织实施八巨镇、东坎镇等2.7万亩土地整理项目，东坎镇、蔡桥镇等7万亩农业综合开发项目和2万亩千亿斤粮食产能项目，按时序、高标准实施到位。四是加强河道疏浚整治。县级重点打造通榆镇、正红镇河道整治示范地区，其他镇区每个镇区选择2~3个村进行重点打造，沟渠田林路一步到位。对全县河道情况进行摸排，打通断头沟、消除黑臭河，打造“清水廊道”。①

（2）聚力乡村旅游，带动美丽乡村建设。近年来，滨海县深入推动乡村旅游发展，让游客在乡村旅游中了解原汁原味的乡土风情和风俗礼仪，在享受田园风光的同时，感受到清新、淳朴、自然的美丽乡村。据了解，滨海已将旅游经济列入全县六大经济重点发展，并以乡村旅游发展为突破，规划建设贯穿县域东西的S327乡村旅游带，旅游带上的随耕生态园、伴亩田、阅田等一批旅游项目相继投入运行，黄河湾、四季年华等项目也陆续开工建设，全县乡村旅游规模效应越发显现。推进旅游业与美丽乡村建设融合发展，开展乡村休闲旅游示范村创建活动，对主要景区周边和风光带沿线的重点村落，植入旅游要素，各美其美，串点撑面，打造美丽乡村升级版，力争到2020年，有30%以上的美丽乡村建成A级景区。②

（3）加快提高民生保障水平。加快建立完善农村社会保障机制，稳步提高低收入农户保障标准，把无劳动能力的低收入农户全部纳入农村低保；全面实施大病保险；加强残疾人两个体系建设，建成残疾人托养中心；增加农村孤儿、优抚对象等弱势群体社会福利。积极发展社会养老事业，建成县社会福利中心；加强农村敬老院建设与管理，组织实施农村敬老院提档升级工程。大力发展农村教育、文化、卫生等社会事业，努力提高农村公共服务水平。

① 滨海县全力推进美丽乡村建设［EB/OL］. 盐城市水利局门户网站. http://www.ycwater.gov.cn/nzcms_show_news.asp?id=12553，2017-03-21

② 于崇文，李少华，王娟. 江苏滨海聚力乡村旅游，打造美丽乡村升级版［EB/OL］. 中国新闻网. http://www.js.chinanews.com/news/2017/0412/169699.html，2017-04-12

六、江苏经验

通过对江苏省美丽乡村建设的探讨，可以得到美丽乡村建设的一些经验。

（1）加强农村环境污染治理。鼓励和加强农村环境保护科学创新和技术提升，加强土壤重金属污染防治、水体净化、废弃物资源化利用、外来入侵物种综合防治等关键性、实用性技术的综合研发与应用。实现“资源—产品—再生资源”的循环农业发展。通过循环的方式，资源化利用农作物秸秆、畜禽粪便、生活垃圾和污水，把废弃物变为农民所需的肥料、燃料和饲料，从根本上解决污染物的去向问题，大大减少农业生产的外部投入，推广节地、节水、节种、节肥等节约型技术使用，建立清洁的生产生活方式，从生产生活源头抓起，减少外部投入品使用量，减少污染物排放量，实现资源的节约和清洁生产。同时还要严格控制“三废”向农村转移，严禁向主要农产品产地排放或倾倒废水、固体废物，严禁直接把城镇垃圾、污泥用作肥料，加强对重金属污染源的监管，逐步推行城乡污染物控制标准一致，实现城乡环境同治。

（2）以生态产业为支撑促进美丽乡村建设。发展乡村产业要求因地制宜的培育主导产业，促进乡村产业的可持续发展。要求对分散落后的小型工业进行必要的撤并，鼓励农村工业三废及生活污水、垃圾等集中处理。要求大力实施生态循环农业，推动现代农业园区、绿色产品基地建设，通过食物链连接、产业链延伸，走生态养殖、生态种植、生态加工、休闲观光之路。要求加快培育乡村产业经营主体和创新乡村产业经营机制，使更多的新生代农民成为美丽乡村建设的生力军。要求开拓思路，深入挖掘潜在资源，推进环境、空间、产业和文化相互支撑，打造“一村一品、一村一景、一村一业、一村一韵”的鲜明主题，形成特色，铸就品牌，凝聚效应，使其成为增加农民收入的一条重要途径。①

（3）以人为本、群众参与。以满足农村居民日常需求为着力点，不断完

① 管永祥，梁永红，吴昊，王子臣．江苏美丽乡村建设的思路与对策［J］．江苏农业科学，2014（06）

善农村生活配套功能。在建设过程中，坚持“重基础、广覆盖”，优先解决村庄道路、河道沟塘、污水处理、配套设施、环境卫生等与群众生活密切相关的问题，不搞花架子，不做表面文章，使群众真正得益。认真听取群众对美丽乡村建设的意见和建议（确定建设点位后，组织村民代表外出参观、召开座谈会、听取规划意见），真正让老百姓理解，让老百姓满意，充分发挥群众在村庄环境维护上的自觉性和主动性，提高群众的参与度，共建美丽乡村。

第八节　国内外模式的经验与借鉴

从上面的贵州“四在农家·美丽乡村”、浙江的特色小镇、江苏模式的美丽乡村建设的案例可以看出，国内一些地方根据本地实际，探索形成了风格各异的实践模式，共同经验在于：政府主导与广泛的社会参与，规划引领与以项目推进带动美丽乡村建设。

1. 旅游开发型。江苏高淳区美丽乡村建设以生态家园建设为主题、以休闲旅游和现代农业为支撑、以国际慢城为品牌，集中连片营造欧陆风情式美丽乡村，形成独特的美丽乡村建设模式。江西婺源变资源优势为文化优势，妥善处理好政府、企业和景区农民之间的关系，以生态美、结构美、视觉美、人文美和古典美感染国内外的游客。

2. 城乡一体化型。浙江永嘉县美丽乡村建设的主要特点是通过人文资源开发，促进城乡要素自由流动，实现城乡资源、人口和土地的最优化配置和利用。武汉五里界本是一个原始古朴、经济落后的小镇，但仅用短短几年时间搭建起了城乡统筹高速发展的框架，经济发展驶上了快车道。

3. 生态农业型。山西桃林沟是一个从煤炭到经济生态转型的样板。该村之所以转型成功，主要是因地制宜。一是利用村里坡地多，种植桃树和葡萄，打造出一个让桃林沟人更加富裕的新产业；二是利用所处城郊接合部，投资开发休闲观光农业项目，建立生态旅游园区。

4. 都市休闲型。南京江宁区美丽乡村建设的主要特色是积极鼓励交建集团等国企参与美丽乡村建设，以市场化机制开发乡村生态资源，吸引社会资本打造乡村生态休闲旅游，形成都市休闲型美丽乡村建设模式。

5. 基础设施型。贵州实施“四在农家·美丽乡村”基础设施建设——“小康路、小康水、小康房、小康电、小康讯、小康寨”六项行动计划，打造了美丽乡村的贵州模式。

国际上从 20 世纪 30 年代开始，西方发达国家对传统农业进行了全面技术改造，完成了从传统农业向现代农业的转变，也形成了“美丽乡村”建设的不同模式和路径。

美国提出乡村发展计划的目标有两个：一是以社会为基础资助乡村社区的建设和改善低收入乡村地区居民的生活；二是以市场为基础支持乡村地区的经济发展。

以日本为代表的“造村运动”，强调对乡村资源的综合化、多目标和高效益开发。日本大分县“一村一品”的含义是依据一个村子或一个地区值得骄傲的东西，如已有的土特产品、旅游资源，哪怕是一首民谣，开发特色与优势产品，打造成在全国以至全世界都能叫得响的产品。这是造村运动的一个典范。

以德国为代表的“村庄更新”，重视村内道路的布置和对外交通的合理规划，关注村庄的生态环境和地方文化。我国“都市休闲型”美丽乡村是借鉴学习德国的“休闲农庄”模式发展起来的。休闲农庄是利用城市或近郊区的农地，将其规划成小块儿租给市民，承租者可以在农地上种花草、瓜果、树木、蔬菜或经营家庭农艺，种植过程中绝对禁用矿物肥料和化学保护剂，以体验农业耕作、田园生活。通过亲身耕种，市民可以享受到回归自然以及田园生活的乐趣，让城市市民分享“农耕文化”。

荷兰的“农地整理”和温室农业主导模式是将土地整理、复垦与水资源管理等进行统一规划和整治，以提高农地利用效率，推进乡村经济的多样化、乡村旅游和休闲服务业的发展。另外农业的高度组织化是荷兰在国际上享有盛誉的一个重要原因。荷兰把业务集中在流通加工领域，走加工出口型发展之路；以专业合作社为主，走专业化和产业化经营之路；以规模效益取胜，走集约化经营之路。这些国外经验给我们的启示是重视生态环境的整治、资源的高效利用、地方文化的保护以及经济发展的多样性。

通过研究发达国家美丽乡村建设和发展的成功经验，从而引申出对江西省美丽乡村建设的经验与思考。江西省的美丽乡村建设还处在初始发展阶段，主要体现在生态技术的应用层面，在社会、经济和精神层面的体现还不充分。虽然社会经济条件、文化背景和发展重心都不尽相同，但是发达国家美丽乡村实践的成功经验已经给予江西省美丽乡村建设诸多启示。[①]

（1）完善社会参与机制

完善的社会参与机制是美丽乡村发展社会层面的主要内容。国外发展成功的美丽乡村在资金筹措、发展决策等方面都有着多元化的社会参与机制。一般来说，完善的社会参与机制包括了政府机构、市场企业、基金会、非政府组织、学术机构、社会团体、社区居民和志愿者等多种部门。在这方面，江西省美丽乡村建设由于是政策导向为主，因此与国外差距较大。

江西省美丽乡村建设的参与主体主要是政府部门和村民，缺乏社会机构的广泛参与,因此也缺乏社会效益。建立完善社会参与机制应该以目前的“政府—村民”机制为基础，在政策导向和村民自觉的引导下，增加市场企业、学术机构、社会团体、基金组织、志愿者组织等非官方单位的参与，逐步弥补传统机制的不足，并最终建立适合中国国情的规范、高效、健全的生态村社会参与机制。

（2）引导和鼓励村民民主自治

江西省美丽乡村建设由政府决策为主导，缺乏基层组织的推动。国外生态村由于多为自发组织发展而来，因此民主决策制度从一开始就较好地建立成为社区治理的基础。所以江西的美丽乡村建设要在社区治理中建立公平合理的民主决策制度。中国传统农村村民间情感深厚，有着良好的基层民主基础，尝试着建立涉及生态村发展的村民委员会、村民议事会，定期召开生态村发展决策全体会议都是推进民主决策制度的良好实践。民主决策制度实际上是一种社区内部的参与机制，它可以强化社区村民的归属感和参与度，可

① 张蔚．国外生态村历史演进与整体设计研究［D］．天津大学，2011．

以淡化和消除不同利益群体之间的隔膜和疏离，强化社区团结意识，重建人们之间的信任和关爱。同时，民主决策制度也可以允许外部人员比如学术专业团体加入，以增加社区决策的专业性。积极拓宽居民参与的渠道和途径，使社区居民切实享有对社区自治组织的选举权、罢免权和监督权，以及对社区事务的参与权和决策权。

（3）发展多元经济产业

乡村社区产业结构的多元化是美丽乡村社区经济健康充满活力的体现。国外生态村一般以“社区支持农业”为基础，发展辐射区域的小规模有机农业经济。同时，会议、观光、培训、生态技术产品、艺术纪念品等也都可以成为生态村的经济形式。江西省美丽乡村一般基于传统农业的现代化和规模化，并且发展乡镇企业是一种可以短期获利但是会长期造成能源消耗和环境污染的经济模式。基于国外生态村的启发，江西省美丽乡村可以把农业和现存的乡镇企业特色化，并且控制规模。同时鼓励村民发展自由的小型经济，并给予经济支持。同时，乡村整体也可以根据自身特点发展“农业旅游”等经济模式。从而将社区的工作与生活相互连接，最终发展成为多元并存的经济产业模式。

（4）尊重地域文化传承

国外生态村建设是随着不同时代的社会需求缓慢发展而来的，他们根植于地方生态环境，有着清晰的文脉传承。江西省美丽乡村的大力发展和建设时间较短，规模较大，一些对地域文化的破坏现象很难避免。尊重地域文化实际上就是尊重乡村的精神，文化的传承是生态村区别于其他相似社区的内在核心。发达国家生态村大都发展于20世纪下半叶，绿色和平与平等共享成为西方普遍的生态价值观。江西省美丽乡村在这一点上具有优势，它们根植于不同的自然地理条件和地域民族区域，有着无法替代的文化属性，一些少数民族地区的精神信仰和民俗习惯在生态村的建设中应尊重保护。

（5）广泛开展教育示范

国外生态村成功发展的重要标志是将生态村本身作为实验性社区，邀请专业机构和学术团体参与生态村建设。许多生态村本身还拥有大学和各种培训机构。江西省美丽乡村建设可以吸取国外的经验，在建设中长期保持与学术专业团体的合作。这样一方面乡村村民可以通过合作得到技术培训；另一方面，学术团体可以将美丽乡村作为实验基地，整个美丽乡村同时也是区域性的生态示范园区，教育、培训与示范紧密联系，相互促进。

第五章

美丽乡村建设要重视规划统筹与试点示范相结合

美丽乡村建设要统筹发展，将县域范围内的所有农村进行统一规划和布局。整合资源，握指成拳，使资源效能发挥最大化。坚持规划先行，有序推进。遵循全域规划、全域整治、全域建设的理念，推进美丽乡村有序发展，同时又要根据“既有个性亮点、又有区域特色”的规划原则，依据各地的地域特点和产业分布，编制具有当地特色的各项村庄建设详规，选择基础好有特色的地区开展试点工作。要做好特色示范村内的基础设施、景点设计、民居修缮、立面改造、村庄绿化和特色产业发展等专项规划。一手抓村庄环境治理，加快村庄整治建设由治脏治乱向治理布局分散转变，推动生态环境优化、土地集约利用和公共服务提升，一手抓发展。

第一节　美丽乡村建设规划与建设标准的必要性

江西地貌地形、风土人情各地相差很大，美丽乡村建设的资源、自然、经济技术、社会历史等条件千差万别。加强美丽乡村建设规划和建设标准的建设，促进美丽乡村建设战略性规划，关系到农村在未来的建设和发展方向。《中华人民共和国城乡规划法》的颁布更是将乡村的规划纳入法律的层面来进行约束和调控，对美丽乡村的建设具有指导意义。

为确保美丽乡村真正造福于民，使群众在乡村建设中得实惠、真受益，因此，建设前需邀请相关设计专家，在对群众进行走访，了解其关于美丽乡村建设诉求的基础上，做出科学合理的顶层设计，充分发挥规划在美丽乡村建设中的科学引领作用。一要做好村庄布点规划。通过村庄布点规划，把农村和城镇作为一个有机整体，统筹规划，综合研究，明确分区功能定位，使城乡发展能够相互衔接、相互促进，实现城乡规划建设、生态环境保护、社会事业发展的协调和可持续发展。二要做好土地利用规划。从全局和长远利益出发，根据可持续发展的要求和当地自然、经济、社会条件，对土地开发、利用、治理、保护在空间上时间上做出总体性的战略性布局和统筹安排。三要做好产业发展规划。产业发展是美丽乡村建设的基础，应将其摆在重要位置，进行重点规划。根据不同地区的自然、经济、社会条件，对产业结构进行合理调整，注重产业发展的长期性、持续性。

一、美丽乡村建设规划的现状

目前乡村建设很多地方处于无序状态，乡村建设几乎缺少科学的规划与管理，具体表现在：

1. 乡村规划建设观念淡薄。农民甚至基层的领导干部对建设规划和建设标准的重要性认识不足，“规划，不如用手比划”的思想对美丽乡村建设规划和建设标准的开展带来较大阻力。有的地区虽然有规画，但执行连续性不强，跟着领导意愿、人事变动随意更改、任意变动，变样走型的现象时有发生，“一任领导一套规划”现象较为普遍。

2. 乡村规划建设管理缺位。由于历史原因和社会经济因素的制约，美丽乡村建设过程中缺乏专业人员指导、制定标准，当前建设处于自然无序状态，农村建设基本属于原有的基础上修修补补。

3. 乡村的规划水平低。由于缺乏统一的美丽乡村建设规划与建设标准，美丽乡村的建设毫无章法。随着政府对美丽乡村建设的重视，许多乡村都花大力气投入美丽乡村的建设中来，原本不具备美丽乡村建设资源条件的乡村也堆砌出个美丽乡村来。部分地区的乡村规划缺乏差异性、个性化，只是照搬照抄、“重复模仿”，或是跟着主观走，忽视当地实际的功能定位、产业现状、生态环境等因素，导致规划与建设农村不像农村、城市不像城市，有新房无新村、有新村无人口、有人口难就业等现象，规划效果差导致群众满意度低。

4. 农村居住布局零乱。乡村住房大多以村为单位，新旧房基杂乱布置，外大内空房子多，严重浪费土地资源。不少乡村违法乱建，沿河而建、沿线而建，与自然环境不和谐。

5. 规划方案缺乏实践基础。美丽乡村的建设一味追求规划超前，提前二十年做好规划。很多方案过于理想化，在村民对规划不认可、不配合、资金缺乏等因素影响下，最终方案成为一纸空文。

6. 人才短缺。主要表现为基层规划和管理队伍整体素质不高，缺乏专业的规划人员和编制人员。专业人才在新农村规划中发挥着至关重要的作用，承担着描绘农村蓝图、引领农村发展的重任，关乎城乡规划编制和执行的成败。据调查，目前乡镇普遍未设专门规划机构，多以建管所代行职责，人员以兼职为主，经费多为自筹。据相关研究，每万人口应配备 1~2 名城乡规划技术人员，但现有的基层乡镇规划人才队伍总量偏少，难以满足现实需要。队伍年龄结构偏大、结构不优，从事规划人员多数为中专或高中毕业，非规划专业出身，专业不对口，有的甚至是转岗的村干部，只能边学边干边探索，技术储备和专业经验不足，人员素质参差不齐，水平亟待提高。①

二、美丽乡村建设规划与建设标准的基本要求

依据《国家新型城镇化规划（2014—2020 年）》，建立层次分明、科学合理、适用有效的标准体系，基本覆盖新型城镇建设各环节，满足城乡规划、建设与管理的需要。围绕推进农业转移人口市民化、优化城镇化布局和形态、提高城市可持续发展能力、推动城乡发展一体化等改革重点领域，研究编制具有中国特色的新型城镇化标准体系，组织制定相关标准 700 项以上。加快制定用于指导和评价新型城镇化进程的量化指标、测算依据、数据采集、监测与评价方法等基础通用标准。

加强乡村规划建设、资源配置、管理评价以及与统筹城乡一体化发展相配套的标准制定。《国家新型城镇化规划（2014—2020 年）》计划选择 10 个省、市开展新农村建设标准化试点，推动建设标准在美丽乡村建设发展过程中的应用和实施，提升美丽乡村建设发展过程中的标准化水平。建设一批美丽乡

① 新农村建设中的规划问题及其对策．http://jjsx.china.com.cn/lm2437/2014/254360.htm

村建设标准化示范，总结经验，形成可复制、可推广的发展模式，支撑和促进美丽乡村建设规范、有序发展。

在美丽乡村环境保护方面，重点开展美丽乡村给排水、污水处理、节水、燃气、供热、村容和环境卫生、风景园林、邮政、乡村导向系统、信息技术应用及服务等领域的标准制定与修订，提升乡村管理标准化、信息化、精细化水平，提高建筑节能标准，推广绿色建筑和建材。

在美丽乡村自然生态系统保护方面，加强森林、湿地、荒漠、海洋等自然生态系统与生物多样性保护、修复、检测、评价以及生态系统服务、外来生物入侵预警、生态风险评估、生态环境影响评价、野生动植物及濒危物种保护、水土保持、自然保护区、环境承载力等领域的标准制定与实施，实现生态资源的可持续开发与利用。

在美丽乡村土地资源保护方面，制定与修订土地资源规划、调查、监测和评价，耕地保护、土地整治、高标准基本农田建设、永久基本农田红线划定，土地资源节约集约利用等领域的关键技术标准，制定不动产统一登记、不动产权籍调查以及不动产登记信息管理基础平台等领域的关键技术标准，制定与修订土地资源信息化领域标准，提高国土资源保障能力和保护水平。

在美丽乡村水资源保护方面，制定与修订水资源规划、评价、监测以及水源地保护、取用水管理等标准，研制水资源开发利用控制、用水效率控制、水功能区限制纳污“三条红线”配套标准和重点行业节水标准、水资源承载能力监测预警标准，开展实施最严格水资源管理制度相关标准研究。

在美丽乡村地质和矿产资源保护方面，制定与修订地质调查、地质矿产勘查、矿产资源储量、矿产资源开发与综合利用、地质矿产实验测试、矿产资源信息化等领域的关键技术标准以及石油、天然气、页岩气、煤层气等勘查与开采关键技术标准，研制水文地质、工程地质、地质环境和地质灾害等领域标准，制定与修订珠宝玉石领域基础性、通用性技术标准，提高地质、矿产资源开发利用效率和水平。

在美丽乡村建设环境保护方面，制定与修订环境质量、污染物排放、环境监测方法、放射性污染防治标准，开展海洋环境保护和城市垃圾处理技术标准的研究，开展防腐蚀领域标准制定。研制工业品生态设计标准体系，制定与修订电子电气产品、汽车等相关有毒有害物质管控标准，制定与修订再制造、大宗固体废物综合利用、园区循环化改造、资源再生利用、废旧产品回收、餐厨废弃物资源化等标准，为建设资源节约型和环境友好型社会提供技术保障。

在美丽乡村建设节能低碳方面，制定与修订能效、能耗限额等强制性节能标准以及在线监测、能效检测、能源审计、能源管理体系、合同能源管理、经济运行、节能量评估、节能技术评估、能源绩效评价等节能基础与管理标准，制定与修订高效能环保产品、环保设施运行效果评估相关标准，制定与修订碳排放核算与报告审核、碳减排量评估与审核、产品碳足迹、低碳园区、企业及产品评价、碳资产管理、碳汇交易、碳金融服务相关标准。

三、规划与布局对美丽乡村建设的意义

美丽乡村是一种全面、综合地统领新农村建设的新想法，是社会主义新农村建设的重要策略。现阶段建设美丽乡村，绝不仅仅只是为了给农村一个美丽的外壳，关键在于提升农村居民的生活水平和生活质量，切实地提高农民的幸福指数。

环境是体，文化是魂。美丽乡村的建设是当地居民生活的缩影，是设计者智慧的结晶，是社会、自然、环境的综合表现，是历史文化的传承。

（一）规划是美丽乡村建设的基础

党的十八大报告提出建设“美丽中国”的全新要求，作为美丽中国的重要构成的美丽乡村建设，必须以规划作为先导和引领。规划是对未来的设计，规划定位决定了新农村建设的发展方向，决定新农村基础设施建设和社会事业布点，决定新农村建设的水平，只有定位准、标准高，才能充分发挥好村庄规划在促进城乡统筹发展、优化村庄空间布局和统筹配置空间资源等方面的引领作用。

党的十九大报告提出“实施乡村振兴战略”。农业农村农民问题是关系国计民生的根本性问题,必须始终把解决好“三农”问题作为全党工作重中之重。要坚持农业农村优先发展，按照产业兴旺、生态宜居、乡风文明、治理有效、

生活富裕的总要求，建立健全城乡融合发展体制机制和政策体系，加快推进农业农村现代化。巩固和完善农村基本经营制度，深化农村土地制度改革，完善承包地“三权”分置制度。保持土地承包关系稳定并长久个受，第二轮土地承包到期后再延长三十年。深化农村集体产权制度改革，保障农民财产权益，壮大集体经济。确保国家粮食安全，把中国人的饭碗牢牢端在自己手中。构建现代农业产业体系、生产体系、经营体系，完善农业支持保护制度，发展多种形式适度规模经营，培育新型农业经营主体，健全农业社会化服务体系，实现小农户和现代农业发展有机衔接。促进农村一二三产业融合发展，支持和鼓励农民就业创业，拓宽增收渠道。加强农村基层基础工作，健全自治、法治、德治相结合的乡村治理体系。培养造就一支播农业、爱农村、爱农民的“三农”工作队伍。

搞好村庄规划是建设美丽乡村的基础。村庄建设如何布点布局、何处着色着力，才能最美丽动人、最科学合理、农民群众最满意，基础就在于规划的编制。规划不仅管当前，更关系长远。只有搞好了规划，才能保障美丽乡村建设有计划、有步骤、有重点循序渐进地开展，避免低效投入、重复建设，节约物力财力，最大限度、最高效率的用好每一笔来之不易的新农村建设资金和资源。

搞好村庄规划符合广大农民的利益愿望。长期以来，许多地方的农民饱受村庄无序建设、基础设施和公共服务无法合理配置、生产生活环境恶劣之苦。随着农民群众收入水平的逐年提高，要求整齐划一的房屋建设规划，盼望改变农村“脏、乱、差”的落后面貌，提高水、电、路等配套基础设施条件，完善就医入学入托等民生事业，已经成为新时期广大农民的共同诉求和愿望。近年来，各地在推进新农村建设过程中，越来越重视规划的引领作用，许多市县已经实现镇村城乡统筹规划全覆盖。在规划的引领下，一批生产发展、生活宽裕、乡风文明、村容整洁、管理民主的新农村加快建设、亮点纷呈。通过科学合理规划引领的美丽新农村，必将逐步满足这些要求，也必将给广大农民带来实实在在的利益和实惠。

（二）规划与布局是建设“美丽乡村”的关键所在

江西省吉安市碧洲镇的“美丽乡村”建设开始于2007年春。当时，全镇上下对此进行过热烈的讨论，达成共识：科学规划乡村建筑、产业、生态布局是建设“美丽乡村”的关键所在。昔日的乡村就是因为没有规划，加之违规占地、违章建房，导致土地浪费、产业定位不准、乡村文明建设举步维艰。抓住规划这个关键，镇里投入70多万元，请来专家和规划设计院对集镇和每一个村庄进行规划，并将规划公布于众，充分汲取群众智慧，激发群众参与热情，提出“科学规划的目标就是保护境内生态和文化资源，让所有珍贵资源在生态文明建设中展现出神奇魅力，以造福一方百姓”。为此，镇里依托毗邻县工业园区、毛竹资源丰富，又有白水仙风景区的优势，着力建设经济强镇、旅游新镇、生态大镇。

为确保规划落实到位，镇里规划时严格以下三点：

1. 成立“土地使用规划所”和“环境管理所”，所有建筑用地实行3年预报制，并规划建筑预留点，凡不能在原址上新建的，一律进入预留点。

2. 新房设计统一由镇里免费提供，任何人不得擅自建房和修改规划。

3. 镇里做好土地增减挂钩文章，对拆除的危房和零星移民用地进行集中使用，以做大做强中心集镇，增强其辐射力和带动力。

在新规划的集镇中心，只见商贸中心、百姓新居、文化社区正在加紧建设。据悉，近5年镇里把经营土地的2100多万元全都投入基础设施建设和民生事业，撬动了民间投资超2亿元。

“美丽乡村”不仅需要科学规划，更离不开建设过程中每一个细节的塑造。走在碧州镇，目光所及，赏心悦目，每一处景色都是精心打造。百姓广场的风景竹集中了中国的12种竹子，街道所有标牌以翠竹为背景，以庐陵风格和徽派风格为主体的民间建筑的外墙和窗户由镇里统一出资装饰和改造，以确保“美丽乡村”美感。

宜居宜业的“美丽乡村”，吸引着附近乡镇的村民及工业园区的企业家纷纷落户。

第二节 影响美丽乡村建设的要素分析

一、自然要素

自然要素包括气候、地质、地形与地貌、水系以及其他自然资源。自然要素变化缓慢。它对美丽乡村建设的影响因人类对自然的认识、科学技术的发展而变化。凭借科学技术的力量可以在一定程度上减弱自然因素对乡村建设的不良影响。同时，合理利用自然要素使美丽乡村充分体现其特征，使之延续发展，满足人们的生理和心理要求，取得高技术和高情感的平衡。

气候是影响各地区传统建筑格局，进而影响乡村形态，甚至生活方式的重要因素之一。江西气候属中亚热带温暖湿润季风气候，年均温约16.3℃ ~19.5℃，一般自北向南递增。赣东北、赣西北山区与鄱阳湖平原，年均温为 16.3℃ ~17.5℃，赣南盆地则为 19.0℃ ~19.5℃。夏季较长，7 月均温，除省境周围山区在 26.9℃ ~28.0℃外，南北差异很小，都在 28.0℃ ~29.8℃。极端最高温几乎都在 40℃以上，成为长江中游最热地区之一。建筑设计方面宜通风散热，注意建筑节能材料在美丽乡村建设上的应用；建筑随地形分散布置，建设时要考虑有及时疏散集中雨水的作用。

地质对不同地区的建筑结构和建筑高度有一定的影响，地形与地貌是形成空间结构的重要因素。我省地貌上属江南丘陵的主要组成部分,省境东、西、南三面环山，中部丘陵和河谷平原交错分布，北部则为鄱阳湖湖积、冲积平原。鄱阳湖平原与两湖平原同为长江中下游的陷落低地，由长江和省内五大河流泥沙沉积而成，北狭南宽，面积近 2 万平方公里。地表主要覆盖红土及河流冲积物,红土已被切割,略呈波状起伏。湖滨地区还广泛发育有湖田洲地。水网稠密，河湾港汊交织，湖泊星罗棋布。

江西有着非常丰富的民居建筑文化遗产，其建筑形式、构造都有其自身的地方特色，虽未形成强烈的“江西风格”，但就其基本特征——天井式民居，确属国内此类型民居中最丰富、最完整的。其中包括以下内容：

1. 天井与“进”。

2. 变化多姿的“马头墙”。

3. 门罩、门楼、门斗、门及廊门窗隔扇。

水是地形地貌的一种特殊形态，是特色美丽乡村建设最活跃的因素。

易家河村地处赣北修河南岸，焦武公路穿境而过。坐落在风景名胜区—庐山西海，是闻名全国集温泉休闲、生态旅游为一体的柑橘之乡。点亮这个美丽乡村的就是“水”。易家河村坐落在橘林腹地、竹海深处，是明朝重臣，曾任刑部、礼部和兵部尚书的魏源的家乡。村子地理位置绝佳，在群山环抱之中，又有碧水潺潺、曲流映带。村旁的柘林湖则千岛落珠、碧波万顷，湖水清澈见底，能见度深 11 米，以风景绮丽而誉满华夏。景区内每立方厘米空气中负氧离子含量高达 15 万个，是一个十足的天然氧吧。凭借优越的自然与人文资源独特的优势，当地镇府通过招商引资香港恒旅游发展有限公司投以六亿元巨资，精心打造出一座集温泉洗浴中心、五星酒店、豪华别墅、精致公寓于一体，以“引领温泉时尚、打造养生社区、创新生活模式”为主题的大型温泉度假村，庐山西海度假村是江西省规模最大、档次最高、项目最多的温泉度假村。

二、人文要素

人文要素是江西美丽乡村建设的社会和心理方面的背景条件。江西有丰富的文化底蕴，自古就是文化圣地，特别是在南北文化交流中，扮演着得天独厚的角色，江西文化的鼎盛，体现在千百年来文人骚客留下的墨痕和厚厚的状元簿中。深厚的文化底蕴成为江西省一道秀丽的景色。

1. 书院文化

“江西书院甲天下。”江西是古代书院的起源地，唐代德安义门东佳书院和高安桂岩书院是中国设立最早的书院之一。宋代白鹿洞书院名列中国四大书院之首，华林书院延四方讲席，鹅湖书院首创学术自由争辩之风，白鹭洲书院以人才辈出、延续办学 800 年而著称。

在明代 1239 所书院中，江西地区就有 238 所，占五分之一。据清光绪《江西通志·书院》记载，江西书院达 526 所。有学者根据其他各种史籍、志书、笔记、碑刻统计，认为江西古代书院足有千余所之多，迄今保存较完整的仍有 85 所。

2. 赣文化

赣文化是中华民族文化的子系统。经长期发展，它又派生出一系列自己的文化分支，构成层次丰富、脉络清晰的网络。赣文化包含了浔阳文化、豫章文化、临川文化、庐陵文化、袁州文化、赣南客家文化等诸多子系统。青铜文化、瓷文化、书院文化、禅道文化、苏区文化、文学、艺术、哲学等，各自构成了相对独立的系统，它们对中华民族文化史有着重大的推进作用。

3. 临川文化

临川文化是以江西临川为汇合中心，人文、风物、哲学、教育、文学、艺术、科学、技术、医理、宗教、民俗、体育、语言、建筑、美食等实行向性组合，而形成独具特色、自有特征、承上启下的区域文化。临川文化背景下诞生了宰相词家晏殊及其儿子晏几道，唐宋八大家之一的王安石，医学家陈自明，地理学家朱思本，著名的戏剧家汤显祖等历史文化名人。

4. 庐陵文化

庐陵文化以庐陵古治属为核心，辐射而涵盖现今吉安市十余县（区）及周边市区的区域性文化。庐陵文化源于七千年前的青铜文化，以“三千进士冠华夏，文章节义堆花香”而著称于世。“一门六进士，隔河两宰相”、“五里三状元，九子十知州，十里九布政，百步两尚书”、“父子探花状元，叔侄榜眼探花”至今仍传为佳话。“唐宋八大家”之一欧阳修、南宋民族英雄文天祥、《永乐大典》主纂解缙、宋代大文豪杨万里、中国国家原副主席曾庆红、国务院原副总理余秋里、中国著名数学家王梓坤、中国探月首席科学家（“嫦娥之父”）欧阳自远、南宋爱国名臣胡铨等一批历史文化名人、知名学者先后孕育或诞生在这里。

这些文化发源于乡土、传承在乡间，为美丽乡村建设晕染了美丽的内涵。

三、社会经济发展要素

发展要素主要包括原有性质、总体格局和肌理、交通干道和公共活动场所、地方民俗和民族聚居区、特色工艺与传统、历史文物与遗址、重要景观与绿地等。

原有性质是由各方面的条件经过长期发展形成的。它不但影响乡村建设的总格局，而且还往往影响美丽乡村未来的性质和规模。美丽乡村的建设要将乡村所处位置的总体格局和肌理纳入考虑，它是在历史上已经形成的，反映某种带有规律性的特征。乡村的建设中以适应环境为主，避免对周围环境造成损害，使美丽乡村建设与环境融合。美丽乡村建设要将自然要素与人文要素相结合，充分利用自然和人文的优势，在人文与自然要素之间达到平衡。

例如庐山牯岭的街区就是充分利用自然和人文优势打造的典范。经过严格的规划，街道干净整洁，溪水潺潺，绿树成荫。上千栋欧美各种风格的别墅、教堂、宾馆、饭店，错落有致地分布在绿叶丛中，与周围环境十分和谐，号称东方瑞士。弧形的半面街道牯岭正街上，各种商店、酒楼、舞厅鳞次栉比，夜间灯火通明，霓虹闪烁，游人如过江之鲫。中段的街心公园，恰临剪刀峡豁口，是清晨看日出、白天凭栏远眺长江或观赏云海，入夜欣赏牯岭、九江上下两城万家灯火的绝佳去处。

交通干道和公共活动场所是形成格局和空间体系的主要构架，是美丽乡村建设的重要组成部分。公路建设要结合周围环境地形和乡村整体规划的需要，方便交通的同时，对美丽乡村整体外貌具有改善作用。

江西省九江市东西方向的重要通道——306 省道红修线，由农村公路改建为普通二级公路。近年来，九江市公路管理局结合沿线环境，将红修线改造成为三季有花、四季常青的省级示范路。驱车行驶在红修线上，犹如置身画境，车在路上行，人在画中游，让人流连忘返。清晰的路标线蜿蜒延伸，路肩草皮碧绿青翠，护肩墙、排水沟焕然一新，是我省乡村公路的一道亮丽的风景。

地方民俗和民族聚居区对特色风貌的形成具有重要的影响。由于地理和历史等多方面的原因，各地都有不同的风俗习惯，美丽乡村建设要全面了解民族风情和民族聚居区的特色。

历史文物与遗址需要加以保护和利用，有历史价值和艺术价值的地区、建筑、遗址等都是宝贵的财富。如华盛顿通过整体建设布局，很好地将历史与现状结合，将文物遗址与周围环境融合一体，使其既能满足功能需要，又保持了其文化底蕴。

社会经济情况既是美丽乡村建设的风向标，也是美丽乡村建设的衡量标准。“春江水暖鸭先知”，美丽乡村建设得好不好，村民最有切身体会。生活水平是美丽乡村建设成功与否的试金石，乡民的生活水平差不是美丽乡村，美丽乡村建设在物质与精神的双重建设。

“美丽乡村”的系统性体现在生活、生产、生态三个方面，在建设活动中任何一个方面的缺陷，都不足以支撑“美丽乡村”的整体架构，并进一步使农村市场经济的形态发展方向偏离。单纯地重视生态环境美化，集中资金和社会力量改造农村生活环境，但却忽略农业生产力的提高，农民收入水平长期维持较低状态。这样即便实现了“美丽乡村”的外部建设，也会由于经济水平的不适应性，而无法实现真正的“生态文明”效果，一段时期后，片面的建设成果就会消失。

第三节　美丽乡村建设的规划与布局

一、规划的目标与原则

（一）规划的目标

1. 了解资源状况，明确发展方向

美丽乡村建设规划与建设标准的制定，有利于了解资源状况，明确发展方向。规划和标准制定中，了解本地的自然资源（土地、水、气候、生物、风景）、人力资本（劳动力数量、年龄构成、就业、职业技能、文化水平）、经济资源（农业状况、交通状况、财富积累）和社会资源（居住状况、风俗习惯）进行分析评价，发现美丽乡村建设过程中的禀赋要素，从而明确美丽乡村建设和规划的方向。

2. 合理布局建设项目，统筹乡村协调发展

在美丽乡村的建设中，通过对乡村的工业、农业、交通运输、城镇居民点的合理布置、综合部署，引导乡村的各项事业协调发展，提高居民经济效

益。通过建设规划，处理好自然和居民点建设的关系，促进人与自然和谐发展。通过建设规划，统筹好工业、农业的关系，促进工业、农业的共同发展。

3. 合理配置生产力资源，提高布局经济效益

美丽乡村规划的目的在于合理配置生产力资源，合理布局、发挥优势，促进项目建设，使各要素发挥最大的效益。美丽乡村建设过程中有了规划，给建设项目提供了科学依据，避免了美丽乡村建设中的各自为政，盲目建设的乱象。通过合理布局，发挥布局经济效益，使美丽乡村在相互促进中成长。

4. 合理开发自然资源，促进人与环境协调

自然环境资源是人类最宝贵的财富，通过合理规划，发挥自然资源的最大效益，让资源环境与美丽乡村建设相得益彰。通过建设规划，解决房间空置的土地资源浪费问题，让每一块土地都物有所值，以自然环境为基础塑造美丽乡村。

5. 公共交通标准化，打造美丽乡村基础建设

美丽乡村的建设离不开人民生活水平的提高，人民生活水平状况离不开交通运输、能源供应、生活服务等基础设施。交通是美丽乡村的重要组成部分，合理规划路线和建设标准可以促进美丽乡村的建设，提高居民的满意度。

（二）规划的原则

美丽乡村的规划应该注重“总体规划，分别布局”的原则，加强美丽乡村的功能布局，将各乡村的优势整合，使相邻乡村空间上互相联系、互相渗透，在产业上互相补充、互相促进。

因地制宜的发展特色产业。在实地考察与调研后，综合评估美丽乡村的要素禀赋优势，研究合适的规划方案。一方面，切忌千篇一律和本本主义的照搬照抄；另一方面，也不能超越现实理想主义的规划。自然景观丰富的乡村，可以借助自然景观，以自然旅游为依托，发展乡村旅游度假的规划建设。工业完善的乡村，可以整合自身的生产力，招商引资发展特色工业，打造特色产业园。

1. 科学规划

美丽乡村规划应充分合理地利用自然环境条件，美丽乡村的建设应在原

有乡村范围内，在原来的基础上进行改造建设。对于需要搬迁重新规划的项目，应选在丘陵多平地少的地方，有利于巧妙地进行景观景物组合和空间布局，避免占用农田。

2. 因地制宜

美丽乡村建设依赖于农业，而农业的发展又高度依赖于自然地理环境条件。所以,美丽乡村的布局应遵循因地制宜的原则。因地制宜的布局农业生产，因地制宜的布局特色景观，因地制宜的布局乡村经济项目。

3. 尊重民意

美丽乡村建设规划中，要尊重农民群众的首创精神，充分发挥他们的作用。美丽乡村是农民自己的家园，农民是美丽乡村建设的主体，是建设者，也是管理者。农民期盼什么、需要什么，农民最清楚。让农民群众参与美丽乡村建设规划的编制中来，是党的“从群众中来、到群众中去”路线的具体体现。农民群众最关心规划可行性和项目的成败，具有强烈的愿望和责任感，引入群众参与机制，既可以全面真实地反映农民群众意愿，反映他们的需求，有助于科学地制定规划，选择发展项目，又可以引导农民参与监督管理，有效地防止和杜绝资源的流失和浪费。

4. 突出特色

突出各自的特色是美丽乡村建设的保证。一方面，突出文化特色，文化是建设美丽乡村的重要部分，文化的多样性也给美丽乡村建设提供了建设素材。另一方面，对于彼此相邻的各个美丽乡村来说，仅仅突出文化是不够的，还应充分突出各自的景观。

5. 整体规划

美丽乡村的建设是一个系统工程，具有很强的整体性。

第一，美丽乡村规划必须服从高层次美丽乡村发展战略，突出自己的特色，即按照“人无我有”“人有我优”“人优我特”的原则。

第二，美丽乡村建设要顾及各大功能区的整体协调，又要考虑全过程的协调，其规划布局得全面协调、整体发展。

第三，美丽乡村的周边多是农村，美丽乡村布局也应与农村建设规划相结合。只有建立在农村居民点和道路规划、土地开发整体规划、生态环境建设规划基础上的美丽乡村规划，才会达到和谐而富有生命活力的效果。

二、美丽乡村的布局原则

乡村艺术面貌是通过乡村的总体艺术布局来展现的，美丽乡村的艺术布局是美丽乡村建设最重要的一环。一方面，美丽乡村的总体布局向外界展示着整个美丽乡村的建设状态；另一方面，美丽乡村的布局体现着乡村精神文明建设的状态，是社会主义建设中新农村建设成果的集中体现。美丽乡村的总布局要综合考虑乡村环境、历史传统、地方特色、民族特色，并在建设中将四者融为一体。

（一）乡村环境的融合

乡村环境是美丽乡村建设的基础，美丽乡村的规划与布局必须将乡村的环境进行考虑，因地制宜、因势建镇，将生态环境与美丽乡村的建设融为一体。青山还是那青山，碧水还是那碧水，但因为有了科学规划、用心经营的理念，碧水青山便会越发灵动可爱、美丽动人，迸发出巨大的能量。传统村落往往在特定的自然地理条件下孕育而生，集山、水、田、宅于一体，有着良好的生态环境和秀丽的田园风光。美丽乡村的规划和设计，应该充分尊重现有的自然条件与地理环境，达到山地有山地的特色、水乡有水乡的风格、平原有平原的品位。建设过程中应注重人与自然环境的和谐共融。

（二）历史传统的传承

江西有着悠久的历史文化底蕴，一代代江西先贤们所创造的历史文化是留给我们的珍贵遗产。漫步在江西这片黄土地上，随处可见古建筑、古河道、古桥梁、古园子。在美丽乡村的建设时应尽可能把历史与现代相结合，保护古迹，使历史底蕴成为美丽乡村中道路、园林、文化设施的重要组成部分。如果说城市运转的灵魂是一套套的法规制度，那么乡村运转的灵魂就是其约定俗成的民俗文化。在美丽乡村建设中应突出乡土特色，弘扬传统文化，保护传统民居建筑。

（三）地方特色的保护

保护地方特色，要注重与自然环境的结合，这是美丽乡村建设最经济有

效的做法。要充分利用乡村的特色——山、水、草、木等自然环境资源，充分利用赣鄱大地地形起伏多变的特色，创造多层次、灵动活泼的特色布局，充分利用河道水网的有利条件，打造特色水城。正如凤凰凭借其山水优势，打造出一张旅游名片。

（四）民族特色的保护

江西历史悠久，民族众多，民俗资源丰富多彩。江西境内少数民族中畲族聚居，主要分布在铅山太源畲族乡和贵溪樟坪畲族乡等地以及永丰、吉安、兴国、武宁、德安、资溪、宜黄、乐安等市县的30多个畲族乡村；瑶族部分聚居，如全南瑶山、喇叭山等；其他各少数民族均为散居性质。

畲族是江西唯一具有聚居性质的少数民族，畲族社会中广泛流传的盘瓠神话传说，以及与此相连带的盘瓠的图腾礼仪、图腾标志、图腾禁忌等，典型地反映了畲族图腾文化的特色；客家人是汉族的一支，他们迫于战乱等因素，举家南迁，历经千辛万苦，但虽适新土，不忘本源，重视传统，崇敬祖先。

三、美丽乡村规划布局设计的方法及案例

美丽乡村建设规划是综合的、全面的乡村建设方案，不仅涉及乡村的用地，而且和乡村的功能、经济、空间、形体和环境等有关，并侧重于长远性、指导性和政策性。在目前乡村建设规划的编制中，乡村建设规划偏重于用地布局和基础设施的安排，设计意识淡薄，往往忽视乡村自然生态风貌特色的塑造，严重影响了乡村的整体形象，导致美丽乡村建设面貌类同化。美丽乡村设计以提高和改善空间环境质量为目标，满足居民心理和行为等方面的需求，追求舒适且有人情味的空间。

自然环境和自然资源是美丽乡村建设规划与布局的基础。我省幅员辽阔，不同地区的自然环境条件和社会发展水平存在较大差异，美丽乡村建设的自然生态环境背景也千差万别，而自然生态环境背景又是美丽乡村特色规划的基础。美丽乡村是人们向往追求的理想生活模式，回归田园，是人们永远的追求。美丽乡村以自然生态环境为背景，建设“美丽乡村”形态，打造现代城市与现代农村和谐相融的美好蓝图，工作生活于乡村的人们既可享受高品质的现代都市文明，又能领略“采菊东篱下，悠然见南山”田园诗意的人间

大同景象。

本文以江西乐安县蔡坊村山砀镇的设计规划为例，介绍美丽乡村的规划布局方法。山砀镇位于乐安县境最北部，距县城 25 公里，全镇土地面积 138 平方米公里，耕地面积 3.1 万亩，水域面积 3000 多亩。下辖 13 个村委会、1 个居委会、124 个村小组，总人口 2.2 万人，其中农业人口 2.1 万人。山砀镇地域辽阔，资源丰富，交通便捷，是乐安通往南昌、抚州之要塞。全镇各项设施齐全，村村通公路。2005 年以来，镇党委政府紧紧围绕“烤烟兴农、土地聚财、三产活商、引资创税、环境塑镇、亲民稳镇”的发展战略，努力做好各项工作。农业生产以优质稻和烤烟为主，种植优质稻 3000 余亩，烤烟 1405 亩，果园面积达 1500 余亩，生猪年出栏 1 万余头；小（二）型以上水库 15 座，水面养殖水产品达 10 万余吨。蔡坊村有 310 人，76 户，主要经济来源于水稻和烟草种植。综合未来村庄人口的自然增长、随着城市化水平的提高、人口的迁出及周边村庄的合并等因素，取综合增长率为 8‰，则到 2030 年人口如下：规划总人口 P2030=310×（1+8‰）8 ≈ 331 人。村庄现状建设用地指标为人均 107.6 平方米，规划建设用地指标人均 101.2 平方米。根据规划常住人口及人均用地标准，该村用地规模为 3.35 公顷。规划目标将山砀镇蔡坊村打造成为以水稻、烟草等农作物种植为主，养殖业为辅的生态示范村。

（一）总体规划布局

建设因地制宜，规划以人为本，以社会效益、经济效益与环境效益三者统一为基准点，着意刻画优质生态环境，强调全村建设的整体性，包括功能布局、道路系统、绿化系统与市政设施，统一规划，形成整体，为居民塑造自然优美、舒适便捷、卫生安全的怡然栖居之所。

1. 功能布局

规划根据用地现状特点，进行合理布局，道路网形成“三横三纵”的格局，总体形成“两轴三心”的村庄格局。两轴主要是指沿主要道路形成的景观轴线，三心是指围绕村庄形成的景观节点。整个村庄的建设以道路景观轴为纽带，以文化广场为主要节点，充分结合现状的地形地貌，场地融入自然环境中，营造人与自然和谐相处的融洽氛围。秉承以人为本、经济务实的理念，力求塑造结构清晰，环境优美，既能留存传统农村聚落的有机生活脉络，又能适应现代生活方式的新农村。在思路上集中体现：

（1）均衡性

美丽乡村规划在整体布局上适当追求均衡性的效果，相应的规划布置成为流畅的平衡，构成整洁、动感而又彼此呼应的布局风格。

（2）交流性

作为充满人情味的居住空间，美丽乡村的规划应充分考虑村民间的沟通与交往。每个区块的公共空间设计都考虑了人与人之间交流的可能性与便利性。

（3）自然性

“有水则灵，有灵则绿，有绿则秀。”美丽乡村环境设计依托流水、草木蓝绿基调的韵味，定格在整个村用地上，使整个环境充满水的灵气、绿的清秀。

规划技术经济指标表

<table>
<tr><td>指标名称</td><td colspan="3"></td><td></td></tr>
<tr><td></td><td colspan="3">规划总用地面积</td><td>3.36</td></tr>
<tr><td rowspan="5">规划总用地（万平方米）</td><td colspan="2">用地类型</td><td>面积</td><td>比例</td></tr>
<tr><td rowspan="4">其中</td><td>商业用地</td><td>0.84</td><td>25%</td></tr>
<tr><td>商务用地</td><td>1.21</td><td>36%</td></tr>
<tr><td>居住用地</td><td>1.01</td><td>30%</td></tr>
<tr><td>教育用地</td><td>0.30</td><td>9%</td></tr>
<tr><td rowspan="7">建筑面积（万平方米）</td><td colspan="2">总建筑面积</td><td colspan="2">3.14</td></tr>
<tr><td rowspan="6">其中</td><td>类型</td><td colspan="2">建筑面积</td></tr>
<tr><td>酒店</td><td colspan="2">0.17</td></tr>
<tr><td>办公</td><td colspan="2">0.36</td></tr>
<tr><td>商业</td><td colspan="2">1.36</td></tr>
<tr><td>居住</td><td colspan="2">1.07</td></tr>
<tr><td>学校</td><td colspan="2">0.18</td></tr>
<tr><td></td><td colspan="2">停车总数</td><td colspan="2">122</td></tr>
<tr><td rowspan="2">停车位（辆）</td><td rowspan="2">其中</td><td>室内停车位</td><td colspan="2">100</td></tr>
<tr><td>地面停车位</td><td colspan="2">22</td></tr>
</table>

2. 道路系统

规划梳理提升村庄内部道路，现状水泥路予以保留，规划村内主干路宽度为 3~4 米，支干路宽度为 2.5 米，入户巷路宽度为 2 米，疏通断头路，对其进行衔接，形成主次分明的道路网络。

强调以人为本，营造内部舒适亲切的步行街，并且结合立体化的建筑空间，构建一个立体化、全方位的景观式人行网络交通系统。

3. 绿化用地

规划充分利用村内宅前空地、水体、闲置地，绿化以“点能成景、线能成荫、面能成林”为目标，以农田背景绿化为轮廓，形成自然村落的景观意境，构建一个清新怡人、环境优美的村庄自然景观。规划村庄绿化覆盖率不低于 35%。

（1）道路景观绿轴

通过对道路两侧绿化，设置休息座椅，以满足就近居住的村民徜徉。

（2）绿化景观轴

以水为媒，以广场为节点串联起村庄主要的景观带。

（3）主要景观节点

立足现状地形地貌，规划设计三处主要景观节点。

① 文化广场：结合小学空地布置，规划以硬质铺装为主，设置宣传栏、花坛座椅、太阳能庭院灯，局部配置健身器材，新建村文化书屋，占地面积 40 平方米，供村民自主学习及借阅图书，提高村民文化水平，在周围增种植物，做到花灌木结合，丰富景观层次，规划成为村庄主要的集健身、休闲娱乐、学习科普为一体的公共场所。

② 健身广场：规划以硬质铺装为主，局部布置树池，种植花灌木，摆放健身器材，为村民提供休闲、健身的好场所。

③ 树林寻幽小游园：规划结合周边水塘及现有绿化，修建园路、广场，设置园椅，栽花植树，嵌草铺地，营造绿树成荫、花红草绿、水绿相映的景观环境，村民结束繁忙的农作后，可以享受片刻的幽静，是调节生活节奏，舒展身心的好去处。

在其他建筑和道路围合的空地上均可进行绿化，较大空间的可进行适当的硬化。在村庄内形成多点绿地，美化村庄形象，同时也可改善生态环境。景观绿地均结合民俗民风，展示地方文化，营造蔡坊特有的乡土风格。

（4）重视景观绿化环境的建设

要重视景观绿化环境的建设，整治脏、乱、差，对水沟、水塘、垃圾进行全面清理，搞好农户家庭卫生。加强村庄内空地以及村庄周围土地的生态建设，广种树木和植被。绿化路旁、宅院及宅间空地，以当地的树种——樟树、竹、桂花树等为主，可适当种植部分果树。村庄要覆盖全部裸露土地，以防水土流失。在休闲广场、游园等地设置休闲小品，使之成为村庄的休闲活动的好去处。在进村道路入口处设置门牌，并沿路设置具有导向性的路牌、绿化、灯杆或园林小品。清理村庄水塘，沿驳岸设置护栏，减少安全隐患。

空间营造采用点—线—面相结合的方式，来营造乡村居住区的开放空间。

用建筑围合各形成一个相对封闭又向外开放的绿化空间节点，在各个居住区内部同样设置类似于小游园类型的景观节点，绿中有建，建中透绿，既形成良好的城市景观环境，又体现新城的乡村风貌。

人行其中，在移步换景的同时，建筑和景观相结合，虚中有实，实中有虚，自然过渡，自然有序地连接了三个个性不同的建筑类型和节点空间，为生态景观的系统化建立基础。

（二）基础设施规划

1. 给水工程规划

（1）用水量估量

规划范围内规划用水指标为：规划区居住人口用水量指标为 200 升 / 人·日；公建用水和不可预见用水量按生活用水的 15% 计，则总用水量为 7.62 吨 / 日。

（2）供水水源

规划村民生活用水与镇供水管网连接，实现统一供水。

（3）供水系统

建设统一的自来水管网系统，通过实施统一供水管网后，使村民能够使用清洁卫生安全的自来水。给水管沿主要路铺设，采用网状与树枝状相结合的管网形式，最小覆土深度为 0.7 米，主干管管径 100 毫米，支管管径不小于 50 毫米，管材采用钢管或 PVC 管。

2. 排水工程规划

现状雨水和生活污水均采用排水沟排水，规划采用雨污分流制的排水体制，雨水通过管道收集就近排放，污水通过管网与镇区污水干管连接，统一进行处理。

（1）污水量预测

污水量按总用水量的 80% 计，则规划污水量约为 6.09 吨 / 日。

（2）雨水量预测

按乐安县暴雨强度公式：

$$q=\frac{2499(1+0.55\lg p)}{(t+8)^{0.77}}$$

雨水量公式：Q = q · Ψ · F

其中：设计重现期 P=1 年

地面集水时间：t1=15 分钟，径流系数 ψ=0.60。

（3）管网布置

规划在村庄外围环路以及村内主要道路设置雨水管，在排水沟及村庄周边设置多个排水口，就近排放雨水。污水管网沿村庄主要道路布置，在村庄东部新建一处面积为 100 ㎡的生态污水池，生活污水经处理后可直接排放至农田水渠。排水管管材采用钢筋混凝土圆管，覆土深度不小于 0.7 米，管道采用管顶平接。

3. 电力工程规划

（1）用电负荷

参照《城市电力规划规范》（GB/50293-1999），用电量标准按 3000 瓦 / 户计，规划户数 83 户，公共建筑用电按 40 瓦 / 平方米计，同时使用系数取 0.7，则村内总用电负荷为 290.5 千瓦。

（2）电源

规划 10KV 电力线由镇 35KV 变电站接入。

（3）供电线路

电力电缆均采用直埋电缆，沿人行道或绿化带暗铺至各用户，布置在道路的东侧和南侧，在车行道下覆土深度不小于 0.7 米，穿过道路时应穿钢管保护。

（4）路灯

规划路灯沿人行道或绿化带铺设路灯电缆，路灯开启、关闭控制方式采用手控、光控或时控。

4. 电信工程规划

电信线路采用光缆传输和交接箱的方式，交接箱根据建筑物和用户要求设置，线路和交接箱的位置与走向应与村庄的环境相协调，不得影响景观。在主要的道路上，电信线路应走地下。

（1）容量预测

村内电话容量预测：住宅按 1 门 / 户，公共建筑按 1 门 /100 平方米计。

（2）电信线路

村庄内有线电视线路沿建筑墙面明铺。

（三）环境保护与环卫设施规划

1. 环境保护规划

（1）现状

周围基本农田、大气环境和水环境质量较好。

（2）规划目标

不断改善生态环境，加强绿化建设，将蔡坊村建设成为山青水绿、空气清新、环境优美、卫生整洁的蔡坊村。

空气环境质量普遍达到Ⅰ级标准；

水环境质量达到地表水Ⅱ类标准；

声学环境质量达到一类标准。

2. 环卫设施规划

（1）规划设立 4 个垃圾收集点，10 个垃圾收集箱。

（2）应建立相应的环境卫生系统，使各种废弃物的收集、运输、中转和处理快速、方便，基本实现废弃物处理减量化、资源化、无害化，环卫设施装置现代化。垃圾经收集通过中转站运送至乡垃圾填埋场统一填埋处理。

（3）环境卫生设施

生活垃圾收集点的服务半径不宜大于 70 米，并在适宜的位置放置垃圾收集箱。并在村内配备 1 个保洁员。

（4）环境卫生的基本要求和规划对策

生活区的环境卫生工作是事关本地生态经济发展的大事，应建立一支相应的环卫保洁队伍，负责路面清扫、绿化维护、村容村貌整治等工作。结合产业结构的调整和村民居住生活条件的改善，大力提高村民的环境卫生意识，形成自觉维护环境卫生的共识。

第四节　美丽乡村建设的评价指标

通过对大量“美丽乡村”建设评价相关文献的阅读整理，结合我省“美丽乡村”建设现状，对我省研究美丽乡村建设的部分专家提出相关评价指标的意见进行了统计，具体统计基于不同学者对评价指标的研究，结合“美丽乡村”建设评价基本现状，“美丽乡村”建设评价指标依次为综合规划、乡村文明、文化体育、经济促进、公众参与。

1. 模型的建立

评价指标表

	一级指标	二级指标
美丽乡村建设指标评价	综合规划 LV1	总体规划 v11
		水流规划 v12
		房屋规划 v13
		村庄绿化 v14
		园林改造 v15
		道路规划 v16
	乡村文明 LV2	村容管理 v21
		人文关怀 v22
		公共服务 v23
	文化体育 LV3	文体设施 v31
		景区景点 v32
		文化遗产 v33
	公众参与 LV4	民主管理 v41
		民主决策 v42
		全员参与 v43
	经济促进 LV5	特色产品 v51
		农民就业 v52
		乡村旅游 v53
		辅助产业 v54

2. 模型的拟合与估计

利用 AMOS 软件进行运算和拟合，得到修正后的评价结构方程模型以及各个参数值。

$$LV1=\sum_{i=1}^{6} v1i\,\mu 1i$$

$$LV2=\sum_{i=1}^{3} v2i\,\mu 2i$$

$$LV3=\sum_{i=1}^{3} v3i\,\mu 3i$$

$$LV4=\sum_{i=1}^{3} v4i\,\mu 4i$$

$$LV5=\sum_{i=1}^{4} v5i\,\mu 5i$$

$$\sum_{i=1}^{k} \mu ji=1$$

通过权重的归一化，分别得到的指标权重：LV1（0.47 0.60 0.70 0.58 0.59 0.57）、LV2（0.64 0.58 0.53）、LV3（0.74 0.80 0.60）、LV4（0.61 0.78 0.76）、LV5（0.76 0.85 0.66 0.80）（见图 1）。

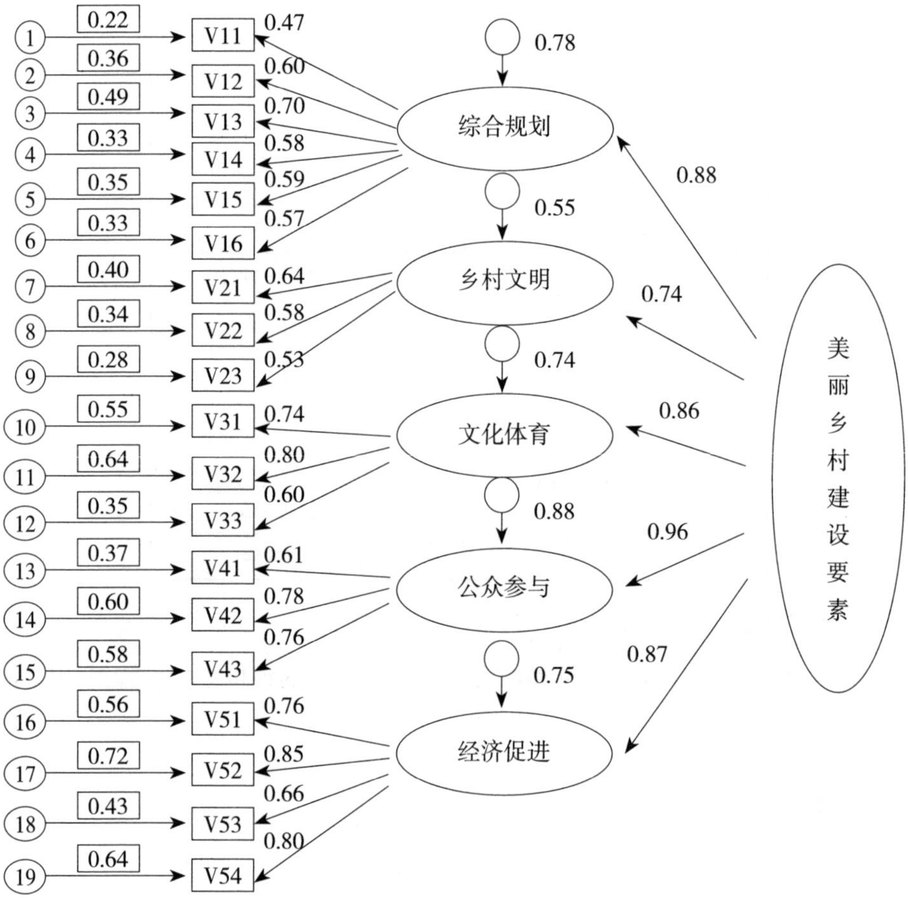

图 1　美丽乡村建设要素指标权重图

第五节 试点示范的作用

一、美丽乡村建设试点的必要性和作用

2013年农业部公布了“美丽乡村”创建试点乡村名单，北京市韩村、河村等1100个乡村成为全国第一批“美丽乡村”创建试点乡村。进行美丽乡村试点建设，可以有效探索美丽乡村的构建模式、积累经验，还可以集中财力打造美丽乡村样板、发挥典型的带头示范作用，为全面创建美丽乡村打下基础、做好铺垫。

首先，实施美丽乡村建设试点，有利于集中财力物力打造典型，使其他村在美丽乡村建设探索中少走弯路、少犯错误、预见问题，提高整体建设效益。农业部等相关部门能够加大项目资源整合力度，优先向美丽乡村创建试点乡村倾斜，集中投放沼气建设、农民培训、农技推广、农村清洁工程等方面的各类项目资金，形成合力，放大效应，为美丽乡村建设提供强有力的项目支撑。同时，在试点建设的探索中不断创新机制，着力构建美丽乡村建设的政策投入保障体系，完善科技支撑体系，加快成熟的技术和模式推广应用，推进美丽乡村建设全面发展。

其次，实施美丽乡村建设试点，可以充分发挥示范引领作用，以点带面，有计划、有步骤地引导、推动美丽乡村创建工作，连片打造美丽乡村。同时还可以激励各地自主开展美丽乡村创建工作，不断丰富创建模式和内容。实施效果好的试点村可以介绍经验、推广措施，激励和帮助工作进度慢、整体效果较差的村，使这些村的村干部可以参照典型找差距、学习经验求进步。聚集在同一地区的乡村基础相差都不大，只要村干部想干事，能赢得群众的支持，美丽乡村创建工作就好开展。各村之间还能互相借鉴，自我加压，变压力为动力，扎实推进各项工作。更可以定期组织周边村镇参与试点村的观摩活动，开展相互评比，形成争先恐后、你追我赶的工作局面。

再次，实施美丽乡村建设试点，还可以最大程度激发村民和村集体的积极性，有利于形成政府主导、公众参与的良好建设格局。美丽乡村建设是一

项惠民工程，对象是广大农村，村民应该是美丽乡村建设的主体。美丽乡村建设如果不能发挥村民的主体作用,则可能成为干扰村民生活的“扰民工程”、没有村民参与的“政府工程”或应付上级检查的“形象工程”。村民不参与、不配合甚至故意破坏村庄整治工作，根本原因在于觉得“美丽乡村”建设无关自己切身利益,甚至损害了自身利益,看不到“美丽乡村”建设的惠民效果。在开展试点建设的过程中，势必会涌现出一批在农业科技、农村能源、农业环保和带动农民致富方面发挥了带头作用的模范农民和模范农技人员。这些典型模范的现身说法，不仅能够推广经验，更可以使其他村镇看到美丽乡村建设的惠民成果，激发村民的积极性，变“要我建”为“为我建”“我要建”。

二、国内美丽乡村建设试点模式与经验

自 2013 年农业部在全国开展美丽乡村创建活动以来，全国各地积极开展美丽乡村建设的探索和实践，涌现出一大批各具特色的典型模式，积累了丰富的经验和范例。 2014 年 2 月 24 日，在贵州黔西南召开的第二届“中国美丽乡村 · 万峰林峰会——美丽乡村建设国际研讨会”上，国家农业部正式对外发布中国美丽乡村建设十大模式，为全国的美丽乡村建设提供范本和借鉴。这十大模式分别是:产业发展型、生态保护型、城郊集约型、社会综治型、文化传承型、渔业开发型、草原牧场型、环境整治型、休闲旅游型、高效农业型。后又将渔业开发型和草原牧场型合称资源整合型，不另列社会综治型和环境整治型（因环境整治和社会综合治理在美丽乡村建设中普遍存在），从而总结出七大模式。①产业发展型。主要产生在东部沿海等经济相对发达地区的乡村,其特点是产业优势和特色明显,基本形成“一村一品”“一乡一业”,实现了农业生产集聚、农业规模经营，农业产业链条不断延伸，产业带动效果明显。规划重点为构建美丽乡村旅游产业链，针对每一个乡村特色，以主导产业融合相关产业，衍生文化创意、文化休闲等特色产业，加速产业带动效应。典型是江苏省张家港市南丰镇永联村。②生态保护型。多适用于生态优美、环境污染少的地区，自然条件优越，水资源和森林资源丰富，具有传统的田园风光和乡村特色，生态环境优势明显，把生态环境优势变为经济优势的潜力大，适宜发展生态旅游。规划重点为以优质生态环境为依托、以规模化单一大农业资源为基础、以泛旅游产业集群化为方向的区域生态农业旅游综合开发项目。典型是浙江省安吉县山川乡高家堂村。③城郊集约型。主要存在于大中城市郊区，其特点是经济条件较好，公共设施和基础设施较为完善，交通便捷，农业集约化、规模化经营水平高，土地产出率高，农民收入水平相对较高，是大中城市重要的“菜篮子”基地。规划重点为在一、二线城市周边以品质乡村旅游为导向的新型城镇化和新农村社区建设示范项目。典型是上海市松江区泖港镇。④资源整合型。主要在沿海和水网地区的传统渔区，或者在我国牧区半牧区县（旗、市），或者其他农业资源发达地区，产业以渔业或者牧业或其他农业资源为主，通过发展渔牧业增加渔牧民收入，繁荣农村经济。规划重点为大农业资源与其他旅游休闲业态有机融合的农业旅游综合项目。典型有广东省广州市南沙区横沥镇冯马三村及内蒙古锡林郭勒盟西乌珠穆沁旗浩勒图高勒镇脑干哈达嘎查。⑤高效农业型。主要在我国的农业主产区，其特点是以发展农业作物生产为主，农田水利等农业基础设施相对完善，农产品商品化率和农业机械化水平高，人均耕地资源丰富，农作物秸秆产量大。规划重点为以当地特有的优质大农业资源与差异化“高、精、尖、新”农业科普展示内容相结合，建立现代都市型生态科技农业产业示范园。典型是福建省漳州市平和县三坪村。⑥休闲旅游型。主要是在适宜发展乡村旅游的地区，其特点是旅游资源丰富，住宿、餐饮、休闲娱乐设施完善齐备，交通便捷，距离城市较近，适合休闲度假，发展乡村旅游潜力大。规划重点为建设家庭休闲农场、家庭农庄、企业乡村会所等。典型是江西省婺源县江湾镇。⑦文化传承型。在具有特殊人文景观，包括古村落、古建筑、古民居以及传统文化的地区，其特点是乡村文化资源丰富，具有优秀民俗文化以及非物质文化，文化展示和传承的潜力大。规划重点为文化传承和文化资源保护。典型是河南省洛阳市孟津县平乐镇平乐村。

由于各地美丽乡村建设的理念不一致、资源禀赋和经营方式的不同以及城镇化和经济社会发展水平的差异，形成了这些特色各异的美丽乡村建设模式。但仍然存在着几点共同的经验，可供其他地方学习借鉴。①着力体制机制创新。一些地方由于财力雄厚，可以在短期内建成美丽乡村，但这样的美丽乡村建设模式却难以复制，且难以持续长久。即便如高淳区这样经济发达的地方也反映，从生态区创建到村庄环境综合整治以及美丽乡村建设，一大批农村环境基础设施建成投运，全区每年用于污水处理、垃圾处理、市政绿化、农村道路等基础设施的维护费用以及环境管理的其他支出高达1.5亿元。目前，这些运行经费大部分靠区财政支撑。但是随着美丽乡村建设的不断推进，维护管理经费仅靠财政支撑将难以为继。因此，美丽乡村建设必须注重体制机制创新，尤其要探索建立长效永续的美丽乡村建设和发展机制，由“输血”改为“造血”。②群众参与机制、激活内力。美丽乡村建设既是政府的一项重要工作，更是农民自主建设自己美好家园的一个有效平台。从规划、建设到管理、经营，自始至终都要建立农民民主参与机制，从而保障政府规划建设的美丽乡村和农民心目中想要的美丽乡村相统一，而不是政府的一厢情愿，更不能沦为凸显政绩的形象工程。通过一定的群众参与机制，切实让农民成为美丽乡村建设的主体，真正拥有知情权、参与权、决策权、监督权，真正共享美丽乡村建设的成果。例如，安吉县在美丽乡村建设中，按照“村民大会集体商量、村级组织自主申报、农民群众全员参与”的原则，把美丽乡村建设的主动权交给农民。建立美丽乡村建设，单靠外力输入是不可能持久的，关键在于要激活美丽乡村建设的内在发展活力。美丽乡村建设要“形神兼备、内外兼修”，既要加强农村基础设施建设，改善农村公共服务水平，也要以硬件建设为引导，推进农村产权制度改革、金融体制创新、乡村治理机制改革等软环境建设，促进城乡统筹发展。③要加强基础设施建设、改善公共服务。美丽乡村建设不是给外人观赏的，更不能以城市人休闲旅游养生为目的。美丽乡村建设的最终目的是让生活在本地的农民提升幸福指数。因此，加强基础设施建设和积极改善农村公共服务也是美丽乡村建设不可忽视的一项内容。譬如，永嘉县美丽乡村建设，通过建立新社区，构建了城乡一体的公共服务体系。按照“五个凡是”的要求（凡是老百姓要办的事都在社区办理；凡是企业要办的事都在功能区或中心镇办理；凡是社区和功能区或中心镇没有权限办理的，全部由社区和功能区或中心镇代办；凡是哪一级政府出资的就由哪一级政府审批；凡是哪个部门该放的权限没有下放到位的，部门领导就下派到基层开展服务），分两轮共下放了110项事权到社区办理，提升社区公共服务水平。④要发掘提升内涵、深化改造。美丽乡村建设在抓好村庄整治、乡村外形美的同时,应该更加注重提升“内涵”美。通过推进农业“两区”建设、农村集体产权制度改革、现代农业发展，全力促进农民增收、农业增效、农村发展，真正让农民享有美丽乡村建设的成果。美丽乡村建设既包括以村容村貌改造整治为主的硬件建设，也包括以农村产权制度改革和完善乡村治理机制为主的软件建设。但是当前各地普遍存在重视居住环境的改善，而忽视或有意回避触碰深层次的农村体制机制改革的问题，造成体制机制不顺，影响美丽乡村的可持续发展。⑤规划要做到统筹兼顾、城乡一体。美丽乡村建设不能与城镇化相脱节，也要城乡统筹，促进城乡共同发展。永嘉县以城乡统筹综合改革为契机，不断深化改革，狠抓农房改造集聚建设、城中村改造、土地流转和农村基层公共服务体系建设等重点任务，加快推动城乡一体化发展。城乡统筹发展并不是按照城市模式改造乡村，在美丽乡村建设尤其要注重彰显乡村自身特色，切实保护农民的合法权益。譬如，永嘉县在美丽乡村建设中加强历史文化村落保护利用，大力开展特色建筑的修复和置换、特色风貌的保持和延续，把楠溪江历史文化村落打造成为美丽乡村建设的亮点和特色名片。安吉县注重对特色建筑的保护和地方特色文化内涵的挖掘，与美丽乡村建设紧密结合，并贯穿于美丽乡村建设规划、设计、建设各个环节。美丽乡村建设的生命力在于乡村特色的保存、彰显和弘扬；美丽乡村建设的评价标准在于增进农民民生福祉，享受美丽乡村建设成果。

第六节　江西美丽乡村规划试点建设的建议

江西农业历史悠久，各地形成了特有的农作及生活习俗和社会风尚等农业文化景观，地域特色和民俗特色显著，还有着丰富革命遗迹。在江西的美丽乡村建设试点大部分都拥有这些得天独厚的生态环境、社会民俗、文化积淀条件。美丽乡村建设最重要的就是因地制宜，根据这些乡村不同的环境文化条件采用不同的建设模式。可参照浙江省安吉县美丽乡村建设总体规划的模式，即根据各乡镇、村特点编制镇域规划，开展村庄风貌设计，着力体现一村一业、一村一品、一村一景，按照宜工则工、宜农则农、宜游则游、宜居则居、宜文则文的原则将全县的建制村划分为工业特色村、高效农业村、休闲产业村、综合发展村和城市化建设村五类。在江西美丽乡村试点中可采用产业发展型、资源整合型、生态保护型、休闲旅游型、文化传承型五种试点模式。

在物产丰富、有著名土特产品的地区，可以产业发展型模式为主。江西省的地貌类型丰富多样、雨热同期，适于农林牧副渔发展，具有建设多种类型的综合性农业的优越条件。江西素有“鱼米之乡”之称，物产丰富，是我国重要的“粮仓”、木竹生产基地和全国农副产品的基地。粮食生产以水稻为主，小麦、豆类、甘薯、玉米等次之；经济作物有油菜、棉花、花生、芝麻、甘蔗、烟草、茶叶、柑橘、药材等。其中油菜是本省的主要油源，生产规模最大；柑橘的种植面积和产量各占全省水果总面积和产量的一半左右。江西省还是江南重要茶区之一，全省有22个重点产茶县，茶园面积约55083万公顷。著名土特产有广昌的白莲、广丰的烟叶、南丰的蜜橘、婺源的绿茶、赣南的脐橙、铜鼓的竹制品等。随着农业科技推广和产业化经营步伐的加快，传统农业正迅速向现代农业转变。生态农业前景可喜，绿色农产品正成为重要增长点。养猪、制沼和种果相结合的生态农业方式在赣南实施取得良好效益，正逐步向全省推开。这些地区的美丽乡村试点可建设为现代化生态农业示范村，实现农业生产聚集，形成“一村一品”“一乡一业”，靠产业拉动美丽乡村建设。而且不同农作物种植各具异彩，构成了江西乡村的特有风光，也很适合于开发农业生态旅游项目。

在水域面积宽广、水产资源丰富的地区，适合采用资源整合型和休闲旅游型模式。江西有 23 种湿地类型，湿地总面积 365.17 万 km^2，占国土面积的 21.87%。其中水域面积 164.74 万 km^2，占国土面积的 9.8%；天然湿地面积 116.61 万 km^2，占国土面积的 6.9%。境内鄱阳湖是长江流域最大的通江湖泊，也是中国最大的淡水湖泊。在水资源丰富的乡村地区，可以充分利用好这些宽广水域，以大量天然湖、人工湖、水库水面为依托，发展水上农业和旅游业。

以水为主，水陆结合，建设水上养殖场、水上渔猎场、水上游乐场、水上体育场、水上移动度假村，也可着重开辟水上垂钓、水上采摘、水上鱼市、水上避暑和度假等休闲性和游客参与性的项目。

在自然环境优越、环境秀美的地区，应依托环境优势采用生态保护型和休闲旅游型模式。江西境内森林资源丰富，用材林种类有松、杉、樟、楠、柏、梓、檀、栲、槠、栎和毛竹等，经济林种类有油茶、油桐、乌桕等。林副产品有油茶籽、乌桕籽、松脂、笋干、棕片、香菇等。另有香果树、银杏、华东黄杉、观光木、冷杉、连香树、白豆杉、木莲、福建柏等多种珍稀树木。江西省已建立各类自然保护区 134 个，保护小区 5500 多个，自然保护区和保护小区总面积 104.06 万 km^2，占全省面积的 6.2%。其中林业系统建立和管理的自然保护区 128 个，面积 77.93 万 km^2。国家级自然保护区 5 个，面积 8.50 万 km^2，分别是鄱阳湖、井冈山、桃红岭、武夷山、九连山自然保护区；省级自然保护区 21 个，面积 28.8 万 km^2。在林业系统建立和管理的自然保护区中，野生动物类型 4 个，森林生态系统类型 102 个。这些生态环境资源是开展休闲、度假、科研、考察、探险等旅游活动的理想之所。因此，临近这些地区的乡村，应以森林自然景观为依托，充分利用其环境优势发展生态旅游业。如星子县开发的温泉度假村，位于庐山之南的秀峰脚下，交通方便、环境幽雅清静，就是一个商务会议型乡村旅游的典型范例。

在风俗民情别具特色、革命红色文化传承的地区，则可以着力打造文化传承型和休闲旅游型模式。江西的居民虽以汉族为主，但在许多山乡农村还保留着各自的传统乡土风情习俗。如南丰县遍布各乡、村的民间傩舞，乡人于春节期间头戴面具、身穿仿树皮或树叶状舞衣，走村串户“跳傩”（即傩舞），据考为“中国原始舞蹈活化石”。此外，鄱阳湖畔的渔村风情，贵溪河上渔翁与鹭鸶捕鱼、竹排载客以及古越族悬棺葬俗，宜春地区偏僻山乡的传统庙会以及物资交流集会，清江县樟树镇的“药墟”，南昌市西山万寿宫庙会，进贤县文港笔市和皮毛市，萍乡市的烟花节，赣南兴国县的山歌赛会等，都有很大的观览价值和吸引力。在赣南地区还有著名的客家人。客家围屋是客家人血与泪的围屋形式，亦在世人眼里成了客家人的典型家园构造，成了客家人情感世界的象征符号。此外还有安义古村、婺源徽派古建筑群等文化遗产，以及萍乡的上栗傩神节和湘东春锣、兴国山歌节、信丰脐橙节、樟树药材节等民俗风情。而江西的红色旅游资源更加丰富。江西被称为“红色摇篮”，这里有中国革命的摇篮——井冈山、共和国的摇篮——瑞金、人民军队的摇篮——南昌和中国工人运动的摇篮——安源。这里还是举世闻名的二万五千里长征的起点。在革命战争年代，无数革命先辈和英烈在这里用鲜血和生命谱写了一部部气壮山河的英雄史诗，为后人留下了一大笔值得永远学习和传承的伟大精神。红色旅游既是革命精神教育活动，又是旅游观光活动，江西的红色地区为开展有声有色的革命传统教育提供了广阔天地。红色旅游实现了传统教育与现代休闲方式的有机结合，寓教于游，寓教于乐。在这些地区的美丽乡村建设可围绕发展红色旅游这一重心，在传承革命历史、革命传统和革命精神的同时拉动乡村经济增长和特色产业发展。

江西美丽乡村试点建设首先需要因地制宜，构建出这几种典型模式的参考样板。同时还需要吸取全国各地美丽乡村试点建设的经验，避免出现同样的普遍性问题。例如基础设施建设滞后、文化内涵发掘不深、缺乏整体系统规划、乡村旅游的破坏性开发等。根据全国各地美丽乡村建设试点的普遍经验，结合江西地区的具体实际，对在江西实施美丽乡村建设试点提出以下几点建议：

一是美丽乡村建设必须顺应城乡一体化发展的趋势，加强基础设施建设。城乡一体化是不可阻挡的历史趋势，美丽乡村建设必须顺应这一趋势。不能把建设美丽乡村理解为建设“世外桃源”。乡村的美，既体现在自然之美，也体现在现代之美。加大农村基础设施建设力度、加强环境整治和综合治理，改变农村脏乱差的现状，是美丽乡村建设的基本措施，也是重中之重。基础设施建设也是制约乡村旅游产业的要素，如道路、停车场、洗手间、电话亭等公共设施简陋，客房、餐厅、茶楼等主要食宿设施条件差，卫生状况和设施设备条件难以让人接受，就难以留住游客、降低“回头率”。尤其是在贫困地区，交通尤其成为制约其发展的一大因素，江西许多有环境优势的地区，因地处偏远，交通不通或通而不畅，去目的地需要几经辗转，使城市内的游客只能“望景兴叹”。交通、水电、餐饮、住宿、通信等行业与乡村旅游业相互促进、相互制约，如果这些基础设施和配套都不能达到基本的标准，与人们期望相差甚远，就难以发展农村旅游产业。

二是美丽乡村建设要注重深挖文化内涵，必须因地制宜、突出地域特色，体现差异性和多元化。乡村之美，固然在于乡村优美的自然风光和田园野趣，但是，如果只片面强调对乡村自然资源的开发，而忽视了对乡土文化、乡村民俗等文化内涵的开发和挖掘，就会导致千村一面，旅游业都停留在提供食宿和餐饮的低层次服务上，游览方式都只是观光旅游。没有特色的低程度开发势必缺乏竞争力，导致顾客重游率低。因此，美丽乡村建设必须因地制宜，对旅游地的区位条件、资源特色、生态环境、社会经济及客源市场等进行认真和翔实的调查与评价，培育各乡村的地域特色和个性之美。要善于挖掘整合当地的生态资源与人文资源，挖掘利用当地的历史古迹、传统习俗、风土人情，使乡村建设注入人文内涵，展现独特的魅力，既提升和展现乡村的文化品位，也让绵延的地方历史文脉得以有效传承。此外，一些地方还可从产业发展、景观改造等方面入手，实现“一村一景”“一村一品”，充分彰显乡村的特色和韵味。

三是美丽乡村建设必须以政府为主导、充分发挥广大农民的主力军作用，体现农民主体地位。乡村的外在美主要体现在山美、水美、田美、房屋美等方面，但外在美的创造与维护却要靠农民素质的提升和乡风文明的进步，这才能创造美丽乡村的内在美。美丽乡村建设试点涉及广大农民的切身利益，一定要注意调动广大农民的积极性、主动性和创造性，发挥他们在美丽乡村建设中的聪明才智。同时也要注重政府主导和整体系统规划。政府主导是在市场配置资源的前提下，充分合理地发挥政府的宏观调控能力，营造发展的环境。通过规划和政策导航推动，抑制无序的竞争和盲目的重复建设，并不断加强和规范管理体制。江西许多乡村缺乏总体规划，没有对资源条件进行论证和规划，只是在原有农业的基础上稍加改动，改动的结果往往是既不具备大规模观光参与的气势，也没有传统文化的乡土气息及乡村旅游所应有的氛围，特色鲜明的乡村文化资源根本没有得到很好的利用。这不仅造成资源、财力、人力、物力的巨大浪费，也使美丽乡村建设品位不高、产品生命周期短，且严重地影响了乡村的可持续发展。

四是美丽乡村建设中必须避免盲目的破坏性开发。乡村对于城市而言，是自然生态相对完美的区域。缺乏合理规划、科学管理的乡村旅游开发和经营活动，只能对环境造成严重的破坏。当前，乱占耕地、伐木采林、过度的商业化运作等现象在乡村屡见不鲜，这样的开发属于破坏性开发，是以牺牲生态环境为代价而换取经济效益的短期行为，对保证和维持乡村生态与环境的和谐产生了严重的负面影响。开发过程中要控制人工化、城市化倾向，保持景区青山绿水、空气清新，以及自然农业景观、森林植被、水域面貌。特色是美丽乡村对游客产生吸引力之所在，乡村自然原始的生态环境和传统文化正是有别于城市景观的最突出特征。在美丽乡村建设过程中必须认真分析乡村的历史发展过程，从中探寻乡村发展的文脉、生活习惯的演变、民俗风情的沿革，在保护的前提下发掘出具有浓郁乡土文化气息的乡村之美。开发建设中要尽可能完整地保持乡村的特色风貌以及当地居民良好的社会风尚，加强乡村自然生态和人文景观的保护，对古村民居、古树名木等文物古迹也应妥善维护，保持原貌。

第六章

美丽乡村建设要重视绿色产业发展与文化保护相结合

李克强在 2016 年 2 月 24 日召开的国务院常务会议上指出，“传承文化根脉凝集民族精神”。美丽乡村建设重视绿色产业发展与文化保护相结合不仅体现了新农村建设中文化传承保护的重要性，同时体现了绿色产业发展中强调的人类与自然和谐共处、可持续发展的绿色文化理念。美丽乡村建设注重绿色产业发展与文化保护相结合就是要发挥自然资源和地区特色产业优势与多元的人文内涵加以整合和串联，把绿色产业发展成具有特色和竞争力的产业。

美丽乡村建设要与产业、文化深度融合。打破农业产业的界限，把农业产业与第三产业结合起来，以农业资源、乡村田园资源、乡村风景资源、乡村民俗文化资源、乡村历史文化资源等为依托，开发旅游休闲产业。同时，把第三产业引入农村，调整了农村产业结构，形成了餐饮住宿及文化服务的高级产品与消费形态。如黄岩的秀美乡村创建，有意识地保护式开发历史文化古村落群，保留今天的原生态自然村，保持特色村的自然形态，传承人文历史，挖掘农村带有乡土气息的传统文化，体现历史凝重感和文化彰显力。注重挖掘各个村庄的历史遗迹、风土人情、产业特征、风俗习惯等元素，积极树立乡村典型，让一部分农村、一部分点“亮”起来。

“十里不同天，三里不同俗”，江西每个乡村的发展基础、区位、资源禀赋、民风民俗等千差万别，不同的村落往往承载着不同的文化元素，故打造美丽乡村应该是不同乡村有不同的“美法”。江西美丽乡村建设的模式和路径将各不相同，主要有 :（1）特色农业开发型，可根据本地特产或特色，进行农特产、土特产、高效农作物的种植和养殖。主要通过产业优势和特色，实现乡村经济的发展与壮大。此类乡村往往是农民专业合作社、龙头企业发展基础好，产业化水平高的乡村。可采取“一村一品”“一乡一业”，实现农业生产聚集、农业规模经营和农业产业链条延伸，进而带动整个乡村产业。（2）生态保护型。主要是在生态优美、环境污染少、水资源和森林资源丰富，或具有传统田园风光和乡村特色的地区，通过把生态环境优势转化为产业、经济优势，发展乡村住宿、餐饮、休闲娱乐等乡村旅游项目。（3）文化传承型，指在具有特殊人文景观，包括古村落、古建筑、古民居等传统文化标识，以及红色基因，发展文物保护和文化传承相关的产业；推动美丽乡村从“外在美”迈向“内在美”。着力做好历史文化村落保护、赣派民居和特色精品村建设、地域传统文化传承、农民文明素质培养。建设成“以耕读文化为魂，以优美的田园风光为韵，以生态循环农业为基，以朴素的村落民居为形”各美其美、美美与共的美丽乡村。

第一节　美丽乡村建设需要产业的支持

绿色生态产业包括生态农业、生态工业和生态旅游业，而美丽乡村建设注重的绿色生态产业更多指生态农业。生态农业即是利用农业改革，推广质优价高农产品种，在保护生态环境的同时打开市场、扩大就业。例如，现代农业和休闲农业等。

2014 年《关于全面深化农村改革推动农业农村发展升级的意见》，意见中不仅指出农村大力发展现代农业，加快构建新型农业经营体系；更是强调要加强生态建设，促进农村可持续发展。2015 年《中共中央国务院关于加快推进生态文明建设的意见》指出，强化主体功能定位，优化国土空间开发格局，在生态空间布局上，调整优化产业结构，大力发展绿色产业；发展有机农业、生态农业，以及特色经济林、林下经济、森林旅游等林产业。

江西绿色生态产业始于 20 世纪 80 年代，江西组织专家、学者对省内的山、江、湖进行考察调研，之后开始实施“山江湖工程”，提出抓生态建设，将“治湖、治江、治山与治穷”相结合的思想，显示了江西开始重视发展生态经济模式和开展生态工程建设。到20世纪90年代末，全省拥有50多种有机食品，约有100种生态农业模式在江西各地推广。2009至2012年三年内，全省所有工业园区均编制了生态工业园区建设规划，在全省范围内开展了生态工业园区创建活动。同时，江西三十多年来的发展理念、发展战略充分体现了江西关于发展绿色生态产业的力度和决心，同时也取得了显著的成果。

江西省农村绿色产业是江西农村经济可持续发展的重要保证，是江西省全面建成小康社会、建设社会主义新农村的重要保障，是建设“美丽乡村”的必然选择。对江西省新农村建设而言，美丽乡村建设的绿色生态功能重于经济功能，发展农村绿色生态产业是促进农村产业升级转型的首要任务，也是美丽乡村建设的主要内容。因此，研究和思考江西省农村绿色生态产业体系发展的现状和问题，对促进江西农村经济发展、江西“美丽乡村”建设具有重大的现实意义。

一、绿色生态产业是江西省美丽乡村建设的战略选择

从江西省农村产业体系来看，农村产业现代化程度不高，以种植业为主，尤其是以种植粮食为主导的产业格局没有发生根本性的变化，农业成为农民增收的主要来源；但是农业比较效益下降，农民收入增长缓慢，是农村经济发展面临的突出问题。在“十五”期间，江西省农民人均纯收入年增长率是9.13%，由2000年2109.56元增加到2005年3265.53元；进入“十一五”以后，江西省农民人均纯收入年增长到17.99%，比“十五”上涨了8.86个百分点，2010年农民纯收入达到7468.53元；但是随着社会经济建设进入“十二五”，江西省农民人均纯收入年增长速度下降到13.73%，比“十一五”下降了4.26个百分比。这种农民收入增长幅度下降的局面，已对江西省深化农村改革，建设社会主义新农村，尤其是江西省农业发展和农村工作带来了全方位的影响。其主要原因农民对市场需求信息掌握不够，农产品供给与市场需求不相适应，某些农业生产过剩，农产品价格下降等。2015年，江西省蔬菜、水果、油料、茶叶、肉类、水产等农产品产量分别达到了1359.1万吨、450.3万吨、124万吨、5.2万吨、355.1万吨、264.2万吨，增幅分别为3.6%、8.6%、1.9%、10%、-0.1%、4.2%；江西省农产品价格指数畜禽、油料、蔬菜类价格指数分

别为 110、104、103，同比分别上涨 10%、4% 和 3%。粮食、棉花、水产品、柑橘分别为 99、82、98.5 和 80，同比分别下跌 1%、18%、1.5% 和 20%；农资类价格指数为 99，同比下跌 1%。《江西省 2015 年主要农作物生产成本与收益调查分析》中对全省 16 个成本调查县 1280 农户入户调查数据显示：与 2014 年相比，七个品种成本收益状况总体呈现“单产减少、价格下降、产值减少、成本上升、收益递减”的势头。其中，中、晚籼稻及花生、柑橘亩均成本上涨较快，同比分别增加 6.5%、6.7% 和 6.4%、5%；花生和油菜籽亩均纯收益分别上涨 13.3% 和 0.8%，棉花、晚籼稻、柑橘和中籼稻亩均纯收益下降幅度较大，分别下跌 78.4%、16.4%、10.2% 和 6.8%。

近年来，江西省农村第一、二产业比重下降，第三产业比重上升，通过继续建设完善的绿色生态产业体系，可促进乡村绿色生态旅游业的发展，保证农村社会经济可持续发展。绿色生态产业是促进农村社会经济全局性、战略性、合理化、生态化建设的重要途径，也是农村产业结构调整的重要手段，更是江西美丽乡村建设的战略选择；实现农产品结构优化和农村资源合理配置，促进现代农业体系建设，实现农业从传统农业生产向现代标准化农业转变，打造农产品品牌，加速农民增收，加速农业效益的提高，才能更好建设社会主义新农村，实现江西美丽乡村建设的目标。

二、绿色生态产业是实现农村产业结构调整的重要途径

随着国家关于社会主义新农村建设、深化农村改革等重大举措的提出，江西省农村社会经济要持续发展，农民要增收，农村社会经济效益要提高，就需要江西省对农村产业结构进行调整，而绿色生态产业就是江西省农村产业结构调整尤其是江西省农业产业结构调整的重要途径。根据 2013 年《江西省农业产业结构调整规划（2013—2020 年）》要求，提出要以现代农业示范园区为平台，加速推进优势产业向优势区域、园区集中，着力打造七大产业集聚区，加快推动现代农业产业区域升级。一方面要重点打造粮食、畜禽、果蔬、渔业、棉麻（丝绸）加工五大千亿元产业，及茶叶、油料、蜂产品、中药材加工四大五百亿元产业，切实提高农产品加工转化率、资源综合利用率和市场占有率。另一方面要重点发展稻谷精深加工，积极开发副产品综合

利用；果蔬加工业重点发展赣南脐橙、南丰蜜橘、靖安椪柑、赣北早熟梨；畜禽产品加工业重点推进肉蛋奶加工业，大力发展冷鲜肉、低温肉制品、禽蛋加工产品，提高附加值；水产品加工业重点发展特种水产品和大宗淡水鱼及其深加工。

农村绿色生态产业是农村产业优化升级、融合的基本原因、主要途径和最终效果，在保证粮食生产，降低农业污染，提高农产品品质，提高农产品市场竞争力，提高农民收入方面发挥重要作用。

江西省农业人口占总人口的80.4%，其中乡村劳动力人口占总人口的45.92%，从事农业生产人口占乡村劳动力人口的40.34%。如何有效地解决农民增收问题是目前江西省新农村建设的重中之重。随着绿色生态产业理念的提出和发展，经过近些年，江西省不断对农村产业结构调整升级，发展了一批新型农业经营主体。例如，农民合作社达4.17万家，家庭农场达2.59万家，新型职业农民达5.8万人。创新并提出了“四区四型”（四区：农业种养区、农产品精深加工区、商贸物流区和综合服务区，四型：绿色生态农业、设施农业、智慧农业和休闲观光农业）园区建设路径。农村居民人均可支配收入11139元，增长10.1%，实现“十二连快”，收入水平居全国第12位，同比前移两位。增幅居全国第6位，中部首位，增幅连续6年高于城镇居民人均可支配收入增速。农林牧渔服务业增加值1828亿元，同比增4%。近年的实践经验证明，发展农村绿色生态产业，已经成为农民增收的有效途径。

第二节　国内美丽乡村建设中产业发展的案例与经验

1. 贵州“美丽乡村观光农业”

林泉镇海子村距黔西县城19公里，总面积5.5平方公里，耕地面积4500亩。辖12个村民小组758户2710人。海子村以“四在农家·美丽乡村”创建工作为抓手，坚持把扶贫与美丽乡村建设同步谋划、同步推进、同步增效。

自2015年6月启动“四在农家·美丽乡村”创建工作以来，按照“依山傍水、显山露水、露出田园风光”的理念，完成民居改造436户558栋，将全村打造为“一家一特色、一户一看点”的贵州民居建筑群。强力推进道路、电力、排污管网等基础设施建设，建成4个生态小公园、1个休闲广场，3个公共停车场、2个公共厕所、20个垃圾池、70米文化长廊和300米长的水上旅游观光木栈道，种植400亩荷花、30亩中心岛上桃花、全村5公里行道树。硬化通村路6.6公里，维修沟渠3公里，新建机耕道4.2公里。

海子村还以“产业优”为核心，大力发展“休闲旅游、观光农业”。落实土地流转，引进长津农业公司投资1500万元、海子生态农业公司投资1000万元，建设特色农业产业种植示范基地。发展速生蔬菜1000亩，种植新西兰猕猴桃、脆红李、玛瑙红樱桃等500亩，产后年收入达1000万元以上，并采取“以短养长”的方式，套种矮秆经济作物。通过农业龙头企业辐射带动周边农户种植蔬菜、经果林6000亩以上。初步形成了“ 山上果园、山下田园、秀美海子”的立体发展格局。

2. 浙江特色精品村的特色中药产业

李宝村位于浙江省景宁县西南，属大均乡，距离大均3.6公里。海拔550米，下辖13个自然村，8个村民小组，123户，479人，其中畲族41人。耕地面积432亩，林地面积9516亩。全村有笋竹两用林基地1500亩，金银花、浙贝等草木药材种植基地面积达到400亩。李宝村已成真正的聚宝村。 李宝村的中草药种植业蓬勃发展，种植面积达400多亩，成为景宁有名的中草药种植示范村 。

2011年全村农民人均纯收入7013元。李宝村地处山区，山地多且垂直型多样的气候环境，为发展中药材种植提供了良好的自然环境。该村草本药材种植面积达到400亩，其中金银花300亩，浙贝、元胡和白术100亩。2011年，通过出售草本药材，该村种植户平均每户收入1800元。李宝村基础设施建设逐年不断完善，目前全村道路硬化率达到70%，自来水普及率达到80%，垃圾集中收集率达到30%，卫生厕所覆盖率达到75%，有线电视入户率达到90%，电话普及率达到85%。

李宝村作为中国畲乡之窗4A级景区中“看民族古舞，探神秘畲寨”为主题的延伸景点，在充分考虑村落原有空间格局，尊重自然山地特色的前提下，以“一轴、二心、三片区”为总体格局，通过房屋立面改造，将畲族元素运用到畲寨整体民房的外观建筑中；通过空间环境整治、巷道立面整治、通路整治、绿化整治、建筑单位整治、沿路小品建设以及垃圾收集处理、污水处理等农村环境整治工作，美化环境、提升形象。今年预计投入 260 万元用于村寨美化绿化建设、融入畲族元素的特色建设、旅游基础设施建设等前期项目工程建设。逐步使李宝村成为“畲乡之窗”景区的新景点，大力发展乡村旅游业，让其成为新的经济增长点。

3. 陕西大荔的一二三产业融合发展

陕西大荔地处黄、渭、洛三河交汇处，辖区 15 个乡镇 1 个街道办，272 个行政村、26 个社区，75 万人，面积 1776 平方公里，耕地 150 万亩。2013 年美丽乡村建设以来，实现了由环境“脏乱差”到清洁美丽到乡村旅游兴起，再到三产融合发展的重大转变。

一是壮大了特色产业，建成万头奶牛等十大现代农业园区和专业市场，认定高石脆瓜等国家地理标志产品 6 个，大荔冬枣跻身“中国农产品区域公用品牌价值百强榜”，冬枣标准成为国家标准，全力打造打响“精品农业看大荔”品牌，全县农民人均纯收入突破 1 万元。

二是发展了乡村旅游。依托发达的现代农业和优美的乡村环境发展乡村旅游，下寨枣花节、苏村黄花菜采摘节、范家荷花节等 8 个节每年定期举办，清池沙漠体验、福佑黄河观光等 10 多个美丽乡村成为旅游热点。成功举办“丝绸之路 美丽大荔”国际马拉松赛、全国大学生龙舟赛、陕西省青少年竞走挑战赛，开通了省内首条旅游高铁“美丽大荔号”“坐着高铁游乡村”成为大荔新名片。

三是加速了三产融合。将农业园区改造提升为休闲农庄，引进建成了中节能光伏农业科技电站等大型新能项目，逐步形成了光伏产业带动现代农业、乡村旅游、现代服务业的产业链条，被确定为“全国农村一二三产业融合发展示范县”。

4. 江西正桂村：千亩桂花打造美好家园

摇曳的千亩桂花树，500 多年的围屋鸳鸯厅，干净整洁的村道。五六个放学后的孩子们围坐在200多年的古榕树下，朗诵起了古诗……这是江西省龙南县里仁镇正桂村目前能看到的景象。谁曾想到，原来这里污水横流，垃圾随地可见，正是开展“三送”工作把这里变成了“世外桃源”。

以前，正桂村只有一条泥巴路通往村外，交通极为不便。在“三送”工作的深入开展下，该村争取到上级拨款用于修路建桥，投入了400万元，建成一条长1.3公里、宽6.5米的正桂大路。“三送”工作组还帮助村里发展产业，特别是通过“公司+农户”“基地+农户”的形式，引导带动了周边50余户农民种植桂花苗木1200多亩，使之成为集生态、文化、旅游为一体的桂花产业示范基地，让“桂花经济”为村民开财路。

如今，村里不但建起了诚信广场，还修建了2790米的登山道，供村民和游人游玩，而且利用村头池塘进行赛龙舟、垂钓等多项休闲活动。村民们也自发成立腰鼓、舞龙、乐器、门球等文化体育队伍，把曾经沉闷的村庄搅得热火朝天。

生态环境的改善、绿色产业的发展、崭新的村庄、让许多外出多年的村民产生了回家的念头，也吸引了众多县城居民前来踏青旅游。目前，正桂村正以统筹城乡一体化发展为目标，着力打造“村庄里的都市，都市里的庄园”的美好家园。

5.“红+绿”添彩井冈——“井冈第一村菖蒲古村”

菖蒲古村地处井冈山市厦坪镇，由于位于泰井高速公路出口、井冈山标志性建筑物“动感红旗”旁因而被誉为是游客进入井冈山风景名胜区的“井冈第一村”。为帮助“井冈第一村”——菖蒲古村打造生态旅游示范村，中国农业银行井冈山市支行近两年来累计发放贷款近4亿元，力助当地红色旅游产业和绿色生态产业全面发展。该村目前已建设成集农业开发、休闲垂钓、娱乐餐饮于一体的新型农家乐旅游示范点，被江西省委、省政府评为“最优美乡村”。

井冈山地区作为革命传统教育基地，旅游资源十分丰富。二十一世纪初，井冈山市支行积极响应当地政府的发展战略，开创“旅游门票收费权质押贷款”这一新型信贷产品，大胆投放了第一笔1000万元旅游贷款，支持井冈山旅游发展有限公司建成龙潭索道。该索道运行至今已产生广泛的社会经济效益，据统计，仅去年一年该索道收入就达 1500 万元。

近年来，井冈山市支行加大与当地政府的合作力度，开办存货抵押、应收账款质押和可循环使用信用额度贷款等产品和服务，支持了笔架山、主峰、水口等 11 个大景区、100 多处景点的修缮开发以及旅游交通道路建设，有效地改善了井冈山地区旅游条件，提升了景点容纳能力。该行自启动“刷卡无障碍示范景区”创建工作以来，在旅游景点共安装 ATM 机 6 台、POS 机 156 台，其特约商户覆盖面达到了 80%，为广大游客购物、住宿等消费提供了方便。

“红米饭”“南瓜汤”这些当年中央红军的主粮，现今已成为当地农民致富的绿色农产品。井冈山市支行抓住“红色旅游带动绿色产业”这根主弦，以“三农”贷款为媒介，不断加大对绿色生态产业的信贷扶持力度，累计发放“三农”贷款 1600 万元。该行重点扶持了以绿色有机茶、红米种植、万亩南瓜为主的“绿色”基地，以竹制品、杜鹃盆景为主的“绿色”加工业，以十里杜鹃、井冈漂流、农家乐为主的“绿色”观光游等，使这些项目不仅成为响当当的“品牌”，还成为山区群众致富奔小康的一张“王牌”。

“红 + 绿”产业的发展，带来了多赢的结果。目前井冈山市支行已成为该市旅游总公司、旅游发展股份有限公司、风景名胜门票公司业务的主办行，连续两年被井冈山市委、市政府授予“支持地方经济建设先进单位”的荣誉。与此同时，红色产业和绿色产业金融服务也成为该行主营业务的有效增长点。截至 2013 年 4 月底，该行存款、贷款、中间业务、价值创造水平、人均经济增加值均在当地金融机构中排名靠前。

第三节　江西发展绿色生态产业的建议

绿色生态产业发展已经是农村产业优化升级不可或缺的重大工程，全方位地把握农村绿色生态产业发展状况将会成为农村产业发展的重中之重。为了使江西农村绿色产业不断发展完善，从目前农村产业发展存在的主要问题出发，立足江西乡村产业的优势，借鉴国内外美丽乡村与产业发展的经验，本节将从以下几个方面提出江西省农村绿色产业发展的建议。

一、大力发展现代服务农业，促进三大产业融合

以 2016 年国务院《关于推进农村一二三产业融合发展的实施意见》为导向，用工业理念发展农业，以市场需求为导向，以完善利益联结机制为核心，以制度、技术和商业模式创新为动力，以新型城镇化为依托，推进农业供给侧结构性改革，着力构建农业与二、三产业交叉融合的现代产业体系。

积极发展多种形式的农家乐、乡村游，提高在线营销能力，建设一批具有历史、地域、民族特点的特色旅游村镇和乡村旅游示范村；加强农村传统文化保护，合理开发农业文化遗产；大力推进农耕文化教育进校园，统筹利用现有资源建设农业教育和社会实践基地，引导公众参与农业科普和农事体验；将养老元素融入农业生态和休闲观光等产业链条，推进健康养老与农业产业共同发展。

加强创新“三农”管理方式，开展“互联网 + 现代农业”行动，推动移动互联网、物联网、云计算、大数据、3S 等技术在农业生产、经营、管理和服务等各领域的应用；建立智慧农业云平台，推动“123+N”的江西智慧农业系统建设。此外，推动科技、人文等元素融入农业，发展农田艺术景观、阳台农艺等创意农业；鼓励发展农业生产租赁业务，积极探索农产品个性化定制服务、会展农业、农业众筹等新型业态也将是江西省农村绿色产业体系发展的道路。

二、发展现代休闲农业示范建设工程，拓展农业功能

休闲旅游农业是立足“三农”优势资源，依托良好生态环境，借助特色民俗文化，吸引城镇游客观光休闲，促进农业功能拓展，实现农民就业增收的朝阳产业。江西的农村与农业旅游资源丰富，产业特色鲜明，民俗文化丰厚。在全省范围内已出现一些依托农村和农业资源为基础的“农（渔）家乐”、休闲农庄、观光采摘园、现代农业示范园等各种模式的休闲与旅游结合的新兴农业，且发展迅速，已成为调整农业产业结构、改善农村生态环境、促进农民就业增收、以旅强农、转变农业经济发展方式的重要渠道。政府对于休

闲农业应加大规范、扶持、引导和推动的力度，立足“改造农业、建设农村、富裕农民”的宗旨，不断推出以旅促农的农旅结合发展方式，重点打造一批集“生态模式、科技集成示范、品种展示、科普教育、技术培训、农业体验和休闲观光”为一体的现代生态农业示范园；加快培育一批休闲旅游重点企业；完善休闲旅游农业创业和服务体系；制定休闲旅游农业相关行业管理规范，完善行业标准与运行规则，规范经营服务场地、从业资格、经营服务设施、环境保护、服务质量、经营项目等方面的具体标准和要求。加强行业协会、信息和服务、管理和从业人员技能培训、产业规划、招商引资、整体宣传推介等服务体系建设。逐步建立和完善信息交流平台和统计监测评价系统。使得江西休闲农业与乡村旅游农业经济社会效益更加明显，可持续发展能力明显增强，休闲农业与乡村旅游农业规模、质量、效益基本达到全国先进水平。

三、推动绿色生态循环发展，打造生态农业品牌

2009年开始我国实施的《循环经济促进法》已逐步将生态产业建设纳入法制化轨道。江西也出台了一系列法规制度，主要有《江西省资源综合利用条例》《鄱阳湖生态经济区环境保护条例》《江西省矿山环境治理和生态恢复保证金管理暂行办法》《关于加强“五河一湖”及东江源头环境保护的若干意见》等。但是还要进一步健全关于促进环保产业、农业废物等资源化、产业化的法规规章。

实施以“生态鄱阳湖、绿色农产品”为主题的农业品牌发展战略，培育一批在全国有影响力的农产品品牌，进一步提升优质农产品的市场竞争力和占有率。大力发展绿色食品产业，形成生产、加工、销售、服务为一体的完整产业链，壮大绿色食品产业规模。提高农产品质量、标准和安全水平，努力把江西建设成为全国知名的绿色有机农产品基地。同时，江西省将加强江西优势土特农产品品牌化生产和营销，围绕特种畜禽、有机茶叶、油茶、特色果蔬、淡水养殖等产品，整合现有品牌资源，加大政策、资源、资金、技术等方面的引导与扶持力度，打造一批具有较强国际、国内影响力的江西绿色农产品品牌。

要创建绿色生态食品名牌体系。创建有效的绿色生态食品名牌体系首先

要完成以下几点工作：（1）制定绿色农业发展规划；（2）推进绿色农业标准化生产；（3）加强绿色农业基地化、规模化建设；（4）强化绿色农业品牌建设；（5）保护和建设产地优良生态环境。

总之，绿色生态产业发展不仅仅是农村产业结构调整和产业转型的最终效果，还是“美丽乡村”新农村建设的重要工作内容。绿色生态产业建设既要注重发展水平问题，也要注重提升乡村绿色生产效益问题。只有合理地把握产业发展水平和产业效益问题，才能更好地促进农村产业结构调整和农村产业合理转型升级。从而更好解决江西农民增收问题，保障美丽乡村建设的健康活力，实现江西农村社会经济的可持续发展。

第四节　美丽乡村建设需要文化传承与保护

一、美丽乡村建设促进乡村文化的保护与传承

美丽乡村建设是乡村建设改造方式，也是促进乡村文化发展的方式，其目的在于改善生态环境和提高人民生活水平，既能让乡村居民享受到现代化物质文明，又能使底蕴深厚的乡土文化得到保护与传承。文化的保护与传承作为美丽乡村建设的重要组成部分，对促进农村政治、经济、社会、文化和生态的发展同样具有重要意义。它们之间是互为依托、相互影响、相互促进的关系。

1. 美丽乡村建设促进了乡村文化的保护与传承

创建“美丽乡村”是升级版的新农村建设，它继承和发展了新农村建设“生产发展、生活宽裕、村容整洁、乡风文明、管理民主”的宗旨思路，延续和完善了相关的政策方针，也丰富和充实其内涵，主要体现在更加尊重事物内在发展的规律，更加关注生态环境的脆弱性，更加关注人与自然的和谐发展，更加关注改变落后农业发展方式，更加关注农村可持续发展，更加关注如何保护和发展农业文明。在城镇化加速推进的今天，美丽乡村建设对文化的保护与传承具有极大的促进作用。

2. 美丽乡村建设为文化的保护与传承提供了重要发展契机

为了打造一个“让居民望得见山、看得见水、记得住乡愁”的美丽乡村，中央和地方都将文化传承纳入美丽乡村建设总体规划中，并作了详细部署。有些地方通过建立文化生态保护区、申报文化遗产名录和发展特色文化项目等，取得了文化和经济的双丰收。在这个过程中，一些古村落、古建筑得到了及时的保护与修复，不少民俗也得到了复苏，重新迸发活力，农村的文化生态和自然生态都得到了较好的维护，实现了乡村文化的繁荣发展，传承了乡土中国的文化血脉。新型社区、绿色生态名镇、风情小镇、特色旅游村等成为美丽乡村的一道亮丽风景。

3. 美丽乡村建设为文化的保护与传承提供了强大物质保证

在乡村文化的保护与传承中，无论是传承活动的开展、传承人的培养、传承者生活条件的改善，还是乡村基础设施的建设及古村落、古建筑等有形文化遗产的维护和修缮等，都需要大量的资金作支撑或雄厚的物质基础作保障。美丽乡村建设最基本、最首要的任务是实现农村经济发展，带动农村全面进步，增加农民收入，提高农民生活品质。从这个意义上讲，美丽乡村建设为乡村文化的保护与传承提供了坚实的物质基础，从而有效地促进了乡村文化的保护与传承。

4. 美丽乡村建设为文化的保护与传承提供了良好生态空间

美丽乡村建设是贯彻落实党的十八大精神，推进生态文明建设的重要举措，也是在农村地区建设美丽中国的具体实践。建设美丽乡村，就是按照人与自然和谐发展的要求，通过大力推进农村生态文明建设，打造优美的生态环境、舒适的生态人居、发达的生态经济和繁荣的生态文化，建设天蓝、地绿、水净和安居、乐业、增收的美好家园，实现农村社会的全面协调可持续发展。通过乡村的美丽化建设，乡村文化遗产及其赖以生存和发展的生态环境也必将得到保护、改善、修复或营造。

5. 美丽乡村建设为文化的保护与传承提供了和谐人文环境

精神文明建设贯穿于美丽乡村建设的全过程，是美丽乡村建设的灵魂所在，是构建和谐农村的必然要求和重要保障。同物质文明建设一样，精神文明建设对改善农村人居环境同样重要，它不仅代表着这个地区的精神风貌，也直接决定着当地居民的幸福指数。加强美丽乡村建设，将会从根本上改变农村文化建设不足、陈旧观念泛滥、乡风落后等一系列问题，有助于提升农村居民的思想道德水平、科学文化水平和民主法治意识，倡导形成积极进取、团结互助、拼搏向上的良好氛围，实现农村精神面貌的根本性转变。丰富的精神文化生活还会刺激文化消费，繁荣扩大农村市场，发展农村经济和社会主义特色文化。

二、乡村文化的保护与传承是美丽乡村建设的根与魂

文化的保护与传承是美丽乡村建设的灵魂所在，也是美丽乡村建设的基本特征和根本保证。中华民族历史悠久,民族众多,由于特殊的地理环境因素,促成了农业文明的发达,农业文明又深刻地影响了中国传统文化（民俗民风）。至今，广大农村地区仍保留着相对丰富的文化遗存和历史记忆，保护与传承好乡村传统文化，对美丽乡村建设意义重大。

1. 乡村文化的保护与传承有利于给予人们以“根”的归属感

从农村走出去的人，无论他身处何方，从事何种职业，有着怎样的身份和地位，在他们的内也深处都存有一份割舍不断的乡土情怀，这种情怀并不会因为他们离开村落而消失。中国自古以来以农立国，悠久灿烂的农业文化是中国文化的根底和基础，建筑在农业之上的文化让无数人产生了对故乡、对土地和对村落的深厚情感。我国乡村历史悠久，文化积淀深厚，蕴含着丰富的物质文化与非物质文化遗产，这里的一草一木，一砖一瓦，人们的一举一动，都被赋予了深刻的文化意义与乡土情怀。乡村文化遗产与景观，是中国传统文化的重要载体，是中华儿女乡愁的精神寄托，它们反映出一个民族、一个地区乃至一个国家的历史延续感、文化认同感和“根”的归属感。

然而，随着工业化、城镇化的快速发展和年轻人对城市的向往，农村正面临着人口空心化、老龄化、留守儿童多、土地抛荒严重、经济发展缓慢、村落消亡等诸多问题，这容易使人们产生失落感和丧失“根”的归属感。因此，只有保护与传承好乡村传统文化，才能得以保全其所具有的特殊情感价值。大力推进美丽乡村建设,就是要保护好独特的村居风貌、淳朴的乡风民俗、优美的田园风光、紧密的邻里关系和质朴的伦理道德，挖掘传承乡土中国的文化血脉，发扬光大传统文化之精髓，使农村成为人们的精神家园和心灵港湾，让人们可以在农村地区找到“根”的归属感。

2. 乡村文化的保护与传承有利于塑造美丽乡村建设之魂

美丽乡村建设在注重外在美的同时，也要重视内在美，主张内外兼修。农村中大量的有形文化遗产和无形文化遗产都凝聚着中华文化的魂魄，有着令中华民族生生不息、发展壮大的精气神。“乡土文化是植根于农业社会的传统文化，集礼治文化、家族文化、安王重迁文化于一体”，是中华文化的重要组成部分，更是美丽乡村建设的灵魂所在。它不仅具有很高的文学、艺术价值，而且有着深刻的思想内涵，诸如诚实守信、艰苦奋斗、开拓进取、团结奋进、勤俭自强、尊老爱幼、与邻为善、爱国爱乡等，其在调节社会关系、化解社会矛盾、净化心灵、理顺情绪、陶冶情操、凝聚力量等方面具有重要功能，它也往往是引领乡村社会某一时期的思想主流，对农民价值观念、审美意识、是非标准的形成有着重要影响。

加强乡村文化的保护与传承，一方面，有助于丰富当地农民群众的精神生活，积极推动精神文明建设和社会风气的好转；另一方面，有利于激发广大农民群众的传统美德，对培养社会主义核心价值观和维护社会的和谐与稳定具有重要意义。如果乡村文化体系遭到破坏，就会丧失社会发展的历史记忆和文化根基。即使乡村建设得再美丽，也只是徒有一个“空壳”而已。因此，在美丽乡村建设中，我们既要重视物质建设，又要重视精神建设，加强文化的引领作用，深入挖掘乡村文化的深厚内涵，把优秀传统文化植根于美丽乡村建设之中，守住乡村的灵魂，守住人们共同的精神家园。

3. 乡村文化的保护与传承有利于提高美丽乡村建设品位

乡村是在一定的自然、气候和地形等条件下形成的，每个乡村都有自己的历史和文化特色，风土人情各异，明显区别于城市。但在城镇化飞速发展和加快新农村建设的今天，乡村越来越像城市，形象趋于雷同，原始风貌和地域个性也消失殆尽，造成了乡村特色和文化精神的缺失。美丽乡村建设不是拆旧建新，更不是城市的复制，每个乡村都应该有自己的内涵。美丽乡村建设也应当是一个美的工程，它不单是住房、交通和乡村规划等硬件的提升，也是乡村文化和乡村精神的不断提升与传承。要想树立良好的乡村形象，提高乡村品位，就必须在美丽乡村建设中加大文化的保护与传承力度，守住乡村的根与魂。

相对于城市，丰富色彩的民俗文化和良好的自然生态是乡村的独特优势。乡村是中华文明的发源地，拥有丰富的历史文化遗产及遗存，蕴藏了田园风光与故事，它们是中华民族的精神追求，是文化强国的重要根基。做好乡村文化的保护与传承工作，既是对古街道、古建筑、古树木等物质文化的保护，也是对乡土人情、风俗习惯、民间艺术等非物质文化的保护与传承，合理保护开发利用这些文化遗产，有助于增添美丽乡村的深厚内涵，培养美丽乡村的独特韵味，实现一村一品、一村一景、一村一韵，从而提升美丽乡村建设的文化品位，树立良好的乡村形象，让居民望得见山、看得见水、记得住乡愁。

4. 乡村文化的保护与传承有利于推动乡村文化产业发展

在当今社会，经济与文化发展一体化的趋势越来越明显，经济中包含着文化，文化中又渗透着经济。“建立在文化基础上的产业系统，既是一种精神状态，也是一种物质形态，构成了经济发展的软实力，成为关乎综合国力的重要因素，并与人民的生活水平息息相关”。乡村文化产业的逐渐生成是我国乡村经济发展的新亮点，是 30 多年来改革开放的必然成果，是推进城乡发展一体化新思路的必要途径和重要手段，更是国家建设美丽乡村伟大战略中的重要内容。乡村文化的保护与传承为乡村文化产业发展带来了重大机遇，为美丽乡村建设营造了健康、和谐、文明的社会氛围。

江西省乡村地区广阔，文化资源异常丰富。乡村中的传统建筑、历史文物、民风民俗、歌舞表演、手工技艺、特色饮食、古镇风貌、园林艺术等，都充满了浓厚淳朴的乡土气息，与现代城市文化形成了强烈的反差和对比，具有无比诱人的文化韵味，这也正是乡村文化吸引城市居民和异地游人的关键。乡村文化的保护与传承有利于积极推动乡村文化走上市场化产业化的道路，挖掘利用这些文化资源，有利于优化调整乡村产业结构，农民既可以农谋生，也可从事文化服务、文化旅游、文化演艺等第三产业，进而对美丽乡村经济

建设和文化建设产生积极的促进作用。

第五节 国内美丽乡村建设中乡村文化保护与开发的实践

（1）浙江省：吸取教训，关注乡村文脉，建设美丽乡村

2013 年 3 月，浙江省在总结之前十年美丽乡村建设实践时，分析总结出对乡村地域风貌特色关注不足，对村庄特色的认知缺失，对乡村文脉及地形、水系、山脉等生态要素关注不够，盲目套用成功案例而陷入“趋同”与“千村千面”两极化的乡村建设误区等问题,从而以全面实施“八八战略”和“创业富民、创新强省”新农村建设总战略为基础，真正落实“浙江省 2011—2015 推行美丽乡村建设行动计划”，这一次，浙江吸取教训，认识到乡村文脉在美丽乡村建设中的重要地位，不仅仅注重人与自然的和谐相处，乡村生活品质的提升，注重环境美、生活美的同时还要注重文化的内在美，在乡村建设中传承文化，建设成了一批美丽的、一流的宜居、宜业、宜游美丽乡村。

（2）广州市：规划引领，保持农村风貌元素，建设美丽乡村

广州市站在“城乡一体、共同富裕”的高度,统筹城乡建设。采取规划先行、全面普查、录入数据库的模式与途径，建设广州“美丽乡村”，通过了 26 条示范村的乡村建设规划，实现广州市乡村规划全覆盖。规划中对农村风貌的保持和文化的传承十分重视，围绕建设既有外在美，又有内涵美的现代化新乡村目标，通过规划引领，开展新农村建设改造等，加大城乡统筹力度，加强点与面的相结合，推动了将城市现代文明要素向乡村传统要素的延伸和融合，加强了城市文明与传统文化的相互交流和促进，同时也促进了城乡生活生产方式的互动和互补，既保护了农村风貌元素，又传承乡村文化特色，打造了一批集现代文明和乡村地域风貌文化的美丽乡村。

（3）云南：美丽乡村建设中失败的教训

在“美丽乡村”建设的大背景下，云南美丽乡村建设拉开序幕，但也有失败的教训。在云南很多乡村中有着较严重的不珍惜历史文化遗产的现象，一些有历史价值的建筑物、街道等被轻易破坏的情况较突出。还有，在乡村

的发展过程中，一些具有传统风貌的农舍小屋和公共设施用品也在不断地被现代化的建筑所取代。例如宁蒗县永宁乡落水村，落水村是云南旅游发展较好的乡村之一，但随着乡村建设的发展，很多新建或者重新装修的民居逐渐丢失了摩梭人的传统民居特色，胡乱地使用多彩的颜色，模仿外来的文化，很多民居的大门和窗框文化异化，有些都开始不像民居，而像是一个公共建筑，比如庙宇。为了适应旅游发展的需求，村内也出现了越来越多的高层豪华客栈，这些建筑不仅违背了民族传统建筑习俗，还严重影响自然生态环境，美观度也不高。

又如，在国内外都很著名的云南摩梭人的母系制文化，以及“走婚”习俗，曾经是云南当地文化旅游发展的品牌，这种地域特有的文化是重要的吸引物，具有“独一无二”性。就因为如此，落水村曾经被列入了“模范社区”的备选名录，就是因为近些年旅游的盲目开发，没有保护和传承好当地的传统文化，而导致了落水村的传统文化风貌几近丢失，那种具有文化底蕴的自然村落的独特价值也荡然无存，最终丧失了古村落的申遗资格，文化的丢失是永久性的，不管现今如何努力挽救，乡村的传统风貌也不可能恢复成原样，而随同文化一起消逝的，便是乡村的文化魅力和价值。

（4）南昌西湖李家：凭借自身优势，打造融“山水化、田园化和农耕文化”于一体的文化旅游生态新农村

自2006年以来，西湖李家在社会主义新农村建设中，充分挖掘和利用山水资源和古村神韵的优势，努力打造和提升乡村旅游景点，经过几年来的不懈努力，特别是自去年以来，基础设施建设基本完善，旅游景点打造初具规模，特色旅游亮点频出，慕名前来观光旅游的人数逐年增多。

西湖李家按照“传承华夏文化，恢复古村精华，重墨青山绿水，美我故乡天下”的宗旨，围绕“古村神韵，田园稻香，塘中莲藕，山间鹭翔，农家饭菜，湖边泳场”的建设思路，突出了“马头墙，红石路，碧绿水，满村树”的特色，按照先村庄，后田庄，先村容后文化的做法，进行大量卓有成效的建设，并且致力于恢复与保留农耕文化、孝悌文化、节庆文化、楹联文化等。

建设中，秉着“山水化、田园化、农耕文化”的农村独有特征，本着“村

容整洁，不乱不脏，南北通路，拆除违章，搞活水系，绿化村庄”的要求，清理卫生死角，拆除乱搭乱建；硬化道路广场，绿化山间路旁；复活东西两水，整理村容田庄。从而在村容村貌、生态环境、文明乡风等方面得到明显的提升，实现了道路硬化、村庄绿化、水面净化、民宅美化，先后建成了陇西堂、古戏台、古门头、乡心亭、万家桥、俊明泳场、农博馆、油榨坊、会议室、陇西亭、沙凶农舍等一批旅游景点，显著地改善了当地的生态环境和人居环境。良好的生态吸引了大量野生禽类，夏天的白鹭满山，冬天的天鹅栖息，形成了人与自然和谐共处的文化旅游生态新农村。

（5）宜春天工开物园：多元化发展，成就农耕文化主题乐园

星广场：展示传统文化，体验农耕文明。天工开物园位于宜春市明月山天沐温泉度假区内，是以明代科学家宋应星的科学巨著《天工开物》为基础，以打造体验式农耕文化休闲旅游胜地为目标的文化主题乐园，也是“江西省青少年科技教育基地”和“全国农耕健身基地”。园区主要分为陈列展览区、体验游览区、文化休闲区、农耕文化竞技区四大部分。汇集古代农耕技术展示、传统手工制作参与、农耕文化陶冶的主题文化乐园。可供游客直接参与农业文明时代的项目达50多个，整个园区建筑风格都是仿照了明清时期的徽派建筑格式，配合江南式园林布局，竹林、清溪、山石、小桥、流水、浓绿茂密的树木，建筑穿插其中，结合地形、地势，曲折迂回，通过连廊、亭、榭、小桥连接围合，形成变化有序、有趣的园林空间，让人真切地感受农耕文化中人与自然的和谐。

博物馆：真实呈现《天工开物》。博物馆共有15个馆，其中第1号馆介绍宋应星的生平简介以及其影响；第2号馆主要反映《天工开物》在历史上的巨大作用，介绍该书对后世的启迪功用，以及《天工开物》在当时的科技功用；第3–14号馆以图文并茂、实物、模型等陈列形式，陈列了《天工开物》18卷中的精华内容，以便增强对农业科技知识的体会和对农业科技文化的深刻了解；第15号馆主要收藏着中国古代青铜器以及古代各种手写书籍。

应星塔：“上应星辰，下钟地气，魁星点斗，定出奇才。”塔顶八角的藻井，乃清初遗传下来，且是宜春最大的木制古藻井。在传统的观念上藻井是一种

具有神圣意义的象征。应星塔顶中心向上凸起，四面为斜坡，成为下大顶小的倒置斗形，使得塔顶显有高远深邃，令人叹为观止。

民俗游艺馆：亲身体验，领略民俗艺术魅力。充分挖掘民俗游艺的内涵，把娱乐功能表现在一切民俗之中，感悟游艺乐趣的同时达到休闲放松和锻炼体力与智力的目的。该馆可以聆听到铁环与地面的摩擦声，也可以拿起跳绳单脚、双脚立地跳起来，还可以挥舞着长鞭使陀螺飞转起来，更可以打沙包、踢毽子和跳房子，让你重温美好童年的难忘记忆！

傩庙：图文解说，走进赣西傩与其他地方傩与众不同的神秘世界。傩是上古时期原始宗教的产物，是中国传统文化的一个重要组成部分，是原始文化信仰的基因。江西作为中国傩文化的重点省区，特别引进赣西民俗风情，打造了富有浓厚地方特色的傩庙。

百戏坊：观看表演的休憩地。馆内既有当地民俗采茶戏、三星鼓、春锣等戏曲、曲艺表演，又有古老的傩舞表演和当地舞龙、耍鱼灯等民俗表演。此馆风格古朴，类似北京老舍茶馆的格局，游客可在此饮茶、对弈，悠闲而自得；此馆不仅是整个“天工开物园”中观看表演的休憩地，同时也是各企业单位举行大型活动的最佳场所。

射箭场：置身其中，尽情体验古时“后羿射日”时的英雄气质和“弯弓射大雕”的豪情壮志。射箭在我国有着久远的历史，可谓是中国古代体育项目的鼻祖，弓箭的使用对于上古社会的进步起了极大的促进作用。天工开物园射箭场位于百戏坊右侧，可亲自体验开弓、瞄准、放箭。

特色风情街：观农耕文化而身心愉悦，赏手工工艺而陶冶情趣，玩体验项目而其乐融融，品特色产品而回味无穷。位于天工开物园南大门右侧，中间是条潺潺小溪，两边是仿古建筑群体。整条街集游客参与、商品销售为一体。既有根雕、竹编、丝韵等手工农艺品的销售，又有榨油、打麻糍、制陶、制笔等农耕项目的参与，还可吃到丰城冻米糖、温汤米酒、豆腐、袁州米面、云南过桥米线、桃花源擂茶、铜鼓包圆等传统特色美食，还有烧烤、麦芽糖、珍珠奶茶……

江西省青少年科技教育基地：农业科技文化的充电学堂。打造以传统农耕文化、农耕文明为主要内容的青少年教育基地，向广大青少年展现中国古代劳动者农业劳动过程和古代悠久农业科技历史农耕文化中的各项传统的科学技术和智慧，让青少年进行农耕实践，使广大青少年对农业科技知识有深刻了解和体会，加强青少年对我国农业科技文化的了解，培养青少年尊敬劳动者和尊重别人劳动成果的意识。

农耕竞技场、全国农耕健身基地：亲身体验农民的劳动生活。竞技场紧紧围绕“农情、农趣”的主题，不断演绎乡土风情和民间体育，倡导健康传统文明，把农耕文化与传统健身充分融合，既突出运动乐趣，又不失原生态自然民俗文化。在竞技场可以感受到久违的农业气息，如车水抗旱、稻田抓鱼、徒手抓泥鳅、晒场收谷、手工制砖、制瓦、抛接秧苗等，不但使年轻人体验了农民的劳动生活，增加了乐趣，更勾起中老年人的记忆。

第六节　各地挖掘乡村文化、发展乡村产业的经验与案例

中国是一个农业大国，源远流长的农耕文明是孕育中华文明的母体和基础。在我国辽阔的土地上，已发现了成千上万处新石器时代原始农业的遗址，最早的当在一万年以前。考古证明，距今五六千年前，在我国的黄河流域、长江流域等诸多区域就有了相当发达的农耕文明。农业最早是在中原地区兴起来的。中原农耕文化包含了众多特色耕作技术、科学发明。农耕文化是农业发展的历史支撑，是我国从未间断的一种文化，是中国劳动人民几千年生产生活智慧的结晶，它体现和反映了传统农业的思想理念、生产技术、耕作制度以及中华文明的内涵。它是指传统农业基础之上的生产关系、社会关系、典章制度以及与之相适应的道德、文化、风俗、习惯等意识形态的总和。

考古资料表明，江西新石器时代早期的万年仙人洞和吊桶环遗址发现了目前世界上年代最早的栽培稻遗存，新石器时代晚期的修水山背文化遗址、新余拾年山遗址以及商代的吴城遗址、新干大洋洲商墓，春秋战国时代的贵溪崖墓中出土乐器的同时都伴随着许多农耕文化的遗物和遗存。江西地区早在数万年前就有人类居住和活动，他们使用打制和磨制石器，进入新石器时

代后，江西先民发明了陶器，学会了种植水稻和驯养家畜，并学会了建造房屋。商周时期，江西先民学会了铸造青铜器和种桑养蚕和纺织。在农业生产和手工业劳动中，人们逐渐从实践中产生了艺术和音乐理念，如磨制石器造型之美、玉器雕琢花纹之美、青铜器铸造装饰之美，物质文明催生出了精神文明。

农耕文化是江西历史文化不可或缺的一部分，早已渗透到居民生活的方方面面。江西农耕文化形式多种多样，如以朱熹、陶渊明、朱耷、王安石、曾巩等为代表的历史名人文化，以九江白鹿洞书院、吉安白鹭洲书院、弋阳叠山书院、铅山鹅湖书院等为代表的国学文化，以赣南采茶戏、南丰傩舞、广昌孟戏等为代表的民俗文化，以及江西各地众多保存完好的历史名镇名村，如乐安流坑村、安义古村、浮梁瑶里古村、婺源篁岭村等国家级或省级历史文化名镇（村），还有田间祭祀习俗和木刻版画等文化习俗。

各地结合本地区农耕文化旅游资源的不同特色，因地制宜，探索出了乡村旅游的不同模式，促进了地区产业结构的优化升级，推动了农村经济社会的发展和农民增收。

1. 成都农家乐

在政府的积极引导下，成都市郫县友爱乡农科村依托当地的花卉、盆景、苗木等生产基地，积极发展旅游观光业，成为我国“农家乐”旅游模式的发源地。

此后，成都市近郊的区（市）县相继出现了利用庭院、堰塘、果园、花圃、农场等农、林、牧、渔业资源优势和乡村风土民俗吸引旅游者的旅游接待点，经营内容由单一为游客提供周末休息、餐饮、茶水、棋牌服务逐步发展为提供观光、运动、休闲、娱乐、餐饮、住宿、购物、养生、会议等综合服务。

目前，成都农家乐的特色类型主要包括农家园林型、观光果园型、景区旅舍型、花园客栈型等 4 种，“吃农家饭、品农家菜、住农家院、干农家活、娱农家乐、购农家品”为其共同的特色。经过 20 多年的发展，成都近郊以“农家乐 ”为代表的乡村旅游在发展水平 、发展规模、经济总量增长以及发展方向等方面都居于全国领先地位。“农家乐”也正在向纵深层次发展，旅游者由欣赏结果变为参与过程，真正体验和感受不同于城市文明的乡土文化。

2. 北京民俗村

北京郊区农村民俗是北京文化的重要组成部分。20 世纪 90 年代以来，在国家各级旅游行政部门以及社会力量的推动下，北京郊区农民充分利用区位、生态及民俗文化资源优势，适应城市居民观光休闲的消费需求，大力发展突出乡土气息和民俗文化为主的民俗旅游,形成了以“吃农家饭、住农家屋、赏农家景、干农家活，享民俗风”为主要内容的特色乡村旅游。

与成都的农家乐不同之处在于：虽然北京民俗村同样也可以称为“农家乐”，但北京这些郊区农村不少都是以历史古迹或自然风景区、森林公园、地质公园为依托，且郊区农村各区县的文化都是有着浓厚的地域性特色的民俗文化，具有明显的差异性。如门头沟民间音乐和舞蹈丰富，顺义区游艺、传统体育与竞技类项目众多，怀柔、延庆和平谷民间舞蹈较为盛行。根据北京民俗旅游的发展特点,“十一五”期间北京市旅游局实施了“一村一品”工程，以期进一步提升京郊民俗旅游的品质和档次，表明北京民俗旅游正由大众农家乐、趋同化的统一模式向内涵式的特色模式转变。

3. 皖赣古村落

古村落作为民族文化的源头和根基，是历史信息的重要载体，是一种独特的文化旅游资源，目前正逐渐成为我国旅游业开发的热点之一。古村落旅游是以古民居建筑、寺庙宗祠、文物古迹、民俗服饰等为物质载体，以民风民情、古文化氛围为旅游体验的一种综合性文化旅游产品。以民居建筑、民俗服饰以及字画楹联等为代表的物质文化景观是古村落旅游的最主要物质载体，也是最具吸引力的要素。

皖赣两地在徽州文化熏陶下造就出来的大量形态相近、特色鲜明的传统建筑这些拥有徽派建筑的村落，有着深厚的文化底蕴和较高的历史、艺术、建筑和科学价值，成为我国古村落旅游的典型代表。安徽省黟县西递、宏村两处古民居以其保存良好的传统风貌早在 1999 年的联合国教科文组织第二十四届世界遗产委员会上就被列入世界文化遗产名录，吸引着数以百万计的国内外游客。地处皖浙赣交界的江西婺源已被国内外誉为“中国最美丽的农村”，是当今中国古建筑保存最多、最完好的地方之一。深厚的文化底蕴，遍布乡野的古民居建筑以及幽静的生态环境，构成了婺源魅力，使之成为中国最具特色的旅游胜地之一。

4. 云南哈尼梯田

梯田旅游是一种以乡村梯田景观及其文化为旅游主要吸引物的资源吸引型旅游，因其本身所具有的生态、经济、社会效益而倍受关注。在中国的农耕文化中，哈尼梯田文化占据着一个特殊的位置，它被民族学家称为“山地农耕文化的最高典范”。哈尼族世代相承的、与群众生活密切相关的各种传统文化表现形式，如传统表演艺术、民俗活动、礼仪、节庆和传统手工业技能等文化要素，与独特的梯田景观的有机融合，为开发特色旅游产品提供了丰富旅游资源。自 20 世纪 80 年代以来，哈尼梯田的知名度日渐提高，特别是 2004 年 4 月，在第二十八届世界遗产委员会会议上，哈尼梯田首次以人文景观项目的名义申报世界文化遗产，尽管未获通过，但被正式列入《中国世界文化遗产预备名单》，哈尼梯田文化品牌的对外知名度、美誉度得到不断提高，对外影响力不断扩大。目前，每两年一度的“中国红河元阳哈尼梯田文化旅游节”已经成为云南省向海内外游客展示元阳多姿多彩的哈尼风情及历史悠久的农耕文化的重要载体，哈尼梯田的旅游效益逐渐展现出越来越广阔的前景。

5. 苏州江南农耕文化园

苏州永联的江南农耕文化园是目前我国最大的农耕文化园。园内布设了农耕历史区、土地整理区、江南养殖区、农家休闲区、乡村能源区、江南作坊区、农耕谚语区、农户设施区、生肖区等九大农耕文化功能区域，以不同的类别较为全面地展示了苏州江南农耕文化的历史风貌和文化内涵，不仅使久居喧嚣城市里的人们在清新宜人的田园风光中放松身心，并在亲历的农事活动中对农耕文化有着更为直接的感受和体验，从而将苏州过去的历史和现在的发展对接起来，使新老苏州人在对江南农耕文化认同的基础上，协力共建美丽苏州，为促进苏州经济、社会、文化、生态的全面和谐发展贡献力量。

第七节 处理好产业发展与文化保护关系的建议

1. 正确处理好文化保护传承与乡村旅游开发的关系

江西乡村文化遗产资源非常丰富，包括历史建筑、自然景观、民间艺术、传统节日以及生产习俗等众多方面，极具开发利用价值。当前，许多地方都打着弘扬传统文化的幌子，不惜任何代价去追逐经济利益的最大化，他们不是在塑造、挖掘、传承乡村文化，而是在扭曲、滥用甚至是践踏、破坏乡村传统文化。

发展休闲农业和乡村旅游，不能一哄而上。一些地方没有科学的发展规划，村村都搞农家乐，家家都办小旅馆，乱搭乱建无人管，环境卫生没保障。这种粗放式发展破坏了农村风貌，也不利于休闲农业和乡村旅游的可持续发展。农耕文明是中华民族宝贵的精神财富，流传至今的特色建筑、地域民俗、乡土文化应该得到很好的传承保护和开发利用。一些地方政府“重申报，重开发,重旅游设施建设;轻保护,轻历史文化研究”。仅以经济效益为追求目标，把不可再生的文化遗产作为普通旅游资源来开发，导致大量古建筑、古民居、古文献、古民俗消失，出现了“建设性破坏”或“开发性破坏”。

我们不能为了发展经济而无限度地开发利用文化遗产，但也不能只为保护而保护，“保护正是为了更合理地开发，是为了在‘文化自觉’的前提下寻找一条更适合自身发展的道路”，原封不动地照搬、沿袭，只会导致传统文化的衰败与消亡，问题的关键在于如何把握好这个度。传统文化只有不断更新、与时俱进，才能实现其价值与意义。在美丽乡村建设中，我们必须处理好文化保护传承与乡村开发建设的关系，美丽乡村建设中的文化保护与传承，要坚持保护优先、保护与开发并举、在充分发掘和保护乡村传统文化资源的基础上，优化、美化村庄环境，适度开发乡村旅游业，把传统文化村落培育成与现代文明有机结合的美丽乡村。

2. 正确处理好乡村基础设施建设与传统文化融合的关系

美丽乡村建设不仅是物质空间的建设过程，更是乡村文化价值凝练的萃取和乡村文化特色升华的推演过程，是文化记忆的存留、文化历史的延续和文化基因的传承。乡村的美丽，除了先进的设施、完备的功能、便利的服务和优美的环境之外，还体现在内外兼具的文化特质与魅力上。因此，在美丽乡村建设中，必须处理好外在美与内在魂的关系，防止厚此薄彼的行为，在做好建筑和乡村规划等硬件建设的同时，还应加强乡村传统文化的保护与传承。当前，许多地方进行的农村建设，往往过于注重卫生环境整治、房屋改造等外在形象设计，一味追求整齐、美观，而忽略了最具价值的乡土文化，致使乡村旧有的文化传统受到严重冲击。

有的乡村建设遭到“建设性破坏”或“开发性破坏”，使得具有历史文化和乡村传统的建筑逐渐丧失其历史原真性，并建造了一批毫无历史文化价值的假古董，使镇中夹杂了大量仿古建筑和不协调建筑，造成历史风貌的整体性破坏。更有甚者，还有地方把早已确定的历史文化街区作为“城市棚户区”，列为政府的“民生工程”和“重点项目”，大拆大建，进行房地产开发、旅游开发和商业开发。对于历史文化建筑来说，还有一种伤害叫“破坏性修复”。据统计 70% 以上的历史建筑遭受破坏缘于不规范的修复，例子不胜枚举，如辽宁绥中县的野长城被用砂浆抹平、辽宁朝阳市云接寺的壁画被重绘、杭州的民国古建筑被重新刷漆等。这些都会对历史建筑造成不可逆的破坏。

“美丽乡村建设不是‘做盆景’、‘搞形象’，更不是‘涂脂抹粉’”，每个乡村都应该有自己的内涵，不能因注重外表，而丢失了灵魂。为了实现美的可持续和永恒发展，美丽乡村建设，需做到“外在美”与“内在魂”的有机结合，一方面要加大对房屋、街道、建筑、交通、水系、通信设施等物质文明要素的改造；另一方面要深入挖掘乡村传统文化的内涵，对于节庆礼仪、传统技艺、信仰崇拜、民间歌舞、地方饮食等珍贵的非物质文化遗产要大力弘扬。此外，美丽乡村建设，还应充分尊重现有的自然环境与地理条件，达到水乡有水乡的风格、山地有山地的特色、平原有平原的风貌，达到人与自然的和谐统一，正如中央城镇化会议提出的，“让居民望得见山、看得见水、记得住乡愁”。

3. 正确处理文化保护与培育农村新产业新业态的关系

我国农村拥有丰富的传统手工艺遗存，作为产业资源应受到高度重视。

挖掘和保护手艺人、手工技艺、手工艺品、手工艺价值理念是发展当代手工艺产业的基本前提与保证。我国传统手工艺受农耕社会节俭观念的影响，往往以农作物或生活废弃物为原料，这种造物行为本身就处于循环经济链条末端，属于对资源的再利用。建议农村手工艺产业继承传统手工艺“量材为用，就材加工”的核心价值理念，密切关注当代手艺生产与农业生产、工业生产的关系，提倡对当代生活废弃物的开发与利用，节约资源，创新产品，变废为宝，发展农村产业的循环经济模式。

农村手工艺产业以农民为生产主体，多采用农民居家生产和作坊生产的模式，在产业运作实践中主要表现为三种类型：①以专一产业的规模化发展带动相关配套产业，突出辐射效应，实现产业资源优势叠加，如临沂柳编和曹县桐杨木手艺产业；②以农民手艺人独立生产为主，在区域范围内形成横向联合，实现专一产业的整合效应，如巨野农民工笔绘画手艺产业；③多元产业交叉发展，相互借助产业优势，拓展产业空间，实现联动效应，如杨家埠乡村旅游业与风筝、年画手艺产业的结合。建议农村文化产业借鉴现代产业经营理念，构建符合农村地域特征和社会文化特征的产业化生产模式，提高生产要素的集约化投入，实现规模经济，促进产业腾飞。

婺源的非物质文化遗产有典雅的徽剧、古朴的傩舞、儒雅的茶道，精湛的“三雕”及歙砚制作技艺，彩灯、地戏、抬阁别有情趣，绚丽多彩。当中婺源的传统油纸伞（甲路伞）被列为江西省非物质文化遗产名录。婺源的集朱熹文化、砚墨文化于一体的婺源朱子龙尾砚文化产业园是目前中国最大的砚文化产业园。江湾镇大畈村建有全国闻名的“砚街”，全村 2300 人，80% 从事砚台及镇纸、砚盒等生产，人均年收入超过 1 万元，“砚池”里流淌的全是“金子”。此外，茶文化、雕刻文化、傩文化等产业也在茁壮成长。

美丽乡村建设是一个综合工程，民间手工艺资源活化可以通过形成优势产业、推动社会各种资源的协同创新、重塑乡村文化价值为其提供动力。

第七章

美丽乡村建设要注重政府投入与社会资本相结合

第一节　美丽乡村建设需要政府主导

目前从现阶段我国美丽乡村的多年建设经验来看，无论是从试点启动、宣传发动，还是到社区规划及具体组织实施等，政府均发挥着主导和重要的推动作用。长期以来，在计划经济体制及城乡二元社会结构下，社会资源被优先配置和运用于工业和大中城市，国家对农村的支持和投入非常有限，公共服务在城乡之间的配置存在供给不足、享受不均等问题。农村长期处于低度发展的状态，城乡社会差距不断扩大。尤其是对于我国这样一个以农业和农民为主体的国家而言，由于乡村改造的复杂性和艰巨性，政府主导的发展方式无疑有利于发挥集中力量办大事的优势，有效凝聚全社会的意志和资源，形成推进美丽乡村建设的合力，从而保证乡村发展各项目标的实现。

政府作为一种公共权力组织，在社会资源的配置及投入优先次序上具有权威性和导向性。通过发挥政府的主导作用，有利于逐步实现促进城乡社会均衡发展的公共政策，加大国家对农村的公共投入和财政支持，引导社会资源向农村积聚和配置，从而改善农村社区公共服务设施及人居环境，提高农村社区福利水平。因此，政府在美丽乡村建设过程中发挥着重要作用。

地方政府在美丽乡村建设中的积极作用[①]在于：

① 朱邦伟，邓远建．“美丽乡村”生态建设的金融支持研究［J］．农村经济与科技，2015（05）:124-126

1. 提供乡村公共产品与改善乡村环境。政府发挥主导作用加大对乡村环境基础设施的投入与改造，特别是乡村道路的改造提升，以提高旅游的可进入性；同时，以乡村旅游发展为契机，促进乡村环境的美化与绿化，在不断改善乡村居民生活环境的同时，将乡村环境美化成一个大的乡村旅游吸引物，为乡村旅游的持续发展提供永久的吸引力。

2. 提供美丽乡村建设的资金与技术的扶持。由于乡村建设中存在的公共物品属性，美丽乡村建设投入也存在一个外部性溢出的过程，这种外部性溢出一方面直接表现在乡村生态资源和生态产品的外流；另一方面也表现在整个乡村生态系统的生态效益的外溢，在美丽乡村建设和改善的过程中，导致建设的成本远高于建设收益，对建设主体造成福利的净损失。这种外部性效应的存在使得美丽乡村建设，需要依赖政府提供更多的财政支持。

在美丽乡村发展过程中，山东省 2013 年为各县区“农家乐”的“改厨改卫”提供资金与技术支持，在一定程度上极大地改善与规范了经营环境。如当地政府对从事乡村旅游的业户与管理者进行专业培训，并组织赴台学习考察台湾的民宿旅游经验，让业主充分了解乡村旅游的丰富内涵和发展潜力，认识到乡村旅游代表着我国未来休闲旅游发展的一种重要趋势，认知乡村旅游不等于“农家乐”，“农家乐”亦不等于“农家餐”，从而明确自己的不足，进而改变与提升经营理念，强化乡村旅游的环境塑造与文化特色培育，以增加经营的竞争力与生命力。

3. 组织乡村总体规划与部门之间的协调。为更好地引导乡村长久的发展，需要政府站在发展的战略高度，帮助乡村进行科学的规划，确定未来的发展方向，并对外进行统一宣传，为避免美丽乡村发展中的同质化所带来的恶性竞争，需要引导各个乡村进行差异化发展，并确定发展对象与目标进行重点扶持，以起示范作用。同时，积极引入外来资本对一些大的美丽乡村发展项目进行外包发展，但需要建立可行的利益保障机制以协调好外来资本与乡村居民的利益关系。

4. 政府对乡村建设行为的监管与规范。在美丽乡村建设中存在着诸多利益相关者，基于各自利益最大化的追求，不可避免地出现矛盾与冲突，需要发挥政府作为第三方的监管与规范功能，通过建立各种制度与标准来监管与规范各方的经济与经营行为，对不规范的行为进行仲裁，以确保为美丽乡村建设提供一个良好的发展空间与环境。基于此，在中国乡村旅游发展的进程中，政府的主导地位将依然持续一段长久的时间，以引导与推动国内乡村旅游的普及、规范与良性发展。

从当前美丽乡村建设的过程与机制来看，各级地方政府在美丽乡村建设中扮演了积极能动者和行动主体的角色，起到了动员、组织、引导、规划和推动的重要作用。现阶段我国美丽乡村发展依然是以政府为主导的一种发展模式。

第二节 政府搭建美丽乡村建设融资平台的案例

美丽乡村和特色小镇建设，政策引导和行政推动必不可少，但更重要的还是社会资本介入和市场化运作，这是美丽乡村建设持续推进和良性发展的决定性力量。

河北涞源县白石山脚下的荆山口村，有451户村民，过去由于交通闭塞，乡亲们只能守着“金山”端“泥碗”，年人均收入只有1000多元，是靠上级帮扶的贫困村。

2016年初，河北省委、省政府印发《关于加快推进美丽乡村建设的意见》，提出到2020年，基本实现美丽乡村建设全覆盖，具备条件的农村全部建成“环境美、产业美、精神美、生态美”的美丽乡村。在推进力量上，市、县、乡分别成立“一把手”为组长的推进领导小组，抽调精干力量组成美丽办全力主抓；在配套举措上，实施民居改造、安全饮水、污水治理、街道硬化、农厕改造、村庄绿化、富民产业、农村电商、文体建设、基层组织等12项专项行动；在资金筹措上，以县为平台，整合农业、扶贫、交通、水利、电力、教育、医疗卫生等各类涉农项目资金向美丽乡村建设倾斜，同时加快省、市、县三级美丽乡村投融资平台建设，按年度目标要求落实融资任务。

抓住河北省首届旅游发展大会契机，保定将旅游开发与美丽乡村建设、扶贫开发、古村古镇保护有机融合，把涞水、易县、涞源的67个村都纳入旅游开发总体规划之中，在注重生态环境保护的基础上，充分利用本乡本土资源，打造“望得见山、看得到水、记得住乡愁”的美丽乡村，实现旅游富民。荆山口村就是受益村之一。

河北省、市、县三级融资平台成立后，对省级美丽乡村建设示范村每村给予1000万元资金支持，并要求市县配套。保定市对“野三坡”景区范围内15个美丽乡村示范村，村均财政投入超3000万元，各类社会资本迅速跟进，村均总投入超过5000万元，带动乡村旅游等新产业迅速崛起。[①] 通过逐级搭建美丽乡村建设融资平台、县市一级创新成立投资开发公司的做法，高效利用美丽乡村建设金融优惠政策，有效整合各级各类资源，为美丽乡村建设提供了充足的资金保障。

河北张家口着力搭建美丽乡村建设融资平台，全力支持全市美丽乡村建设。[②] 按照全市美丽乡村建设规划，2016年— 2020年的5年时间，全市要完成2060个省级重点美丽乡村的建设任务，按照每个村投入1000万元计算，完成全部任务需筹集资金206亿元。面对巨大资金难题，市财政局积极行动，出谋划策，通盘考虑，认真测算，把搭建融资平台筹集美丽乡村建设资金当作完成美丽乡村建设任务的基础之策和重中之重，为做好美丽乡村建设工作奠定了扎实的资金基础。

一是筹集财政贷款偿债基金，搭建融资平台。经多方协商，确定依托张家口塞林投资有限公司成立市级融资平台，市县财政共同筹措贷款偿债基金，从银行争取信贷资金，放大资金10倍，全部用于各县区省级美丽乡村重点村的12个专项行动的具体项目。按照“项目管理、统借统还”的模式进行运作。即各县区成立县级融资平台，与市级融资平台进行对接，市级融资平台统筹与银行进行事务交流,从而为推进全市美丽乡村建设工作奠定了坚实的基础。

---

① 聂宗玉．资金活水提升乡村颜值 ——美丽乡村建设经验异地采访报道之四．http://www.sohu.com/a/155017792_223648

② 搭建美丽乡村建设融资平台全力支持全市美丽乡村建设．http://www.zjkcz.gov.cn/News/ShowArticle.asp?ArticleID=6153

二是制定统筹整合资金办法，规范整合行为。整合资金，制度先行。为使县区和市直有关部门有章可循，市财政局及早动手，认真调研，会同市美丽乡村建设会战指挥部办公室，研究下发了《关于统筹整合资金支持美丽乡村建设的通知》，围绕美丽乡村建设“四美”目标，提出了以“县为平台、统筹推进、创新机制、多元投入”的总体要求，按照“渠道不乱、用途不变、各记其功、形成合力”的原则，将各级各部门可使用的资金，如美丽乡村建设专项资金、扶贫资金、农村基础设施建设资金、农村产业发展专项资金、从土地出让金收益中计提20%部分、农村道路建设资金、农村土地治理项目资金等，以项目建设形式向美丽乡村建设村倾斜投入，使基础工作扎实有效。

三是细化措施加强督导调研，做细做实工作。在项目的谋划和推进上，市财政局深入县区广泛进行调查研究，确保工作顺利推进，做到精准建设。提出了“抓好一个基础”“注重两个结合”“实现四个到村”的具体要求，即：每个村必须做好项目规划，在规划的基础上再行开展建设工作，打好基础。要注重美丽乡村建设与全县（区）产业转型升级相结合，要将适宜当地发展、前景看好、农民增收能力强的产业安排到美丽乡村重点村；注重美丽乡村建设与县区重大建设项目相结合，做好互相促进，共同建设。要做到项目谋划到村，规划编制到村，资金预算编制到村，台账建立到村，从而做到科学规划，统筹布局，因村施策，分类施治，实现农业强、农民富、农村美的总目标。

河北滦平县在推进美丽乡村建设过程中，按照市场化运作的思路，引进社会性投资机构和企业，将建设资金整合到美丽乡村建设上来，最大限度地实现了项目资金的高效利用。[①]

搭建专项融资新平台。该县树立创新思维，以市场化运作手段，构建新的融资路径。为此，成立滦平县建设投资有限公司和滦平县农村建设有限公司，向省农发行申请中长期贷款6.85亿元；构建“118”（县本级投入10%，上级补助10%，企业通过融资平台注入80%）新型融资关系，信贷融资10亿元；

① 滦平实施“多元融资”模式建设美丽乡村．http://www.hehechengde.cn/news/xqnews/lp/2016-11-28/65852.html

与金域长城、中证城市合作成立“产业发展引导基金”融资50亿元。同时，还成立了县涉农资金整合试点工作领导小组，围绕现代农业发展、基础设施建设、社会事业发展三大平台项目资金使用，整合涉农资金2亿元。

第三节　美丽乡村建设需要多渠道社会资本的融入

作为美丽中国建设的前沿阵地，美丽乡村建设承担着经济发展、公共服务完善、环境保护、生态保障的重要责任，乡村生态及公共基础设施的提供更是整个美丽乡村建设的关键所在，但由于其产品存在的公共性及外部经济性，当前美丽乡村建设中的主要工程如生态修复工程、水土保持工程、生物多样性保护等，大多数是由政府主导的，而这种依靠财政供给的建设模式在沉重的财政压力下显得越发的乏力。同时，作为美丽乡村建设的重要内容，乡村各种资源的合理开发和价值发掘同样需要资本支持。依靠政府有限的财政投入无法满足巨大的资金需求，而与此同时，大量的社会资本在城市积累、沉淀，无法发挥出资本的效益，美丽乡村建设的巨大资金需求和资金供给之间的缺口急需社会资本来调整。在乡村日益价值化的认知基础下，探寻社会资本和乡村建设的有效联结机制，使得乡村建设投资成为社会资本增值的可能途径，同时社会资本也成为促进美丽乡村建设和实现乡村资本增值的有效推动力。

我国在交通、环保、医疗、养老等领域，正在积极推广政府和社会资本合作模式，以竞争择优选择包括民营和国有企业在内的社会资本，扩大公共产品和服务供给，并依据绩效评价给予合理回报。政府与社会资本合作模式是转变政府职能、激发市场活力、打造经济新增长点的重要改革举措。国家发展和改革委员会联合国家开发银行发布了《关于开发性金融支持特色小（城）镇建设促进脱贫攻坚的意见》，将发挥资本市场在脱贫攻坚中的积极作用，盘活贫困地区特色资产资源，为特色小（城）镇建设提供多元化金融支持。特别是通过多种类型的PPP模式，引入大型企业参与投资，引导社会资本广泛参与。

一、PPP（政府投入与社会资本相结合）的内涵

PPP（Public-Private Partnerships）即公私伙伴关系，又称为“公私合作制”，是指政府、营利性企业和非营利性企业基于某个项目而形成的相互合作关系的形式，自20世纪90年代开始在西方流行。PPP模式以参与合作各方的“多赢”或“双赢”为合作理念，通过合作，各方能够达到比预期单独行动更有利的结果。PPP模式目前在全球范围广泛流行，已得到了全面的认可和广泛的应用，该种模式正在成为提升各国公共服务水平和实现经济目标的措施。英国较早地提出了PPP的模式，政府认为PPP模式是提供现代化、高质量公共服务的关键因素，是政府现代化的基石，也是提升国家竞争力的核心理念。从世界各国和国际组织对PPP的理解来看，PPP的概念有广义和狭义之分。广义的PPP概念是指公共部门和私人部门为提供公共产品或服务而建立起来的各种合作关系；狭义的PPP概念是指一系列项目融资模式的总称。可以看出，广义的PPP概念不是一种具体的项目融资或建设方式，而是一种广泛的合作关系，而狭义的PPP概念是指公共部门与私人部门共同参与生产和提供物品服务的制度安排。从PPP狭义的概念来说，其基本特征包括共享投资收益、分担投资风险和承担社会责任。在这种安排中，民营承包商成为公共服务的长期提供者，而政府更多的是起到监管的作用，政府将主要的精力放在资源规划、绩效监督以及契约的管理方面，而不是放在服务的直接提供和管理上。

从PPP模式的内涵和基本特征可以看出：首先，PPP模式是以项目为主体的融资活动，是项目融资的一种实现形式，通过项目的直接受益以及政府的扶持力度来偿还贷款；其次，PPP融资模式可以让更多的民间资本参与到项目中来，这样可以降低民营资本的投资风险，提高收益。民营资本参与整个项目的设计、规划和建设，有效地实现对建设项目的控制和管理，同时政府对民营企业提供相应的扶持政策，比如税收优惠、贷款担保、优惠的土地开发权等，在一定程度上可以保证民营企业的“有利可图”，提高民间资本参与投资基础设施的积极性。同时PPP模式不同于一般意义上的民营化，其运作过程要受到市场机制的约束，政府的介入和干预是十分有限的，合作各方的责任、风险和回报主要受制于合约的约定。再次，PPP模式可以减轻政

府在公共基础设施初建时的融资负担和风险，提高公共基础设施的服务质量。在这种模式下，政府以公共基础设施建设项目为基础，引入私人资本参与合作，解决了政府财政支出不足的问题，同时私人企业也会带来先进的技术，更好地为社会和公众提供服务。

二、PPP 模式的主要类型与运作思路

1. PPP 模式的主要类型

由于世界各国的社会文化背景不同，经济发达程度不同，以及在推广应用 PPP 模式时所积累的经验不同，因此各个国家和地区在推行 PPP 时会结合自身特点加以创新。我国在基本设施建设中，对不同的项目采用不同的 PPP 模式，如表 7- 1。

表 7-1 PPP 模式在我国基本设施建设中的主要运作方式

设施类型	适用的方式
已有公共设施	服务协议（Service Contract） 运营与维护协议（Operation & Maintenance Contract）
已有公共设施的扩建	租赁—建设—运营（Lease-Build-Operate，LBO） 购买—建设—运营（Buy-Build-Operate，BBO） 扩建后经营整体工程并转移（Wraparound Addition）
新公共设施	建设—转移—运营（Build-Transfer-Operate，BTO） 建设—运营—转移（Build-Operate-Transfer，BOT） 建设—运营—拥有—转移（Build-Own-Operate-Transfer，BOOT） 建设—拥有—运营（Build-Own-Operate，BOO）

不同的运作方式有着不同的特征，其适用范围也不同，PPP 各种模式的优缺点如表 7–2。

表 7–2 PPP 的类型及特点、适用范围以及优缺点

PPP 类型	特点	适用范围	优点	缺点
服务协议	政府与民营合作者签订外包服务协议，政府将公用设施的一些特殊服务项目外包给民营合作者	公用事业的一些特殊服务项目，如公路收费、垃圾收集、清洁等服务项目	政府获益于民营方的专业服务；潜在的节约成本；提高服务的质量；政府拥有所有权	政府仍承担投资、运营等大部分责任；服务分割进行外包，也可能增加成本

续表

PPP类型	特点	适用范围	优点	缺点
运营与维护协议	政府部门与私人合作者签订合同，由私人合作者运营和维护公共设施，以获商业利润	主要适用于市政服务，包括自来水厂、污水处理厂、固体垃圾收集、道路维护、公园景观的维护、娱乐设施、停车场、下水道等	提高服务的质量和效率；节约成本；设计合同的灵活性；政府拥有所有权	集体协议可能不允许外包；如果民营部门毁约，则再进入服务的成本会很大；存在着削弱所有者控制的可能以及降低了对公众的需求变化的反应力的可能
租赁—建设—运营（LBO）、购买—建设—运营（BBO）	私人部门进行扩建或者改建从政府租赁或者购买的一项设施，然后依据与政府签订的合同进行运营。设施的改建或者完善由私人部门投资，并赋予合作者一段时期的经营权，使其能够收回投资并得到回报	大部分基础设施和其他公共设施，包括道路、供水系统、自来水厂与污水处理厂、停车设施、政府建筑物、机场及剧场和游泳池等娱乐设施	如果私人合作者购买设施，政府便能够获得现金收入；政府不用为设施的更新投资；融资的风险由私人部门承担；双方都能获得收益；设施的更新能使服务的质量得到改善从而使使用者收益增加；政府能够从私人部门的建设经营中获益	政府感觉或实际上丧失对设施的控制；那些接受过资金援助的资本性资产在出售或租赁时存在的问题；即使设施已经出售给私人合作者，失败的风险仍然是存在的，政府仍然可能成为服务或设施的提供者
扩建后经营整体工程并转移	政府与民营合作者签订特许经营协议，由民营合作者负责对已有的公用设施进行扩建，并负责建设过程中的融资。完工后由民营合作者在一定的特许期内负责对整体公用设施进行经营和维护，并获得商业利润	大多数公共设施和公共娱乐设施都可以采用这种形式	政府不用为公共设施的扩建和更新提供资金上的投入；融资风险由私人合作者来承担；能够利用民营部门的经验；政府采购的弹性化；建设速度和效率的提高	由于以后设施的更新不包括在契约中，这便为以后设施的建设和运营带来困难；变更契约可能增进成本和费用；政府需要比较复杂的契约管理程序

续表

PPP类型	特点	适用范围	优点	缺点
建设—转移—运营（BTO）	由私人投资者进行融资和建设公共设施。设施建成后，私人部门便把设施的所有权转移给政府。然后，政府与私人部门签订租赁合同，实行租赁经营。在租赁期间，私人部门有机会收回投资，并得合理的回报	适用于大部分的基础设施和公共设施，包括道路、供水系统、排水系统、自来水厂与污水处理厂、停车设施、政府建筑物、机场及剧场和游泳池等娱乐设施	政府能够从私人部门的专业建设知识中获益；公共部门能够从私人的经营中得到益处并且节约成本；公共部门能够保持对服务水准和付费水准的控制；如果未能达到服务的水准和绩效的标准，政府可以终止契约；政府可以节约建设、设计和运营的成本	如果私人部门出现破产和违约的情况，政府要替代私人部门或者终止协议将会遇到困难；由于民间资本的逐利性较强，政府的购买成本也相对较高，因此对于解决财政困难所发挥的作用也是有限的
建设—运营—转移（BOT）、建设—运营—拥有—转移（BOOT）	私人部门从政府部门得到特许权，负责融资、建设、经营、维护和管理公共设施，并在一定的期限内，通过使用者付费的方式，向使用者收取费用以收回投资。在特许经营期满后，所有权转让给政府	适用于大部分的基础设施和公共设施，包括自来水厂与污水处理厂、娱乐设施、机场、政府建筑物、停车设施及固体废物处理设施	能够最大限度地利用私人部门的资金资源；对私人成本具有较大的吸引力；较易进行债务融资；项目成本相对稳定，更易预见；极有可能加快项目建设的进程；更多的风险转移大大刺激了私营机构采用全项目生命周期的成本计算方法	有可能与规划及环境的要求相冲突；设施可能在经营和管理成本上升时转让给政府；政府可能丧失对资本建设和运营的控制权；与其他模式相比，合同结构更为复杂，合同的达成需要更多时间；要求建立合同管理及项目运营监管体系；如果运营者运营不利，公共部门需重新介入项目运营，增加了成本

续表

PPP类型	特点	适用范围	优点	缺点
建设—拥有—运营（BOO）	政府和民营合作者签订服务提供协议，由民营合作者负责公用设施的融资、建设，并拥有该项设施的所有权，对其进行永久性经营，提供相应的公共服务，政府将全部风险转移给民营部门，政府仅行驶监管职能	适用于大部分的基础设施和公共设施，包括自来水厂与污水处理厂、停车设施、娱乐设施、机场及政府建筑物	公共部门不介入公共设施的建设或者经营；公共部门能够对民营部门所提供的服务进行监管；民营部门能够以最有效率的方式提供服务；公共部门不需要进行融资和投资；政府通过征收所得税和财产税，增加收入	民营部门可能不愿意建设或者经营具有公共利益性质的设施或者服务；公共部门缺乏有效的管制服务价格的机制；政府有必要对经营活动指定必要的法规和规则

2. PPP 模式的主要运作模式

PPP 模式的组织形式比较复杂，既可能包括私人营利性企业、私人非营利性组织，同时还可能包括公共非营利性组织（如政府）。合作各方之间不可避免地会产生不同层次、不同类型的利益和责任的分歧。只有政府与私人部门基于某个项目，以“双赢”或“多赢”为理念形成相互合作的机制，才可以使参与各方达到比预期单独行动更为有利的结果。这种模式的一个最显著的特点就是政府公共机构与民营机构以及项目的投资者之间的相互协调，共同在项目建设中发挥作用（如图 7–1 所示）。其中，政府公共机构与民营机构以特许经营权协议为基础进行合作。合作始于项目的早期论证阶段，并贯穿于项目的全过程，双方共同对项目的整个周期负责。在项目的早期论证阶段，双方共同参与项目的确认、技术设计和可行性研究工作；对项目采用可能性分析进行评估确认；采取有效的风险分配方案，把风险分配给最有能力的参与方来承担。PPP 模式能够使政府部门与民营企业充分利用各自的优势，即把政府部门的社会责任、远景规划、协调能力与民营企业的创业精神、民间资金和管理效率结合到一起，具有较强优势。

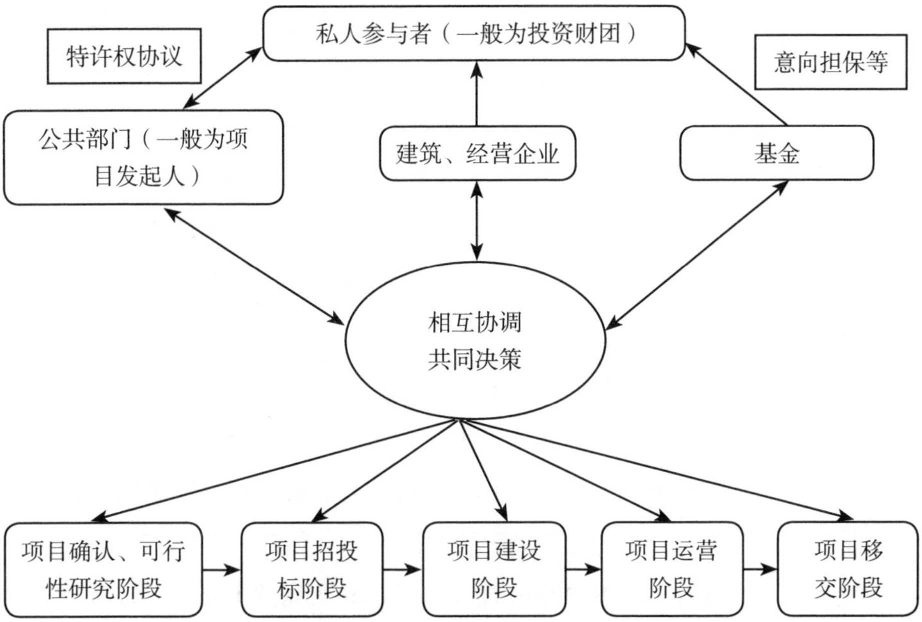

图 7-1　PPP 模式的主要运作思路①

三、美丽乡村建设中 PPP 模式的必要性

美丽乡村建设是一个涉及面广的复杂工程，包括了教育、文化、邮电、交通、供水供电、卫生等生产和生活服务设施，具有资金投入量巨大、社会效益明显，但经济效益不凸显等特点。由于美丽乡村建设具有很强的经济外溢性，加之受到当前体制和机制的制约，使得一般私营企业和个人难以参与。PPP 模式拥有着公私合营、风险共担、利益共享三大主要特征。将其应用于美丽乡村建设，既有利于解决国家财政不足、地方债务沉疴之弊，又可以充分利用私营企业在管理、运营方面的优势，形成高效管理。

1. 提供建设资金

发展农村经济改革开放以来，国家一度偏重城镇发展，缺少对农村经济的重视，乡村建设曾一度停滞。1998 年农业税费改革后，尽管国家财政对农村基础设施建设投入不断增加，使得农村基础设施建设严重滞后的状况有所

① 蒋先玲．项目融资［M］．北京：中国金融出版社，2004

改善，“九五”到“十二五”期间国家进一步加大对农村基础设施的投入，但仍没有从根本上解决投资主体单一的问题。农村基础设施是农村经济发展的先行资本，加强农村基础设施建设是发展美丽乡村的重要手段。现阶段下，以“工业反哺农业”，单纯靠国家财政投入建设农村基础设施的方式已经不能满足农村基础设施发展的需要，而以引入社会资本，缓解财政不足为主要特征的 PPP 模式能够吸引民间资本的参与，解决农村基础设施建设资金链短缺的问题。

2. 提高运营效率，提升服务质量

在美丽乡村建设过程中，由于政府部门缺少项目运行效率和组织内部运营的动力，导致建设的运营效率较低，纯粹依靠政府部门采取激励措施提高效率是非常困难的。对于拥有逐利天性的社会资本来说，其投资目的很简单：实现利润的最大化。对于基础设施建设来说，其利润的主要来源是对第三方的收费，提高运行效率是其获得更高利润的主要途径之一。PPP 模式允许政府将运营职能转化给运行效率较高的私人运营商，同时保留监管和监督职能。相对于政府部门来说，私人企业能够更好地控制运营风险，采取激励措施提高运营效率和服务质量，也意味着私人企业在满足盈利的要求后，可以通过合理的收费使得公共服务在经济上可持续。

3.PPP 是推动进一步改革的催化剂

中华人民共和国成立初期实行计划经济，农村建设由政府“一肩挑”。改革开放后，市场的作用虽然有所强化，但当时的市场还处于婴儿期，中央政府仍然在农村建设中承担着主要的任务。新时期下，为了实现经济的转型、实现政府的债务分离，采取 PPP 模式无疑是非常有效的一种方式。PPP 模式能够成为美丽乡村建设中政府职能改革的一项催化剂。PPP 模式要求重新审视和分配政策制定者、实行者和监管部门的职能，存在提供重新分配部门职能的可能。因为重新定位了行业的职能，特定的 PPP 项目一般会推动改革取得实质性的发展，如通过某项特定的规章制度成立特许经营公司（SPV），便能够重新审视项目拥有权和运营权的归属。

第四节 PPP 模式建设美丽乡村案例分析

一、"PPP 政策"下 DF 公司农村电商服务民生的创新模式

DF 国际资本管理有限公司①（DF 为代称）是一家综合性大型投资管理机构。为了响应中央对"三农"工作的新要求，在"PPP"政策的指引下，DF 公司于 2014 年 12 月通过其控股子公司嘉言民生、国宏商城及国宏云仓物流三者互相配合搭建 O2O 系统平台进军农村电商市场，实现农民富裕、农村受益、农业更好发展的宏伟目标。DF 服务民生战略架构如图 7–2 所示。

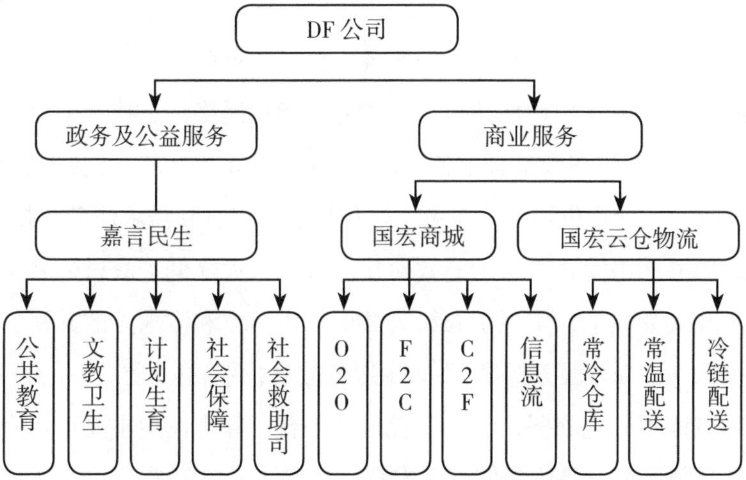

图 7–2 DF 公司服务民生战略结构图

模式创新一：嘉言民生"政企社共建"

"政企社共建"是以政府为主导、社会各方参与共同建设，积极引进社会资本和社会力量，采取 PPP 模式，调动社会资本参与的积极性，形成"政府主导、企业运营、社会协同"的"三位一体"的运作模式。在我国农村公共服务中，存在着政府、市场、社会等多方供给主体，这些不同主体提供给农村居民的

① 陈刚．"PPP 政策"下农村电商服务民生模式创新[J]. 西北农林科技大学学报(社会科学版)，2016(03):130-135

行政服务、市场服务、公益服务信息及农村居民对公共服务的需求均存在分散化状态的问题。嘉言民生作为DF的子公司之一，通过建立县、乡镇、村级“嘉言民生便民服务中心”，其中嘉言民生村级民生服务中心设在村部，实行“专职代办员无假日、全天候坐班”和“村两委成员流动值班坐班制”，所有便民服务中心一起构成全国网点，实施“政企社共建”模式，这种模式有效地解决了农村服务主体多元化及需求分散化的问题。具体而言，嘉言民生作为第三方机构，通过建立县、乡镇、村级便民服务中心，整合各级政府行政职能（138项）和社会力量（56项服务）参与，形成了农村公共服务的网络体系。该体系通过专人、专业的方式提供行政协办、市场信息、便民和公益四大服务。

在“政企社共建”模式中，嘉言民生便民服务中心作为运营主体实行公司化运营，基层政府购买其提供的服务，包括政务服务、公益服务及商业服务等。嘉言民生的“政企社共建”模式充分运用网络信息技术平台，通过服务平台的信息化，梳理和整合了各类供需信息，并在此基础上，安排供给方案，对居民的需求结构提供组团式服务。这种把服务信息和需求信息“打包”，实现组团式服务和组团式需求的有效对接方式，大大降低了农村公共服务中的信息成本和交易成本，实现了农村公共服务供给方和需求方的共赢。这种创新模式秉承“不降低服务标准，不减少服务数量，不向群众收费”的经营理念，为其作为电商更好地服务“三农”提供了平台。嘉言民生主要承担农村的政务服务和公益服务，具体涵盖以下内容：

（1）政务信息发布

嘉言民生通过自己搭建的服务“三农”信息平台发布市场流通信息、公共政策、气象信息、文教卫生、计划生育、农村劳动力就业、社会保障、社会救助、养老服务和文化娱乐等信息，提供多种综合服务；辅助各级政府开展基层调查、舆情监督等。

（2）村务管理

依托省、市、县（市、区）农村信息化综合信息服务平台，建立村务管理和信息服务系统，实现村务公开、财务公开、合同管理、土地管理、资产管理、人口和计划生育管理服务、党群管理等。

（3）培训及智力支持

嘉言民生系统平台充分运用现代网络技术借助慕课、短片等形式进行涉农培训、农技服务。有效通过对现代远程教育、文化信息资源、科技信息资源、农村中小学远程教育资源等平台的整合，及时向村民提供党建、教育、文化、科技等信息服务，提升农民的知识水平和综合素质。

（4）金融保险服务

将保险服务引入嘉言民生平台，打造“保险下乡”平台，实施对农资、农产品、畜牧品等诸如农村住房保险统保、能繁母猪保险、蔬菜种植保险、森林综合保险、水稻种植保险（水稻险的保险）等。将其打造成金融保险业服务三农的服务端口、信息平台、宣传阵地。

（5）基本公共服务

通过专人负责，利用嘉言民生信息平台，发布农村居民农资及农产品供求信息；提供农业科技示范园展示、农作物种植、畜禽饲养、水产养殖、农产品加工、农业生产管理、农产品销售等服务；进行话费、水电气费等的代缴代收；提供医疗咨询、专家挂号预约、药品网购、票务等基本公共服务资源的接入，最大限度地服务农村消费者。

（6）大数据服务

逐户收集每户农民的基本信息及供需信息，是嘉言民生每个网点专职代办员的日常工作。嘉言民生信息部将所收集来的信息通过分类整理后，建立农村消费者信息库，并将这些信息提交给 DFCX 专门做电商的公司国宏商城及专门做仓储和物流的公司国宏云仓，满足农民的供需。随着嘉言民生在全国 2000 多个县的落地开花，农村消费者的基本数据也随之健全，这样可以掌握农村消费者的消费信息，利用所掌握的大数据资料同其他相关行业进行合作，开展精准营销，更好地服务“三农”。

嘉言民生通过模式创新，真正地实现了对上与政府职能完美对接，对下与百姓服务无缝对接，由过去政府的包办制逐步地转换为政府购买服务，进一步科学地处理好了政府与市场、社会的关系以及党组织与人民群众的关系。对于政府，“政企社共建”模式有效弥补了农村及城市社区公共服务中的政策支持和资金支持不足等问题，帮助政府为居民提供了有效的行政服务和公益服务。对于企业，“政企社共建”模式帮助企业解决了不能有效开拓农村及城市社区市场的困境，把业务有效地覆盖到广大的农村及城市社区市场。对于群众，“政企社共建”模式具有民情收集、化解民怨以及危机处置功能，对于群众遇到的实际问题，给出解决办法，切实帮助群众办实事。

“政府主导、企业运营、社会协同”三位一体的“政企社共建”模式，可以合力推进“行政服务、市场服务、便民服务、公益服务”四大服务体系建设，有效打破了城乡二元结构，促进了城乡统筹发展，进一步增强了政府公信力。这一模式被诸多专家学者誉为“提升农村群众幸福指数最有效的办法”“农村公共服务发展进程中具有里程碑意义的创新”。实现了“群众赢得实惠、企业赢得市场、政府赢得民心、社会赢得和谐”的多赢效果。

模式创新二：“国宏商城”线上线下同步互补

为配合嘉言民生更好地服务“三农”，DF 公司于 2015 年 3 月组建了国宏商城，国宏商城实施线上线下同步运营的模式。在线上，通过国宏商城网站展示、销售各种商品；在线下，有嘉言民生的地方同时组建国宏商城体验店。国宏商城在所辖县域运营“批发及采购中心”，并通过借助嘉言民生渠道联系该县的大宗用户批发各类产品，建立用户名录；联系当地原产者（种植户、养殖户），建立原产者名录。DF 作为全国连锁国宏商城体验店的组织者及实施者对国宏商城的信息流和物流统一协调。国宏商城通过在县城和各乡镇建设融零售终端、电商平台、常温（冷链）供应链于一体的系统，打造农产品 O2P（O2O+ 区域特色）电子商务交易平台。

（1）搭建 F2C（生产者消费者）+ C2F（消费者生产者）的电商平台

国宏商城按照满足“农资及日用品下乡，生鲜产品进城”的思路进行经营。首先，国宏商城通过与嘉言民生的大数据共享，把农民生产的农产品与城镇消费者对农产品的需求及时对接，运用农产品溯源技术和冷链运输，建立国宏商城“农产品品牌运营管理与防伪追溯系统”，借助其网点及物流优势将农产品从田间地头直接送到消费者的餐桌上，既解决了农村农产品销售难的问题，又解决了城镇市民购买特色农产品价位高、购买难的弊端，还避免了生鲜及农产品因多次转运重复污染导致的食用安全问题。其次，利用嘉言民生大数据系统整合农村消费者对农资及日用品需求，通过国宏商城自建的农村乡镇级实体网点平台，直接与生产企业合作，将农资及日用品直接从厂家送到农户手中，既解决了农村留守人员日常购物不方便的问题，又解决了农村市场假冒伪劣商品泛滥的问题，实现了农户、国宏商城、消费者共赢的局面。

（2）搭建线下体验平台

充分利用国宏商城庞大的农村网点资源，建设开放的电商线下体验专区。首先，对于有些农资产品和日常用品，国宏商城的实体店作为该商品的实际体验平台，农村居民通过体验店可以看到自己预购商品的真实情况，这样可以消除农户对待购产品由于看不到实物的顾虑，增加线上交易额。另外，各乡镇、村级的国宏商城根据本地特色，建立特色农产品体验馆，如"一村一品"特色馆等，充分展示地域特色产品和民俗文化产品，为线上大宗采购提供体验平台，真正实现农资、日用品及农产品的O2P电子商务交易平台，实现线上线下的高度融合。

（3）搭建线下退换货平台

据权威统计，电商网购的退货率超过10%，服装、家具、化妆品等某些特定产品甚至高达25%~40%。在农村，通过电商平台所销售的产品退换货若不顺畅，必然会影响客户体验甚至阻碍农村电商的快速发展。国宏商城充分利用遍布农村的营业网点，为农村客户提供便捷的退换货服务，解决了退换货难题，为电商开拓农村市场解决了后顾之忧。

模式创新三："国宏云仓物流"体系解决农村物流"最后一公里"问题

DF公司通过建立国宏云仓物流体系，为实施县域及以下仓储物流奠定基础。国宏云仓以县级为单位建立，通过在县域设立公共仓储网点，整合县内的货运及落地配置资源，依靠自建物流体系，将分散在各县的国宏仓储资源整合起来，实现仓储资源的信息化管理。另外，DF公司旗下的国宏新能源汽车公司，是专门生产绿色环保纯电动汽车的厂家，国宏汽车为满足国宏云仓物流体系，生产物流专用汽车，该汽车不但环保而且运输成本降低了70%。通过覆盖村级的网点及低廉的物流成本优势，国宏云仓物流体系解决了农村物流配送末端“最后一公里”问题。国宏云仓物流体系一方面将三农所需的农资、日常用品等分类别地进行仓储后，按照需求运送到每个村的国宏商城；另一方面将每个村所收购的各种农产品及生鲜产品分门别类的进行储藏，通过与嘉言民生及国宏商城的信息共享，及时将地所仓储的商品通过自身物流系统运往全国各地，满足不同消费者的各自需求。除此之外，国宏云仓通过嘉言民生网络平台动态地对外公示国宏云仓资源的使用情况，在仓储资源富余的时候，还可以对外进行仓储租赁业务。客户可以根据自身需求，自主选择需要的仓储资源，支付国宏云仓的租赁、运营管理费用及后续的出库、落地配送服务费用。这为国宏云仓物流体系更好地服务三农提供了资金补充。

二、PPP 模式在湖北宜都农村水利设施建设中的应用

1. 湖北宜都市水利设施概况

湖北宜都市地处湘西武陵山区余脉与川东巫山余脉交汇处的长江中上游，版图面积 1357km^2，辖 10 个乡、镇（街道办事处），一个矿区管委会，一个工业园管委会。127 个村，828 个村民小组，21 个社区居民委员会。2005 年年末总人口 39.3 万人，全市耕地面总面积 23.56 万亩，其中水田 11.45 万亩，旱地 12.11 万亩，人均耕地 0.6 亩。宜都市水利设施具有小型、多类的特点。全市无大型工程，除 5 座水库达到中型以外，其余 41 座水库及其他工程均为小型，总有效灌溉面积仅 13.73 万亩。在管理体制方面，除中型水库由市直管以外，其余的大部分水利设施和中型水库的部分渠道均为乡管和村管，水窖和部分水井工程为单户村民所有，极少数的水井工程为几户村民共有。改造前大部分基础设施普遍存在权属不明、管理责任不清，养护费用无来源、水利功能退化等问题。由于水源不足，良田普遍减产，农民收入大幅下降。截至 2006 年底，宜都市对小型农田水利基础设施大胆引入 PPP 模式理念，进行“产权受益户共有制”改革，将小型水利工程的使用权划归受益农户，受益户以受益面积确定权益份额，其管理方式由受益群体自主决定。通过明晰产权、责任和利益，激发了群众投资投劳建设小型水利的热情。改革实施两年多来，全市共有 9715 处小型水利工程进行了改革，涉及 69447 个农户，受益灌溉面积达到 92950 亩，受益户出资出劳维修 1373 处，总投资

额达到 772 万元，其中财政给予补助资金 230 万元，只占总投资额的 29.8%，实现了堰塘蓄水功能增强，用水有保障，还带动了渔业、蔬菜等相关产业的发展，探索出一条行之有效的水利设施建设和管护模式。

2. PPP 模式——“民办公助”项目开展水利设施建设的主要操作办法[①]

根据财政部文件精神，宜都市被列入中央小型水利工程设施“民办公助”项目建设试点。为保证项目顺利实施，市政府成立了项目建设领导小组，印发了《宜都市小型农田水利“民办公助”项目建设管理实施细则》。结合本地实际，把“民办公助”项目实施和本市的“受益户共有制”改革相结合，群众投工、投资踊跃，使项目建设收到了显著效果。宜都市以黄莲头小型水利设施改造为试点项目，改造小型堰塘、小泵站及渠道，该项目的创新破解了农村小型水利工程建设群众筹工筹资难题，成果得到了上级领导的肯定，2006 年 3 月 25 日，央视新闻联播进行了报道。该项目的成功，主要得益于 PPP 模式在水利项目中的灵活运用。

（1）进行改革产权，建立群众自发投入机制

“民办公助”项目是以群众自筹为主、国家支持为辅的项目。在项目资金投资比例中，自筹资金占 85%，国家补助只占 15%。为调动农民自发投资投工的积极性，宜都市创立了“受益户共有制”制度调动农民积极性，即先改革产权，后实施项目。两种激励机制形成一股合力，群众申报项目十分踊跃。黄莲头村委会开始担心国家支持比重小、群众不响应；结果不是这样，群众积极性来了“刹不住”。由于担心国家补助不够用，不得不采取限制措施，后来还是有部分项目突破计划。如堰塘整治两个村均突破了计划，申报只有 106 处，结果完成了 119 处，群众投工投资的难题得到全面破解。

① 郑春美，唐建新，汪兴元．PPP 模式在我国农村基础设施建设中的应用研究——基于湖北宜都农村水利设施建设的案例分析［J］．福建论坛（人文社会科学版），2009（12）:23-27

（2）围绕产权人和受益人落实项目“法人”或“业主”

“法人”或“业主”是建设项目开始之前必须落实的程序，其根本目的是建立有效的责任制，促使项目投资落到实处、促使建设质量有监督保障、促使资金使用产生最好效益。为建立有效的项目“法人制”或“业主制”，市民办公助项目建设领导小组规定本期项目的“法人”和“业主”必须与产权人或受益人挂钩。根据工程实际情况，分为两种形式：已实行“受益户共有制”改革的工程，产权人和受益人是一致的，产权代理人就是业主；较大工程受益人不明确的，由受益人所在的村民委员会任项目法人。本期项目中，共有139个产权代理人担任工程建设业主，1项工程实行项目法人制，“业主”和“法人”在项目实施之前就得到了落实。

（3）先筹齐自筹资金，后确定国家补助

为确保项目建设资金，各村在实施项目中，都拿出了各具特色的补助方法和措施。黄莲头村采取的办法是“先落实自筹，后确定补助”。在项目实施中，黄莲头村6组村民谭玉忠，是7个农户共有堰塘的产权代理人，也是群众委托的管理人，在该堰16亩受益面积中，虽然他自己只有1亩田，但他自愿投资1600元，请来了挖掘机，将堰塘挖深1米，对堰堤加高培厚，堵住了渗漏，使原来只蓄水1000方的堰塘增容到2500方。村委会看到了群众的积极性，决定给这个堰补助1200元，将堰堤进行砼护坡。本期项目建设中，虽然群众投资比重较大，由于政策到位及时，工程进展仍很顺利。

（4）筹工按照“份额”，余缺折资平衡，标准群众自定

群众投工是实施民办公助项目的另一个关键问题，宜都市在筹工方式上，主要是结合“受益户共有制”改革确定到每个受益户的产权份额进行投工。产权份额既是享受权益的份额，也是承担义务的份额，改革中已用合同形式明确具体化，也是群众最满意的筹工方式。在项目实施的过程中，针对农村劳力外出打工较为普遍的实际，为平衡有劳力户和无劳力户之间的关系，通常采取了折资计算的方式，折资标准由受益户自定，各个工程自定的折资标准不等，技术工种折资40元~50元/工日，一般为20元以上，全市折资平均标准为25元/工日。通过这种方式，解决了无劳动力家庭的矛盾，实现了

户与户之间的平衡，保证了该项目建设所需的 8 万多人工投入问题。

（5）实行市级报账，国库集中支付，补助资金直达

为了切实保证“民办公助”项目建设的专项资金落实到户。市财政局根据“民办公助”项目建设管理实施细则的规定，对国家补助资金实行市级报账制，即工程经水利、财政部门验收合格后，是业主建设的，由市财政支付中心直接补助到业主的“一卡通”；是中标人承建的，直接支付到承包者。改变过去资金由市到乡、由乡到村、由村到户的烦琐程序，减少了不必要的中间环节，从制度上杜绝了补助资金的挪用、抵扣和截留。

（6）工程产权划归受益户，建立长效良性运行机制

宜都市的民办公助项目，工程在建设之前的“受益户共有制”改革已将产权划归到受益农户，整治中增加的投入仍归受益农户，每个受益户享受权益和承担的义务的份额与原量化的份额不变。到户的工程一般采用两种管理方式：工程有收益的（如养殖收入），由受益户发包到一个人承包；无收益的，由受益户出资协商委托一个人管理。这种方式对小型水利工程的建设管理具有重要意义：一是解决了民办公助项目的建后管理问题。任何项目政府都不可能包干管理所需要的用工和资金，这种管理方式使群众有了自发投资投工加强管理的积极性。二是解决了水利工程的养护管理形式。农村经过税费改革，村集体经济组织失去管理水利工程的经济能力，需要找到新的管理形式进行替代，“受益户共有制”是理想有效的替代形式。

3. 项目完成情况与效益评价

该项目于 2005 年 9 月动工，到 2006 年 5 月验收时，共完成小型水利工程建设 373 处。其中，国家投资 56.22 万元，本级政府配套 12 万元，群众自筹 337.5532 万元（含人工折资）。从表 7–3 可以看出，在这次整改中，群众投工和投资情况占主要地位。

表 7-3　民办公助项目完成情况表

村名	完成项目						完成工程量				完成投资			
	小计	堰塘整治	渠道整治		河道整治	泵站更新	土方：万 m^3	石方：万 m^3	砼：m^3	人工：个	小计：万元	国家	地方自筹	群众自筹
			条	km										
合计	373	119	233	78.47	20	1	5.85	0.63	7296.7	8.94	405.77	56.2	12	338
黄连头	294	79	208	70.65	6	1	3.49	0.49	4525	7.31	319.25	40	12	267
邓家桥	79	40	25	7.82	14	0	2.36	0.14	2771.7	1.63	86.52	16.2	0	70.3

小型农田水利工程设施“民办公助”项目实施，使项目区内多年失修的水利设施得到了修复，增加了蓄水能力，疏通了灌溉渠系，提高了抗灾能力，改变了农村基础生产条件，促进了农业增产和农民增收，在经济、社会、生态等多个方面收到好的效果。如黄莲头村 1 组周正春和 14 个受益户用半个月时间将袁家大堰整治后，年终算账，在干旱年水稻亩产达到 1000 多斤，柑橘达到 5000 多斤，一年农业收入超过了 1.5 万元，与往年相比收入增加 10%。从典型调查类推全项目区，项目区内涉及灌溉的农作物收入为 851 万元，年增收入可达 85.1 万元。可见，水利设施修复，抗灾能力增强，农民收入大幅增加。

三、PPP 视角下牧区乡村转型发展的“沟里模式”

1. 区域概况

沟里乡牧区地处青海省西部，海西蒙古族藏族自治州都兰县东南部，地处偏远，距离都兰县城 83km，省会西宁 420km，109 国道从境内通过。地区四面环山，海拔 3700~5200m，土地面积 2560km^2。属寒温半干旱牧业气候，四季不分明，无霜期约 80d，年均气温 -1.2℃。气候干燥，年均降水量 296mm，蒸发量 314mm，全年降水量的 82%~94% 集中在 5—7 月。青海牧区是我国四大牧区之一，草场总面积超过 69 万 km^2，占青海省面积 96% 以上。

沟里牧区现有天然草场 1847km^2，其中可利用草场 1562km^2，占全乡土地面积 61% 以上，牧草低矮，以在青藏高原牧区分布面积最广、最为常见的高寒草甸型草场为主，主要畜牧种类为绵羊、山羊和牦牛，是典型的纯牧业、少数民族牧区。除丰富的畜牧业资源之外，地区煤、铜、铁、金等矿产资源丰富，尤其是黄金资源优势突出。东昆仑造山带是我国重要的成矿带之一，素有“金腰带”之称。沟里乡位于这条“金腰带”的东段，黄金储量丰富，是青海省第二大黄金矿区。

沟里乡于 1958 年建政，下辖三村，2012 年全乡共有牧户 413 户，人口 1494 人，其中 90% 为藏族。2009 年前，牧民们一直过着逐水草而居的传统游牧生活，贫困多发，多年列入国家级、省级重点贫困地区。但近几年，沟里乡通过成功的转型发展，快速实现脱贫致富，经济发展速度明显高于都兰县其他地区和青海省藏区 6 个州的平均水平。总体来看，沟里乡的发展经历了三大阶段，最终在公私合作的 PPP 框架下，依托良好的企业和地方合作关系，形成了牧区乡村转型发展的“沟里模式”。

从 2009 年，青海省全面实施退牧还草和游牧民定居工程。沟里乡牧民依靠草场补偿金，人均纯收入比 2008 年提高了 113.8%，快速达到 4240.58 元，并在邻近 109 国道的秀拉赛堂饲草点实现了定居。

2010 年，沟里乡通过组建生态畜牧业合作社，人均收入进一步提高到 5310.13 元。现代畜牧业发展将游牧人口数量减少了 53%，牧民失业问题开始凸显。2011 年，沟里乡引入大型金矿企业，并和企业进行了多领域合作，不仅保证了牧民收入进一步快速提升，而且较快地解决了牧民就业难、消费少，定居点产业发展滞后、基础设施和公共服务匮乏、社会文化发展落后等问题。成功的公私合作模式激发出沟里乡牧区乡村经济活力和自我发展能力的不断提高。沟里乡转型发展过程中的前两个阶段我国广大牧区实施退牧还草和牧民定居工程后普遍经历的历史过程，这一过程中伴随的牧民收入提高和失业，以及相关社会经济矛盾也是牧区乡村必须转型发展的原因。

3. PPP 框架下的“沟里模式”[①]

在 PPP 概念模式框架下深入剖析沟里乡依托公私合作关系实现顺利转型的过程，提炼对我国广大牧区乡村转型发展具有借鉴和指导意义的“沟里模式”。

（1）谨慎挑选优质合作伙伴，奠定牢靠关系基础

良好的合作伙伴是持久合作关系的基础，更是借助公私合作关系促进牧区乡村转型发展的关键一步。首先，牧区是我国战略资源的重要接续地，脆弱的生态环境决定资源开发要走高效、安全、环保、清洁之路。其次，宗教、文化和发展阶段的差异，要求合作双方制定更为完善的责任分担、利益分享机制及保障措施。再次，发展初期企业对地方的资金、物质和技术帮扶，是 PPP 模式启动牧区乡村经济转型的动力，企业必须具有相应的经济实力。基于以上两点，较为可行的方法是由地方政府设立严格的企业进驻门槛，采取“大而少”的战略，谨慎挑选个别大型企业作为初期合作伙伴。大型企业的生产技术、经营理念、企业信誉、雄厚财力和管理沟通技巧，都为规避牧区乡村经济转型引发的生态和社会风险提供了保障，同时利于地方特色产业的发展和壮大。沟里乡引入的青海山金矿业有限公司由青海省政府联合山东黄金集团及英大国际信托有限公司共同组建，总注册资本 5.55 亿元。2010 年起对沟里乡 820km^2 黄金资源进行整装勘查和开发，2015 年建成西部最大的专业黄金冶炼厂，依托其形成黄金产业链是地区未来发展的方向。

（2）建立合作关系的约束机构和约束机制

PPP 的实质是一种协议约束下的合作博弈过程，需要一定的监管体制和激励机制。牧区乡村社会经济发展落后，企业和牧民地位极不平等，更需要一个颇具前瞻性眼光和高管控能力的领导机构统一谋划、统一部署、统一实施合作过程。这个领导机构具有协调利益主体目标、协商筹划合作项目、明确责任分配、制定利益分享机制、约束企业和牧民行为、监督合作项目实施、

① 丁悦，蔡建明，刘彦随，等．青海省都兰牧区乡村转型发展模式探析——基于公共私营合作制（PPP）视角［J］．经济地理，2014（04）:139-144

保障合作实现多重效益等方面的权利和义务，所以要由能代表各方意愿并具有决策权的成员组成。一定程度上，用有效的制度约束落实合作内容、监督合作关系，也是缓和双方悬殊的经济地位，营造地区稳定发展环境的必要手段。

从牧区政府管理机制而言，基层党支部和牧民紧密相连，最能代表牧民意志，所以由基层党组织和企业核心管理部门建立共同领导机构的可行性强。沟里乡乡党委和青海山金党委成员组成联合党支部，在协定草场补偿办法、制定金矿收益分配方法、协调企业和牧民关系；制定企地共建方案，实施企业帮扶和培育非牧业经济发展；采用联席会议制维系健康稳定的利益主体关系等方面形成约束机制，起到有效领导、指挥、协调、监督合作的作用。

（3）合力搭建地方产业载体，启动特色经济

牧区乡村转型初期，稳态的传统经济逐步瓦解，但要素集聚和供给能力极为有限，所以，既难形成自给自足的乡村经济体系，又难为外来经济组织提供合适的劳动力和消费品，造成乡村“有产无业”的局面。公私合作关系恰好可以成为塑造和促进牧区乡村新兴产业发展的载体。在合作框架下，首先通过集资建立一两个地方企业，分担外来企业中运输、建设、基础设施维护等技术水平低、易学习和操作的业务，建立牧区乡村和外来企业间的共生关系。然后依托企业的技术和管理优势，帮助本地企业培训少数民族员工、引入先进的企业管理和运行机制、拓宽业务范围，逐步提高自我发展能力。通过这种手段为牧区乡村注入新的产业要素，是促进村域经济生发、牧民收入方式多元化和牧民身份转变的核心。随着合作关系的深入和本地企业的发展，地方特色产业将逐步成型，本地市场也将逐步兴起。依托企业和定居点而生的餐饮、运输、商贸、娱乐等行业进一步提高牧区乡村经济的多元性、完整性和自我运行能力。外来企业介入牧区乡村产业发展，可以降低企业成本、缓解招工困难。更重要的是，牧民从企业得到实惠后，加深了对企业的认同，利于企业形成稳定的核心职工群体并在牧区长期发展。沟里乡和青海山金 2011 年集资成立的“金沟里工贸公司”（从青海山金借款，沟里乡占股 80%）由各村“两委”干部担任管理层，下设运输队、沙石料场、护路队和

护矿队，为190多位牧民提供了月工资在3000元以上的稳定就业岗位。除还清借款外，2012年第一季度开始向1585名牧民分红，首次分红总额56万元。不断壮大的本地消费群体盘活了沟里乡的畜牧业，109国道旁也已形成初具规模的商业街，牧民和企业员工日常消费基本实现本地化。青海山金对沟里乡村域经济发展的助推作用明显，目前牧民家庭收入中的80%都和青海山金有关，每户至少有1人在青海山金及与其相关的领域工作，牧民收入方式逐步转变为牧业收入+经营收入+劳务收入+工贸公司分红。

四、PPP支持白洋淀美丽乡村建设项目

白洋淀湿地具有巨大的生态价值，但因水面减小近2/3，淀区居民约10万人，淀内源污染严重，资源衰退、生态功能严重下降。在2016年4月的《保定市水质量月报》中白洋淀的水质监测点烧车淀、王家寨、端村等地的水质仍为V类或劣V类。截止到2015年年底河北省对白洋淀美丽乡村建设总投资4.5亿元，只涉及55个村中的45个重点村，政府财政资金尚未覆盖全面，存在融资渠道单一、社会资本进入渠道狭窄、运营管理缺少长效机制、建设特色不明显等问题。为此，将公私合作制的PPP模式应用于白洋淀美丽乡村基础设施建设，有利于解决财政投资不足与美丽乡村基础设施需求量大的矛盾；有利于转换政府职能，促进投资主体多元化；有利于美丽乡村特色化共同进步。

为促进白洋淀美丽乡村建设，白洋淀美丽乡村PPP项目主要采取了以下几点建设措施：

加强宣传提高利益相关者参与和监督力度。健全包括政府、外来投资商、乡村集体组织和乡村居民个体组成的开发主体，形成美丽乡村PPP项目建设的利益相关体系。将投资村庄生态旅游业收益最大化与构建环保基础设施PPP模式的公共利益最大化相结合，美丽乡村PPP模式与乡村产业联动发展，形成利益共享、风险共担、互相监督的良性机制。

细化法规标准细则，加强流程宣传培训。在国家PPP法律框架下，细化农村生态建设PPP项目的规范细则，多种规划关联畅通、信息公开透明、清晰市场和政府边界，形成多元平等有信、相互制衡、合作有利、物有所值的

规章体系，按照白洋淀生态分区规划导向，形成美丽乡村建设标准，加强淀区美丽乡村特色建设规划和项目建设从行业分析、项目识别、项目采购、项目执行、项目移交的全流程引领，全面设计好投融资、建设、运营及维护等程序，引入独立的第三方仲裁机构，开展多元协商定价并进行绩效评估和结果信息公开，并将之向农户深入广泛宣传。

坚持 PPP 项目建设本地化 + 产业支撑原则。梳理并甄选不同村落的自然生态、历史文化和民俗风情，形成“村庄 + 生态设施 + 专业化产业 + 多元景观 + 乡愁韵味 + 品牌”的特色建设格局。

健全合理收益分配和风险分担良性机制。区分农村基础设施的赢利性和公益性，加强利益再分配规划，采用政府和使用者付费盈利方式，让社会资本有持续回报，政府支出预算有保障。按照适宜度和控制力合理分配项目风险，借鉴物有所值评价理念着力控制政策和各方在融资、市场波动等方面违约风险，通过利益相关方协商（例如风险缓冲基金）共同承担。

五、社会资本其他模式：农村经济合作社的婺源篁岭模式

春晒茶叶、夏晒山珍、秋晒果蔬、冬晒熏腊，婺源江湾镇篁岭通过机制改革，模式创新，依托其特色地貌、优美生态，引进社会资本打造以“篁岭晒秋”为核心的品牌旅游符号，建成以民宿民俗 + 互动体验为主题的乡村游景区。如今，“篁岭晒秋”被评为最美中国符号，“篁岭模式”成为引领婺源乡村旅游转型升级的标杆、乡村旅游品牌形象建设的新样本，引得海内外游客纷至沓来。

传统的景区一次性买断乡村资源经营权模式一度成为婺源发展乡村游的瓶颈，整村开发、生态入股、就业创业、品牌创建，这种新型运营模式被引入到篁岭景区发展中，并通过“人下山、屋上山、貌还原”实现景区的整体性打造。如何“人下山”？投资 8000 万元，通过“以屋换屋”的形式，将村庄原住民集体迁往新村统一安置，对原建筑物进行全面产权收购，将 120 栋原址民居改造成精品旅游项目。其次是“屋上山”，投入巨资对散落在婺源各地古村落中缺乏保护的 20 多栋徽派古建，实施异地搬迁上山、集中开发运营，将之打造成景区民宿古建的“压轴名片”。最后是“貌还原”，除建新似旧、

修旧如旧，还通过内涵挖掘、文化灌注等方式凸显古村文化“原真性”，实现古村落文化、民俗文化及生态文化的完美融合。

景区与农户成立农村经济合作社，把村庄的水口林、古树等生态资源纳入股本，对农民的山林、果园、梯田等资源要素进行流转，景区和农户共同开发农业观光体验项目，景区与农户共同入股、共同保护、共同开发、共同受益。“篁岭花海”就是成功范例，景区向600余户村民租赁了近千亩梯田，统一规划种植，打造四季花海观光园，村民由“庄稼户”变“造景者”，实现了生态入股、红利共享。农户既可在景区租赁的田地里收取租金、股份分红、农作物保护价包购等方面受益，更能以田地务工、景区务工、民俗务工等形式实现就业，获取薪酬。目前，村民就业人数占景区工作人员的70%，每人每月至少可获得2000元以上的工资收入，最高的可达七八千元。得益于成功的市场开发，景区人气渐旺，越来越多的村民通过参与相关产业实现创业致富。目前，仅晓容、前段、栗木坑、篁岭新村等周边村庄，就有50余家农家乐经营户，户均年增收5万元，旅游脱贫在这里成为现实。

据悉，6年来，篁岭累计投资5个亿，先后获国家4A级旅游景区、中国乡村旅游模范村、中国特色景观名村等殊荣，成为婺源高端特色乡村游的窗口。[①]

第四节　PPP应用于美丽乡村建设的相关建议

PPP模式目前在美丽乡村建设中的运用呈现逐步上升趋势，为了提高该模式应用的成功概率，增强并扩大PPP在美丽乡村中的使用范围，提出以下建议：

第一，完善相关政策制度。长期以来，美丽乡村建设基础设施的供给不足问题严重影响了农民生活水平发展和生活素质的提高，显然，加大对美丽乡村建设的力度显得很有意义，然而，仅仅依靠政府部门出资显然是远远不

① “篁岭模式”引领婺源乡村游转型升级，上饶日报，2016年11月10日，http://www.srxww.com/html/article/1024/2016_960256.html

够的，制定开放优惠的政策，鼓励社会资本进入是解决该问题的必由之路。社会资本的进入不仅仅有助于拓阔融资渠道、减轻政府财政负担，也有利于实现资源的优化配置，为今后的农村地区发展创立一套先进的投融资体系，推动农村地区的经济社会和谐发展。

第二，因地制宜，注重各地区的特殊需求。我省不同地区的农村环境差异很大，美丽乡村建设需求也不尽相同。地方部门在采取 PPP 模式的时候，不得盲目照搬其他地区的经验，应当先组织具备一定专业素养的人员进行扎实的社会调研，了解清楚当地发展的实际需求和现有基础设施的情况，明确各项乡村建设的需求顺序。只有如此，才能保障有限的人力、物力和财力能够最大限度地满足美丽乡村的发展需求，提供更多人性化、差异化、特色的产品及服务。

第三，建立合理的风险分担机制。与城市建设不同，乡村的建设由于所处的地质地貌以及其他社会环境的特殊，包括项目的收益情况等，导致在该地区投资具有更大的风险，因此，对于社会资本而言，项目的风险分担机制的科学合理性是决定社会资本是否参与投资的关键因素。根据政府部门和私营部门的职能的不同，双方所需承担的风险也应当有差异，政府部门应当更多地承担政策变动以及审批延误带来的风险，而私营部门则更多地承担市场风险。只有在利益共享的同时建立双方同时认可的风险分担机制，才能吸引更多的社会资本进入到农村水利基础设施建设中来。

第四，促进政府职能的转变。我国很多农村地区一直以来都是由政府部门主导全程的建设并进行管理运营，且因其局限性导致整个建设过程中管理效率低下、资源浪费，再加上投资的不足，一定程度上限制了美丽乡村社会经济的发展。因此，政府部门应当尽快转变其在美丽乡村建设中扮演的供给者角色，在引入 PPP 模式后，更多地以合作者、指导者以及监督者的姿态出现。在项目的建设阶段，政府应当对现有的投融资体系和管理体制进行较为深刻的改革和创新，其中包括激励机制的建立，社会资本进入基础设施建设中不仅需要政策的通道，更需要相关优惠政策的吸引，政府部门建立一套长期有效的激励制度对于 PPP 模式的成功运用同样具有重要意义。

第八章

美丽乡村建设要重视政府引导与公众参与相结合

第一节　公众参与在美丽乡村建设中的作用

美丽乡村建设是一项惠民工程，美丽乡村建设成功与否不仅取决于政府的科学规划还需要农民的积极参与。在美丽村建设中公众参与虽然受到经济、政治、文化等因素的影响，但它依然对维护农村民主、农村公共利益、促进农村和谐与科学发展起到了至关重要的作用。因此，要充分发挥好公众参与在美丽乡村建设中发展农村经济、规范参与制度、加强农民文化素质教育以及完善法律保障的作用。

公众参与是民主政治的主要内容，通常作为衡量一个国家民主程度的标准。因此，公众参与在社会生活中发挥着衡量政治民主水平的作用。公众参与作为有效的参与手段，所发挥的作用又不局限于此，公众参与更多地影响着社会生活的质量与决策的科学性。美丽乡村建设是促进城乡一体化的重要举措，而公众参与是美丽乡村建设的重要组成部分，要充分发挥公众参与在美丽乡村建设过程中的作用，从而保障公众参与的效力的有效发挥。

公众参与在美丽乡村建设中的主要作用有以下几点：

1. 公众参与决定了美丽乡村建设的民主化水平

“坚持以人为本。始终把农民群众的利益放在首位，广泛发动群众参与，整合社会力量，尊重农民群众的意愿，引导农民大力发展生态经济、自觉保护生态环境、加快建设生态家园。”这是党和政府建设美丽乡村的基本原则。

享有建设国家和享受国家发展带来实惠是人民基本权利，这一权利的体现就是民主。建设美丽乡村是运用科学发展观解决“三农”问题的战略新思路。它强调必须坚持以人为本，就是要把人民的利益作为一切工作的出发点和落脚点，要把解决人民群众切身利益问题放在首位，在发展过程中充分体现和代表人民群众的意愿。美丽乡村建设主要在县乡进行，县乡政府拥有中国绝大多数的人口。在美丽乡村建设过程中要充分尊重农民的民主权利，这一权利的有效实施需要农民的积极参与，美丽乡村建设中公众参与的程度是衡量美丽乡村建设民主化水平的标准。历史经验告诉我们，仅靠政府而没有作为农村利益主体农民的参与去搞建设是行不通的。公众参与为农民建设美丽乡村提供了表达利益诉求的平台，为保护个人和组织的合法利益创造了条件。美丽乡村建设是一项浩大的惠民工程，建设好这一工程的首要任务就是要保障农民的民主权利，让农民参与到美丽乡村建设中来，充分保障农民的权益，确保美丽乡村建设的扎实推进。

2. 公众参与维护了美丽乡村建设中农村社会公共利益

美丽乡村建设是政府行为也是与公共利益直接相关的行为。在以往的农村建设中政府和农民的地位并不对等，公众参与作为美丽乡村建设的重要内容，它让农民在美丽乡村建设中拥有充分的话语权，给政府提出有效的建设意见，体现农民的权益，这种对等基础下的美丽乡村建设更容易获得广大农民群众的理解和支持，保证了美丽乡村建设的顺利进行。可以说，公众参与美丽乡村建设既是对农民合法权益、农村社会公共利益的维护，也是美丽乡村建设过程的必然选择。当下由于占地、拆迁等引发的纠纷不断，其重要的原因就是农民群众缺乏对各类规划的知情权、参与权、表达权和监督权，加之对公共利益的界定模糊，使得部分规划行为是打着维护公共利益的幌子损害农民个人的利益团。而解决这一问题的最佳途径就是公众参与。公众参与最重要的特征就是通过赋予公众去参与城乡规划编制、实施、监督和修改等各个环节的权利，增强公民的主人翁意识，最大限度地影响城乡规划主管部门决策的制定和执行，以实现公共利益公平分配。因此，公众参与是保障农村社会公共利益的捍卫者和监督者。

3. 公众参与提高了美丽乡村建设规划的科学性

长期以来无论农村还是城市，建设规划工作主要由政府相关规划主管部门或者规划管理部门委托规划设计部门来完成，从而忽视了来自公众的参与。规划工作从准备到实施一般是由政府主导来完成，受到专业、所处角色以及其他因素等限制，规划的科学性大打折扣。美丽乡村建设的规划工作不仅涉及技术、经济、行政和社会学等多门科学，还牵涉到多部门和多主体间的相互协作，这些工作是独立个体无法完成的，它需要公众参与给予智力上的支持。无论是城市居民还是农村居民都可以通过公众参与，发表自己对美丽乡村建设的意见，参与规划方案的制定并监督规划工作的实施，从而有效避免规划工作中的失误，提升美丽乡村建设规划的科学性。

4. 公众参与促进了政府职能转换与农村和谐发展

一方面，美丽乡村建设中农民参与农村政策制定，监督具体的行政管理和执法过程，这种全方位、多维度的广泛参与，既体现民意，又约束政府行为，更大限度地保证了农民的权益田。现代国家普遍认可的民主化、法治化行政，其主要表现方式就是政府加强与人民群众之间的交流，鼓励广大民众以个体或集体代表的形式有序地参与行政，从而使行政更好的发挥维护公共利益的作用。公众参与客观上提出了政府职能的转变的要求，在美丽乡村建设过程中更需要这种参与让建设更加规范化、制度化、有序化。另一方面，农民的主体意识已得到普遍提高，有了参与公共事务的诉求，这为美丽乡村建设扎实推进奠定了基础。农民意识到自己不单单是美丽乡村建设的利益享有者更是美丽乡村建设的创造者，就会自觉参与到美丽乡村建设的每一个过程中，关心农村发展，参与村务处理，为农村的经济发展、基础设施建设、自然环境保护贡献自己的力量，从而推动农村的和谐发展。

第二节　公众参美丽乡村建设的国内外经验

公众参与作为重要环节被广泛运用于国外发达国家的社区规划当中，然而我国的公众参与还处在初始阶段，村民经常处于无参与或者被参与的状况。

在美丽乡村建设中如何将地方政府、村民（包含村庄自治组织）、规划师、开发公司和村庄规划委员会一同纳入多元主体范畴，来构建一个多元主体参与的美丽乡村更新模式。以实现权力的委托与利益的分配之间的平衡。这是一个值得研究的问题。以下介绍一些公众参与美丽乡村建设的国内外经验。最后通过总结国内外的经验介绍一些公众参与的模式与方式。

一、国外公众参与乡村规划与乡村建设的案例

伴随着德国的城市化进程，乡村不再只是出于工业社会的边缘地带，而变成与城市高度关联的地区。现在的乡村承担了与休闲娱乐活动相关的职能，同时环境保护受到了极大的重视。因此，服务于休闲活动和维护当地的景观和文化认同，成为乡村地区规划的核心工作。德国发起了专门的乡村更新运动，成立专门机构。

自上而下与自下而上相结合的乡村规划开始展开，自上而下主要指引入专业技术人员，自下而上指社区同当地居民和有关团体广泛参与。德国乡村更新规划的制定和实施以相应的规划法规为基础，核心的法规是《建设法典》和《田地重划法》这两个法规。《建设法典》约束规划范围内在建设用地和农业用地上的建设活动，保障规划引起的建设用地产权关系得到调整。《田地重划法》是针对产权关系调整而设立的。

这两部法律和其他相关法规，开始指导建设规划和田地重划规划之间相互合作。村庄更新建设主要在两个方面：一是改善村镇道路和集体设施，二是改善生活条件、交通条件和村庄的风貌。《建设法典》和《田地重划法》对乡村规划中的公众参与有程序上的规定。《建设法典》规定了从决定到制定规划、到具体确定和修改方案以及最后通过，每个阶段都要通过各种方式展开公众参与，并按照当地的惯例公布结果，相邻的城乡社区之间也必须相互协调。它对公众参与在程序上的规定非常严格。《田地重划法》对公众参与的要求低一些，把规划在公共部门和个人参与者内部进行相应的公示和信息沟通即可，不需要面向全体社区居民。“在德国的整个规划过程中，呈现出法定规划同非法定规划相互支撑、共同保障乡村更新规划制定和实施的局面。”

日本的村民参与乡村规划经历了三个发展时期：

第一是非参与性规划。1980年以前，日本的规划编制通常不将村民参与作为刚性要求，村民是被规划者。

第二是村民参与性规划。20世纪70年代后期自上而下的规划问题逐步显露，村民参与的必要性也开始得到重视。以后逐步发展，非参与型规划向村民参与型规划的转变极为彻底。

第三是村民主体性规划。20世纪80年代开始，农村居民希望在规划中能够实现更广泛的参与和发挥更大的作用，村民作为主体来主持规划，政府部门主要发挥协助与协调作用，责任人是村民自己。村民参与型和村民主体型的规划并存至今。

二、国内村民参与乡村规划与建设的案例

国外乡村规划中的公众参与，尤其是发达国家，大多受到法律的严格要求和详细规定，确保了公众参与的展开，而国内乡村规划中，村民存在“被参与”或者无参与的情况。

（一）广州市的村庄规划及村民参与

改革开放以来，广州的城村关系经历了从相对独立到矛盾激化再到逐渐协调的过程，各阶段城村矛盾的核心始终围绕在土地利益在城村之间的分配问题上，只是具体的表现形式有所不同。作为协调城乡发展的重要工具，广州的村庄规划伴随着城村关系的变化主要经历了中心村规划、新农村建设规划和美丽乡村规划三个阶段，各阶段村庄规划关注的重点内容有所差异，村民参与的形式和方法也不尽相同。

第一，“以点带面”的中心村规划阶段。从20世纪90年代中期至2006年左右，广州城市扩张提速，村庄农用地被大量征用，城乡混杂现象开始在近郊区出现。为协调城乡矛盾，广州市在原中心八区 开展了“以点带面”的中心村规划探索，目的是控制已经形成的城中村，不让其与城市的关系进一步恶化。但由于带有明显“自上而下”的、以物质环境改善为重点的特征，对探索公众参与机制的重视程度不足，鲜有村民参与，对村民利益的保护也不够。

第二，“城乡统筹”理念下的新农村规划阶段。这期间，广州正处于城市

扩张的高速期，在利益驱动下，集体土地存在大量的违规开发。为贯彻落实城乡统筹理念和社会主义新农村建设目标，2007 年至 2011 年期间，广州市以“送规划下乡”的方式编制社会主义新农村规划。这一轮农村规划侧重对集体土地的开发进行管制，成为政府与农村有关集体土地如何开发的谈判博弈过程。但受制于规划编制深度以及一刀切地推行促进农民上楼的措施，出现了规划“落地难”“墙上挂挂”的尴尬局面。虽已引入公众参与，但直接套用城市规划方法模式的痕迹较重，流于形式。

第三，“村庄自治”为导向的美丽乡村规划阶段。经历了 20 多年扩张式的发展，广州市意识到以土地资源快速消耗、城乡冲突不断加剧的代价换取经济高速增长的方式不可持续；同时村庄自治意识越发强烈，广大村民希望通过村庄规划来促进村庄发展、保护自身权益，美丽乡村规划在这样的背景下于 2012 年正式拉开序幕。在国家新型城镇化的要求下，广州市更多赋予本轮美丽乡村规划作为实现“村庄自治”的公共政策属性，重点提升村庄发展动力，强化土地制度等的政策研究。同时更加关注包括广大流动人口在内的多元人群的利益诉求，鼓励更多的政府职能部门和社会力量参与到村庄规划中，推动多元决策的“全方位”村民参与。

但是广州新农村规划中公众参与存在以下几个问题：

第一，参与对象单边化。新农村规划中的调研对象多针对本地户籍村民，而对大量的流动人口（尤其是农民工群体）少有关注；同时，仍采用“精英主导”的方式，即由政府（或开发主体）指令规划师做“命题作文”，规划师主要落实政府的意图，村民参与变为仅有知情权的“伪参与”，缺少多元化的参与互动。

第二，参与流程简单化。新农村规划中的村民参与流程沿用城市规划的公众参与模式，包括调研访谈、方案编制和方案公示三个阶段。但实际上在方案编制阶段中少有村民参与，尤其是村民与规划师一起讨论村域用地布局、发展村庄经济等村庄发展问题，以及村民代表大会审议规划成果等关键环节被忽略。

第三，参与内容程序化。新农村规划主要通过对村民的访谈以及对问卷数据的分析来掌握村民的诉求，取得了一定效果。但在村庄发展的关键问题上，规划师缺乏与村民一起反复沟通协商；同时，问卷调查的设计多是一些常规问题，没有结合不同类型村庄和不同人群（户籍村民和外来人口）需求而设计“针对性选项”，更多是将参与作为村庄规划的一种程序。

第四，参与表达技术化。在与村民的沟通方面，规划师一般拿着专业图纸或是说明书入村汇报。由于村民文化程度有限，这些技术性很强的成果不易被村民理解和接受，极大地降低了村民对规划成果的认可度。村民参与的形式与内容从某种程度上是基于城乡关系影响下的村庄规划关注重点问题的外在反映。在城乡协调发展的大背景下，以“村庄自治”为导向的美丽乡村规划，应该是更加开放协同、关注多方利益诉求、强调“全方位”的村民参与。

（二）江西贵溪的村民事务理事会

樟坪乡是贵溪市人口较少的民族乡镇，在新农村建设的过程中成立了村民事务理事会。樟坪乡村民事务理事会是以自然村为单位，由全体农民自愿、民主推举产生的并代表本村落社区利益的最基层的农民自治组织。村民理事会成员基本上采取召开村民大会、无记名投票的方法，民主选举在村民中威信高、乐于为群众服务、带动力和影响力较大的村组干部、党团员、致富能手、退休干部组成。理事会成员名额一般由 3~7 名组成。理事会成员分工及理事长的产生由理事会议决定，理事会成员产生后报村“两委”备案，实现了村民自治组织产生机制由“政府指定型”向“群众自主型”的转变。并制定了本村理事会章程和工作制度，明确理事会必须坚持对农户的利益负责，把农民群众作为新农村建设的主体，采取定期与不定期议事制度，凡涉及农民群众切身利益的村务，通过一定的形式告诉群众，让群众在了解真实情况的基础上，参与村务决策和管理。对村民普遍关注的重大村务，均由理事会组织群众“一事一议”进行决策，90% 以上参会群众讨论同意方可组织实施，村务公开监督小组和民主理财小组，对村内事务和公共财务的管理，实行“一事一公开”，接受全体村民的监督。

这个村民事务理事会的作用体现在以下几点：

1. 体现了农民的主体地位，使农民获得经济实惠。“理事会，会理事”，从樟坪的实践看，理事会成立后，确实是会理事，农民以理事会为依托开展自治活动，实际上是将村民自治权交给农民自己，调动了农民“自己事自己办”的积极性。通过组建理事会，延长了村“两委”的组织链条，把更多有能力的党员和农村能人吸收到农村组织体系中来，壮大了管理和服务的主体。据统计，自成立新农村建设理事会以来，樟坪乡五个村委会、11个自然村群众自筹资金2000多万元，投入义务工近3万个，从解决行路难、喝水难、用电难等“老大难”问题入手，加强农村基础设施建设。

2. 理顺了农村的管理体制，推动了农村的和谐发展。建立村民事务理事会是加快推进基层民主政治建设的主要手段，真正达到了村级事务由村民说了算，人民群众当家做主行使民主权利的目的。樟坪太源村自成立了村民事务理事会后，组织群众代表到上饶等地参观，用现实活生生的事例教育引导群众，及时制定了新农村建设规划。目前，该村所有住户已完成三改一建目标，新修通院达户水泥路3.2公里，新建房屋30栋，有力地改善了人居环境，推进新农村建设步伐。

3. 提高了农民参与的积极性，促进了干群关系的融洽。农民事务理事会是各村干群关系的桥梁和纽带。通过理事会的推行，把政府的号召变成了农民的自觉行动，共同建设社会主义新农村。用房改造是樟坪乡各个村新农村建设的难点，由于土地资源缺乏，唯有统一规划才能真正改善村民居住环境，在各理事会的积极献策和支持下，2017年樟坪乡启动了新一轮旧房改造攻坚战，目前，樟坪乡五个村委会已有三个村委会新农村建设已焕然一新，两个村委会的旧房已在改建之中，通过推行民主理事会制度，融洽了干群关系。

4. 倡导文明新风，积极维护了农村稳定。多数理事会建立后，通过制定村规民约、宣传政策法规、倡导文明新风、“一事一议”等，及时掌握村委会社情民意动态，解决矛盾纠纷，维护村民权益，解决了诸如村民建房、环境绿化、征地拆迁补偿、农村低保评定、邻里矛盾等“政府管不了、干部不愿管、社会无人管”难题，春风化雨，将当前农村社会存在的潜在矛盾化解在萌芽状态，有力促进了农村的稳定发展。

该村民事务理事会实现了由“政府指定型”向“群众自主型”的转变，

实现了由“政府主办型”向“群众自发型”的转变，实现了由“政府包办型”向“群众自治型”的转变。村民事务理事会是把农村基层组织在推进新农村建设中向下延伸的农民群众自治组织，承担起动员群众、组织群众、最广泛最充分地调动一切积极因素参加新农村建设的责任。新农村建设理事会以组织实施“五进”村落社区为着力点，进一步完善村落社区服务功能，使群众真正得到实惠。

建立村民事务理事会的目的就是要让群众民主决策、民主管理自己的事，变“要我做”为“我要做”，变“为民做主”为“让民做主”。理事会成员通过认真履行“五员”职责，即宣传员、组织员、服务员、调解员、管理员，宣传动员、团结群众、服务群众，使农民群众真正做到当家做主、自己管理村落社区的公共事务，切身体验到人民当家做主的实际含义。如樟坪村委会刘家村小组为实现“人畜分离”，理事会带领群众对村落内猪栏牛舍进行拆除，拆到某农户猪舍时，工作停摆了。经了解，原来该农户没有其他养猪场所，所以不愿拆除，理事长得知后，主动把自家空闲房让出，给其暂养，保证了栏舍拆除的顺利进行。再如理事会对农户筹资筹劳、工程进度、工程质量、日常卫生等各项活动中，采取定时间、定任务、定制度等方法加强管理，对未按时完成任务的实行上墙公示或上门督促，对确有实际困难的，集体确认实情后酌情给予帮助。政府不再包办农村的各项公共事务管理，从而使农村的公共事务管理模式实现了由“政府包办型”向“群众自治型”的转变。

第三节　美丽乡村建设中公众参与的主要障碍

传统的乡村建设是一种自上而下的规划建设模式，政府通过对发展目标层层分解、层层控制和分层实现的方式，实现经济发展目标在空间上的落实。从立项开始到规划方案实施是一条直线的流程，仅在村民代表大会这个环节有村民的参与和对规划方案提出意见，村民参与的程度很弱，甚至只是形式上的参与。这种模式可快速推进村庄更新建设，然而也容易导致各种问题。

影响公众（主要是农民）参与的障碍，既有各级政府和部门的原因，也有农民自身的原因；既有历史传统的原因，也有现实认识不足的原因。归纳起来，主要有以下方面：

一是传统政策的惯性。从毛泽东时期的“农业的社会主义改造”“农业大跃进”、“文革”中的“以粮为纲”和“三线建设”到新时期的“联产承包责任制”和“发展乡镇企业”等，都直接或间接地提出了解决“三农”问题的发展政策和战略。分析以往的政策、方针和战略，它们有一个共同特点，就是从政策决策制定到政策的实施都是“自上而下”的，政策过程缺乏公众的参与，农民是政策被动接受者，这可以说是江西省乃至全国“三农”政策过程的一个传统。这种传统政策过程的特点具有很强的惯性，对现阶段新农村建设的各项政策产生了很大的影响。目前，新农村建设中，诸如修路、架桥、新村建设等，各级政府不管农民愿不愿意、高不高兴、拥不拥护或是否合时宜都自个热火朝天干了起来，农民只是冷眼旁观者和政策措施的被动接受者。这种传统政策的惯性极大地影响了农民和各界民众参与美丽乡村建设政策的积极性。

二是过分追求决策的效率。政策决策、执行的高效率是我国政策过程的优势和特色，美丽乡村建设应该坚持这一优势。但这种决策的高效率往往以牺牲决策过程中的公众参与为代价，主要表现为：主要领导“一锤定音”，或事先定调，甚至搞“一言堂”，压制不同意见；认为民主化决策效率太低，总是议而不决，大多数决策都是在小范围或有限的几个人中进行，真正的民主化程序也只是形式。这些做法，确实提高了决策的效率，但也带来许多的政策失误，有些失误非常严重。体现公众（主要是农民）的愿望和要求是美丽乡村建设成功的关键，这就要求处理好决策效率与公众参与的关系，把决策的效率与决策的质量结合起来，把决策的效果与决策过程结合起来，提高各级政策决策主体的公众参与意识、参与能力，提供公众参与的机会和渠道。

三是公众素质低下的假设。新农村建设的政策中明确提出：“完善与农民政治参与积极性不断提高相适的乡镇治理机制，实行政务公开，依法保障农民知情权、参与权、表达权、监督权。”但在实践中，农民参与的权利并未能体现出来。主要原因在于，各级政府部门都普遍存在一种对农民素质和能力不信任的思想，或认为农民的素质低下，不具备政策参与的能力，农民参与无助于科学合理的决策。但民主政治实践证明，公众的政治参与与公众的素质并没有必然的联系。19 世纪美国农民的素质决不会高于当代中国农民的素质，但很难说目前中国农民的参与程度高于 19 世纪的美国农民。所以，这种认为农民素质低下不具备参与能力完全是一种难以成立的假设，也与建设社会主义民主政治相违背的。

四是企业参与对美丽乡村建设存在障碍。1. 优惠政策落实难。省、市促进经济发展的优惠政策，未来能正落到实处，放宽市场准入条件的政策落实不够。有些政策措施在落实过程中,部门之间缺乏有机的衔接机制,互相推诿、扯皮，导致政策悬空，无法落实。还有一些职能部门从自身利益出发，不但不为企业解决实际困难和问题，反而采取“杀鸡取卵”的办法，三天两头来检查，隔三岔五去视察，诸多的应酬使企业难以招架。2. 经济融资难。原因在于两方面，一是银行、信用社等金融机构信贷支持力度不大。尽管金融行业制定了一系列改善对中小企业金融服务的法规和政策，但银行担心非公企业经营状况复杂，信贷风险过大，直接获利过小，普遍存在对非公企业惜贷现象。二是自身条件欠缺。有些非公企业财务管理混乱，企业信誉度差，可供抵押的资产少，缺乏融资的基本条件，进一步加大了融资的难度。3. 企业热情上升难。少数企业由于实力不强、意识不强，有些非公人士存在等待观望或慢慢来的想法，使他们在参与美丽乡村建设中的机遇面前显得力不从心，发展后劲受制，缺乏相对稳定、有效的中长期计划和规划。参与美丽乡村建设往往停留在举行一次座谈会，办好一件实事，解决一个难题等方面。当然，企业参与美丽乡村建设的财力、物力、项目力，与整个非公企业的总量相比，显得较小，参与面不广，单个项目也不多。4. 企业待遇持平难。经济实体中，本地企业与招商企业待遇不相平等。在项目开发利用、土地出让使用、税收征缴管理等方面外地来的企业可享受有关优惠政策，本地的非公企业则难以享受，不平等待遇一定程度影响了本地中小企业的发展。5. 参与领域拓宽难。由于受企业自身条件和建设新农村外界因素的制约，致使非公企业参与新农村建设的范围大大受限。

第四节 推进公众参与美丽乡村建设的建议

一、政府层面

1. 政府需转变观念，提高认识。只有转变观念，树立参与的意识，才会有参与行动；只有充分认识到参与的作用及维护自身利益的意义，才能更好地参与。转变观念，从各级政府部门来讲，应摈弃过去那种居高临下的“父母官”思想，真正树立为人民服务的“公仆”意识，尊重农民、相信农民、爱护农民；变“为农民做主或替农民做主”为“农民自己做主”，重大情况向农民报告，重大问题由农民决定，切实保障农民的知情权、参与权和决定权。这些观念的转变，加强学习和交流是关键。理论学习，要加强对比分析的研究性学习，从中认识到公众参与的政策意义；实践学习，要真正深入农村实际，融入农民中间，倾听农民的需要和心声，体验农民智慧和创造。加强交流，要求农村政策决策者能放下姿态，在田间、地头而不是在会议室与农民面对面、平等地沟通，让农民说实话、说真话。对公众（主要是农民）来讲，要通过各种形式的宣传和教育，让农民认识到政策参与是自己的基本权利也是维护自己利益的重要途径。当然，观念的转变要以现实的法律制度为支撑，没有制度的保障和实践的训练，谈转变观念和提高认识只能一句空话。

2. 健全制度，规范程序。公众的参与必须是在制度和法律规范下的理性化、制度化、有序化的参与，非理性、非制度、无序化或非法的公众参与不但达不到参与的目的，还会带来社会的混乱和不稳定。引导农民积极主动、健康有序地参与到新农村建设中来，必须制度先行。目前，待建立和完善的制度有许多，如征集公众建议制度、信息公开制度、社会公示制度、社会听证制度、政策监控制度等。其中，规范程序的制度至关重要，尤其是我们不知道什么样的结果才是公正的，或者并没有一个客观的标准可以规定什么样的结果才是公正的，但是我们却可以遵循一套公正的程序。只有遵循这套程序，才能保证结果是公正的。由于长期专制主义思想的影响以及中华人民共和国成立以后一段时期“左”的思想的侵蚀和计划经济体制的束缚，“重实体，轻程序”

的观念在人们中间仍很流行，使政策过程中坚持程序合理性的原则受到很大的挑战。目前的参与不足和参与的形式主义都与参与的程序不规范有很大的关系。规范参与的程序：一要健全参与的制度体系，从参与开始到参与结束都有章可依，有规可循；二要加强参与的监控制度，保证参与的公开、公平、公正和参与的充分性；三要善于借鉴国内外公众参与的制度和经验，结合本地区实际，努力创设制度和机制运行的环境在引进中消化在消化中创新。

二、企业层面

1. 加强思想舆论引导。一是通过各种舆论工具，加强社会主义美丽乡村建设重要意义的宣传。教育和鼓励企业参与美丽乡村建设，这既是自身肩负的社会责任，也是农村经济持续、快速、协调、健康发展的重要机遇，营造企业家“热爱美好家乡、建设美好家园、创造美好生活”的氛围，使其自觉、主动、积极地参与美丽乡村建设中来，争做合格、优秀的中国特色社会主义建设者。

2. 加强政策引导。引导企业参与美丽乡村活动，必须创造良好的政策环境。要按照“以工促农，以城带乡”的要求，通过政策引导城市的优秀人才，优势的资金、项目和服务进入农村，支持美丽乡村建设。有的地方政府已出台了《关于开展“百企联百村、共建美丽乡村”活动的实施意见》，对企业通过非营利性的社会团体、国家机关捐款美丽乡村建设的资金和物资，在企业当年应纳税所提额 3% 以内予以税前列支；对符合规划要求的村企业结对工业用地项目在用地审批等准入条件上给予支持等。

在此基础上，要积极探索金融部门对企业参与美丽乡村建设的支持，对符合农业产业导向规划的发展项目，给予贷款以及利率与时限上的优惠幅度；探索村里以土地资本入股，与民营企业合作，以促双方共赢机制长久，同股同利，风险共担。

3. 深化“百企联百村”活动。近年来，一些地方开展了“百企联百村，共建美丽乡村”活动，这是引导江西省企业参与美丽乡村建设的有效载体。对于村企如何结对，应该有一个相对长远和通盘的考虑，重点是要找到双方“造血式”联系的切入点。村企结对工作，不是简单地要求所联系的企业只是给所结对的村几万元钱，或者修一条路和做一两件好事就了事。实践表明，那种“救火式”“救助式”的捐助不能从根本上改变农村经济落后的现状，反而会让个别落后乡村产生依赖心理，若是这样的结对方式，必将与企业家为美丽乡村建设做贡献的初衷背道而驰。组织发动经济界人士积极参与美丽乡村建设，其宗旨是要发挥和挖掘他们的聪明才智，用他们的先进理念、先进的管理办法、丰富的工作经验来推动社会主义美丽乡村建设。所以，村企结对不要流于表面，要不断深化这一活动，才能取得持久的效果。

4. 聘请经济界人士担任建设社会主义美丽乡村建设的经济顾问，为村支两委理清村经济和社会事业发展思路提建议；帮助有条件的村建立来料加工点；协助村庄整治；培训农村劳动力使之拥有一技之长；吸收农村富余劳动力等。同时，可以采用产业带动型、公益捐助型、直接参与型、合作开发型、助学助困型等，村企业根据各自的特长和优势，实事共力，发展共谋，经济共抓。总之，要引导企业从自身和结对村的实际出发，从老百姓最关心最迫切需要解决的问题入手，只有真正找到了“切入点”，才能有效地深化“百企联百村，共建美丽乡村”这一活动。

5. 要把握回报与双方共赢的关系。江西经济的发展，离不开来自广大农村和农民的鼎力支持，投身社会主义美丽乡村建设是企业的社会责任。目前农村虽然发展很快，但还有许多困难，不少农村的道路交通、学校建设、医疗卫生条件和饮水状况还亟待改善，这其中孕育巨大的发展商机。现在投入美丽乡村建设的企业还不够多，需要更多的企业进入农村，做精、做强、做大，为社会尽更多的责任。同时要提供双方共赢的合作项目，只有这样，才能使企业参与美丽乡村建设进入一个可持续的循环和发展。

三、农民层面

农民要增强公众参与意识和能力。根据村民的认知和行为特点，应采取多种方式加强公众参与宣传教育，加大农村公众参与力度，提高农民群众的民主意识，通过多样化、多层次的传播，增进人们对于民主意识和公众参与工作的认识和了解。提高农民素质 ，当人们的知识文化素养遍提高的时候，就会提高对政治方面内容的敏感度，意识到与自我利益相关的业务和责任，增强自我的主体意识，积极参与到国家的政治事务和地方事务。十七大报告指出，为了发挥亿万农民建设社会主义新农村的主体作用，要培育有文化、懂技术、会经营的新型农民。提高农民的整体文化素质，使广大农民能够更加了解在美丽乡村建设过程中，政府的相关决策、法律法规，更加了解自身在美丽乡村建设中的权利和义务。提高农民的素质就要结合农村建设的需要，加强农村职业教育和对农民的专业技能的培训。对于不同层次的农民，采用不同的培训方式，建立多元化的发展体系。

参考文献

［1］朱展龙 . 做大格局 做强特色 灌云县生态宜居美丽乡村建设强推快进［EB/OL］. http://wm.jschina.com.cn/9659/guanyun/201604/t2768101.shtml，2016-04-13

［2］韩震霞 . 灌云多措并举打造“高颜值”美丽乡村［EB/OL］. 中国江苏网，http://jsnews.jschina.com.cn/lyg/a/201705/t20170511_488100.shtml，2017-05-11

［3］溧水：建设美丽乡村 助推全域旅游［EB/OL］. 新华日报，http://mlxc.cnguonong.com/newshtml/10097.html，2017-5-10

［4］南京溧水打造美丽乡村示范区 实践全域旅游［EB/OL］. 扬子晚报，http://js.people.com.cn/n2/2016/1118/c360311-29331731.html，2016-11-18

［5］卞洪广，唐成 . 打造美丽乡村，建设幸福高淳［EB/OL］. 中国惠农网，http://www.huinong.net.cn/folder79/folder90/2014/08/2014-08-0825233.html，2014-08-08

［6］刘海云，骆驿 . 江苏灌南全县域建设美丽乡村 整洁村全域覆盖［EB/OL］. 新华日报，http://js.people.com.cn/n2/2017/0503/c360311-30126918.html，2017-05-03

［7］灌南县环境建设提升美丽乡村精气神［EB/OL］. 中国农业新闻网，http://mlxc.cnguonong.com/newshtml/10584.html，2017-06-14

［8］灌南县多措并举推进“美丽乡村”示范试点项目建设［EB/OL］. 江苏省财政厅，http://www.jscz.gov.cn/pub/jscz/xwzx/jscz/lyg/201606/t20160627_97596.html，2016-06-27

［9］滨海县全力推进美丽乡村建设［EB/OL］. 盐城市水利局门户网站，http://www.ycwater.gov.cn/nzcms_show_news.asp?id=12553，2017-03-21

［10］于崇文，李少华，王娟 . 江苏滨海聚力乡村旅游，打造美丽乡村升

级版［EB/OL］. 中国新闻网，http://www.js.chinanews.com/news/2017/0412/169699.html，2017-04-12

［11］滨海县实施五大工程建设美丽乡村［EB/OL］. 江苏文明网，http://wm.jschina.com.cn/9661/bh/201404/t1440508.shtml，2014-04-03

［12］管永祥，梁永红，吴昊，王子臣. 江苏美丽乡村建设的思路与对策［J］. 江苏农业科学，2014（06）

［13］李子蓉，邱妍，袁建军. 富丽乡村建设与循环农业协同发展探讨——以泉州东田镇湖山村为例［J］. 安徽农业科学，2013（02）

［14］中农富通. 案例分享：美丽乡村建设的安吉经验［EB/OL］. 今日头条，http://www.toutiao.com/i6436245951488197121/，2017-06-28

［15］潘春燕，张肖斌. 美丽乡村建设的“仙居模式”［N］. 中国台州网 - 台州日报，2017-01-19

［16］人间仙居美丽乡村［N］. 浙江日报，2011-09-26

［17］崔竹君，村庄景观改造相关设计探究［J］. 现代园艺，2017（02）

［18］因地制宜大胆创新 桐庐打造美丽乡村样本［EB/OL］. 桐庐新闻网，http://www.tlnews.com.cn/xwpd/ywkl/content/2016-11/24/content_6087973.htm，2016-11-24

［19］浙江象山美丽乡村图景：一村一韵 村村都美［EB/OL］.http://news.k618.cn/travel/ltqw/201702/t20170224_10421638.html，2017-02-24

［20］象山美丽乡村一村一韵［EB/OL］.http://news.163.com/16/1108/04/C5AR1F7L000187VF.html，2016-11-08

［21］象山奏响“美丽乡村”建设交响曲［EB/OL］. 宁波日报，http://gtob.ningbo.gov.cn/art/2016/11/10/art_242_755270.html，2016-11-10

［22］吴雪清. 浙江象山谋全域旅游新图景 加快“旅游 +”融合［EB/OL］. 网易新闻，http://news.163.com/17/0418/14/CIAGCA5300018AOQ.html，2017-04-18

［23］浙江美丽乡村建设启示（一）：让现代村落不舍田园风光［EB/OL］. 河北新闻网，2013-06-03

［24］张梦洁．美丽乡村建设中的文化保护与传承问题研究［D］．福建农林大学，2016

［25］陈亚伟．文化产业主导的苏州文化传承型乡村发展研究［D］．苏州科技学院，2015

［26］卢渊，李颖，宋攀．乡土文化在“美丽乡村”建设中的保护与传承［J］．西北农林科技大学学报（社会科学版），2016，16（3）

［27］李星．论许真君民间崇拜中的农耕文化［J］．农业考察，2009（3）

［28］邱明明，徐广才．农耕文化及其产业化发展研究［J］．农学学报，2015，5（12）

［29］陈丽军，夏庆利，王庆．农耕文化旅游资源开发的模式分析［J］．湖北农业科学，2012，51（4）

［30］陆洁琼．农耕文化资源保护和开发研究——以福州茉莉花茶为例［D］．福建农林大学，2015

［31］朱邦伟，邓远建．“美丽乡村”生态建设的金融支持研究［J］．农村经济与科技，2015（05）

［32］曲久龙李春好．项目融资［M］．第二版．北京：科学出版社，2009

［33］蒋先玲．项目融资［M］．北京：中国金融出版社，2004

［34］王梅．市政工程公私合作项目（PPP）投融资决策研究［M］．北京：经济科学出版社，2008

［35］蔡向阳，张悦，陈纯．农村基础设施建设的 PPP 模式引入研究［J］．安徽农业科学，2016（11）

［36］陈刚．“PPP 政策”下农村电商服务民生模式创新［J］．西北农林科技大学学报（社会科学版），2016（03）

［37］郑春美，唐建新，汪兴元．PPP 模式在我国农村基础设施建设中的应用研究——基于湖北宜都农村水利设施建设的案例分析［J］．福建论坛（人文社会科学版），2009（12）

［38］丁悦，蔡建明，刘彦随，等．青海省都兰牧区乡村转型发展模式探析——基于公共私营合作制（PPP）视角［J］．经济地理，2014（04）

［39］王阳，张朕．PPP 模式在农村水利基础设施建设中运用的可行性分析［J］．中国农村水利水电，2016（06）

［40］王军，潘钊颖，陈希，等．白洋淀美丽乡村 PPP 项目特色构建——基于赵庄子村与大淀头村的对比分析［J］．中小企业管理与科技，2017（2）

［41］秦书生．绿色文化与绿色新技术创新［J］．科技与管理，2006（6）

［42］汤薇．生态经济学在主体功能区的应用研究［D］．东北财经大学，博士，2013

［43］王佳韓．基于重点生态功能的永泰绿色产业发展研究［D］．福建师范大学，2016

［44］江西省办公厅（赣府厅发〔2016〕53 号）．江西省人民政府办公厅关于推进农村一二三产业融合发展的实施意见

［45］程宇航．论绿色发展的产业基础：生态产业链的构建［J］．求实，2013（5）

［46］杨静，姜华．农村各类地区绿色生态化产业开发模式研究［J］．农业经济，2016（9）

［47］金菁．鄱阳湖生态经济区生态产业发展研究［D］．重庆工商大学，2012

［48］李显军．中国绿色食品产业化发展研究——理论、模式与政策［D］．中国农业大学，2005

［49］罗莹，吴罗发．江西新农村建设中新产业发展问题研究［J］．江西社会科学，2007（12）

［50］张强．中国城乡一体化发展的研究与探索［J］．中国农村经济，2013，（01）

后 记

党的十九大报告首次提出了实施乡村振兴的新战略，并将其作为决胜全面建成小康社会、全面建设社会主义现代化强国的七大国家战略之一，实施乡村振兴是指导新时代中国农村改革的重大战略。

美丽乡村建设是乡村振兴战略的重要组成部分。十九大报告中明确指出了美丽乡村建设的目标和任务：到 2035 年农村生态环境将全面恢复，预计农村硬化道路覆盖率将超过 95%，养殖废弃物综合利用率将超过 90%，草原综合植被覆盖度将超过 60%，化肥施用量也将实现零增长。农村的土壤污染修复管控、农村面源污染防治、森林草原保护机制等农业农村绿色发展制度创新基本完成。这些都将使得未来的中国农村变成村容村貌整洁、生态环境优美、“生态宜居、生活富裕”的美丽乡村。

江西作为农业大省，农业资源丰富，生态优势明显，是长三角、珠三角和闽三角等地优质农产品重要供应基地。2015 年末，全省总人口 4565.6 万人，农业人口占据 80.4%；农村居民人均可支配收入位居全国第 12 位，中部地区第 2 位，谋划和推动江西农业农村健康发展势在必行。近年来，江西省不断提升全省农业经济发展与农村生态文明建设水平，省委、省政府制定了《“整洁美丽，和谐宜居”新农村建设行动规划（2017—2020 年）》，着力打造美丽中国“江西样板”，取得了显著成效，主要表现为：现代农业发展进一步加快，绿色生态优势进一步夯实，农村改革步伐进一步加快，农村民生进一步改善。

本书针对江西省美丽乡村建设的实际和江西省省情，阐述了乡村振兴与美丽乡村建设的重要意义，指出了江西省美丽乡村建设与经济发展、与生态文明、与幸福江西的关系；分析了江西建设美丽乡村的现实基础、机遇与挑战；详细总结了美国的“乡村发展计划”、德国的休闲农庄、日本的“一村一品”，以及贵州的“四在农家·美丽乡村”、浙江的特色小镇与美丽乡村“江苏模式”

等的共性与经验,并分析了江西建设美丽乡村的主要模式与做法。最后从“美丽乡村建设要重视规划统筹与试点示范相结合”、“美丽乡村建设要重视绿色产业发展与文化保护相结合”，以及“美丽乡村建设要注重政府投入与社会资本相结合”详细阐述了江西乡村振兴与美丽乡村建设的路径与对策。

本书撰写过程中，傅春教授的博士和硕士研究生分工协作，做了大量的资料收集、模型构建与数据分析及初稿撰写工作。感谢吴远卓博士、桂夏芸博士，李雅蓉、齐维孩、赵雪茹、朱培元、程浩、李云栩、莫寓琪、董玉飞、苏展展等硕士以及罗珍珍助教对本书付出的贡献。其中夏建华、李雅蓉、齐维孩、赵雪茹、程浩、李云栩完成了第一章的主要工作；李雅蓉、赵雪茹完成了第二章的主要工作；第三章由莫寓琪、苏展展以及夏建华等完成；第四章由李雅蓉、赵雪茹等完成；第五章由朱培元、董玉飞等完成；第六章由罗珍珍、齐维孩等完成；第七、八章由吴远卓博士、桂夏芸博士等完成。

本书是农业厅委托项目“江西绿色生态家园建设的对策研究”的最终成果。感谢江西省农业厅对本项目立项以及编写给予的大力支持。特别感谢江西省农业厅科技处夏建华对本课题调研和本书编写给予的帮助。

本书编撰过程中我们参阅了大量的网上报道和前人的研究成果，并借鉴了其中有价值的观点和方法，在此对被参考和学习的学者表示感谢，对引用某些学者的研究成果标注不全之处表示歉意。由于统计数据的时效性以及编写本书的时间比较匆促，也由于研究者的知识和技术水平的有限，本书还有诸多不足。对此我们将在今后的研究中不断加以改进和完善，请各位读者给予理解。

作者于 2017 年 11 月 30 日